倾覆与重构

中国古代农民起义大起底

QINGFU YU CHONGGOU

顾伯冲◎著

中国财政经济出版社

图书在版编目（CIP）数据

倾覆与重构 ：中国古代农民起义大起底/ 顾伯冲著 . —北京：中国财政经济出版社，2013.12

ISBN 978-7-5095-4360-3

Ⅰ.①倾… Ⅱ. ①顾… Ⅲ.①农民起义 - 研究 - 中国 - 古代 Ⅳ.①K201

中国版本图书馆CIP数据核字（2013）第259609号

责任编辑：潘　飞　　　　责任印制：刘春年

责任校对：黄亚青　　　　装帧设计：盛世纳唐

中国财政经济出版社出版

URL：http//www.cfeph.cn

E-mail：cfeph@cfeph.cn

社址：北京市海淀区阜成路甲 28 号　邮政编码：100142

营销中心电话：010-88190406　北京财经书店电话：010-64033436

北京顶佳世纪印刷有限公司印刷　各地新华书店经销

787 × 1092 毫米　16 开　21.75 印张　265 000 字

2013 年 12 月第 1 版　2014 年 3 月北京第 2 次印刷

定价：35.00 元

ISBN 978-7-5095-4360-3 / I · 0116

（图书出现印装问题，本社负责调换）

本社质量投诉电话：010-88190744

反盗版举报热线：88190492　88190446

序

未做成正统的瞒与骗

◎王跃文

明清以来广为多见的笔记小说，文脉远随《史记》和《世说新语》，亦文亦史，颇值珍视。我曾于旧书店淘回一套“近代史料笔记丛刊”，为近人笔记，共二十余种。笔记所述皆为史实，只是笔法各异，有的文采风流，有的平实朴拙。张初翼所著《清代野记》，载有《万历妈妈》一则，说的是依清朝祖制，每日子时三刻，东华门在黑暗中开启，一辆围以布幔的骡车最先入门，车辕坐一老妪，车载两头活猪。骡车不燃灯火，循宫墙行往紫禁城东北隅。此处有小屋三椽，供奉万历太后神牌。清朝二百六十多年，每天都要杀两头猪，祭祀这位前朝的老太后，俗称万历妈妈。清代的皇帝们为什么视万历妈妈为神灵呢？原来万历妈妈是清朝的大恩人！寻其掌故，则是明万历年间，清太祖努尔哈赤攻抚宁兵败，为明军所俘，成了阶下囚。部下暗自买通明朝内侍太监，私下向万历太后求情，努尔哈赤终得释放活命。

历史到底是偶然事件的堆积，抑或是必然规律的促成？假如不是万历老太后妇人之仁，努尔哈赤就再无缘施展其雄才大略，也许就没有清朝二百六十多年的基业；假如努尔哈赤当年身死狱中，李自成这个农民可能就把皇帝做稳了。但是，历史是不由人假设的。紫禁城东北隅祭祀万历妈妈的那十九万多头猪，似乎每天都在宣示皇权天授神佑的道理。万历妈妈就是上天派来庇佑清廷的神。

然而，李自成真把天下坐稳了，中国后来的历史又能如何呢？毫无悬念可作预设，不过是等待下一场农民起义而已。顾伯冲先生所著《倾覆与重构：中国古代农民起义大起底》，梳理了中国几千年来的历次农民起义，作了许多颇有意义的思考。中国文化的过早老熟，其精髓就是鲁迅先生所说的瞒与骗。没有一场农民起义的目的，不是为了起义军的头目去抢皇位；没有一场农民起义的领袖，不会喊出漂亮的瞒与骗的口号。口号各式各样，最有代表性的母题式口号便是“替天行道”。民智未开的时候，统治者也罢，造反者也罢，一旦要举刀杀人，都会说自己是顺着天意的。只要顺了天，做什么事都理所当然了。民智渐启之后，欲谋大事者便把百姓尊为天。民或百姓本来已经是常被做空的名头，而把民或百姓尊为天则是空上加空了。民或百姓是天，但统治者最善于瞒天过海；民或百姓的福祉到底在哪里，也只有天知道！

因为起义军头目们从开始就是瞒与骗，不管是没有做成皇帝的农民陈胜，还是做成了皇帝的农民朱元璋，最后都会忘记自己的诺言。陈胜功业未成而王威赫然，遇故人“颛妄言”则恐有“轻威”之虞，命人杀之。别说朱元璋从开始起就不是义军领袖，哪怕他是从义军起事而成就帝业，也不会再把当初的誓言放在心上。背信弃义是农民领袖和一切旧统治者亘古未变的共同德行，如同皇位或专制权力是他们共同且唯一的信仰。

瞒和骗的把戏，有时候也用来瞒自己和骗自己。常听人说，起义军领袖们不管后来如何的变坏，他们起事之初的誓言都应是真诚的。人刚开始骗人的时候，心里尚知道自己是骗人的；骗人的日子久了，自己也相信骗人的把戏了。而当骗人的把戏做成了类宗教，则天下人莫敢不信。张角发明了太平道，借行医之便布道十余载，四海信众数十万。积十余年之功，太平道之说不光信众深信不疑，张角自己只怕也有些信了。张角倘若做成了皇帝，他必定会把太平道学说光大和神化，天下敢有不信者必罪而诛之。张角们无数次失败的中国农民起义，构成一部未做成正统的瞒与骗的历史。

顾伯冲先生所谓“中国式农民起义”，因其滋生于中国这片土壤之上，便摆脱不掉其中国特色。正像书中作过比较的，李自成同克伦威尔为同时代人，克伦威尔迎来了英国资产阶级革命的曙光，而李自成攻克北京之后仍做着皇帝美梦。当然，我们苛求古人跳过时代局限是痴人说梦，哪怕克伦威尔的资产阶级革命性质也只具有开创意义和象征意义。克伦威尔虽然废国王而立共和，自己却手握兵权做上了护国主，不过是换个名头做国王而已。地里长出什么庄稼，不但要看土壤，也还应看季节。

这是一本读来意趣盎然的书。顾伯冲先生既不沿袭“陈说”，也不急于“成说”。《史记》虽然“究天人之际，通古今之变，成一家之言”，却并不怎么高谈阔论，而是“善序事理，辩而不华，质而不俚”。顾伯冲先生这部著作注重陈述史实，记叙故事，旁征博引，思接千载，融贯中西，视野开阔，不愧为别开生面之佳构。

自 序

从人的立场上看那些揭竿而起的人

“农者，天下之大本也。”

我们的祖先用新石器敲开了文明之门，中华民族也从蛮荒走向了开化。一部中国古代史，从某种意义上讲，就是一部农业文明的发展史，封建帝国的大厦就坐落在这个文明成果之上。

农民生活在封建帝国的年代里，是在安居乐业，还是啸聚倡乱，直接关系到封建政权的稳定，影响着每个生活在那个时代的人们的生命质量，也影响着农业文明的发展。作为中国政治文化中的一个敏感性词语，“起义”一词承载着中国人的复杂情感。中国古代农民起义不断，从根子上讲，这是由封建专制的特性所决定的，因而它反反复复地爆发，揭竿而起，直撬王朝根基，而又反反复复地失败，回归原位，成了贯穿于整个封建社会的一根最为敏感而又脆弱的政治神经，也是一个难以解开的死结。

历史的烟云一一飘过。

成千上万的农民起义军将士在惨烈厮杀、血腥争斗中的欢乐与艰辛，早已成为了“从前”。作为当事的亲历者，他们是不幸的；作为历史的研究者，我们则是颇有趣味的。

正确看待历史上的农民起义，并把共识转化为以史镜鉴，可以获得长治久安的精神财富，不再稀里糊涂地“进入同一条河流”，就成了摆在一代代后人面前的一个很值得深思的问题。否则，这段段历史就像一张薄薄的纸，轻轻地一翻就过去。拙著不是刻意为之的历史专著，也非思考缜密的学术论述，只是站在人的立场上去剖析中国古代那一场场农民起义，从人性的视角去窥视、挖掘农民起义背景下的人的命运、情感、行为，进而从体制机制、政治文明、经济发展、天时地理、文化基因、民族秉性等方面去一层层撩开那些曾经罩在他们身上的神秘面纱。这样的写作，其社会意义可能会比其文学方面的意义要更大些。

在年复一年的匆匆中，农民起义进入了传奇，永远在故事和记忆中存在，但围绕农民起义这个问题，在许多观点上，主流的历史学家争论了很长时间，由于一些时代因素至今没有最后的结论。众所周知，我们曾经对历史上被视为流贼的农民起义进行热捧，使农民起义一度被视为“正义”的化身，陈胜、吴广，还有方腊、李自成、洪秀全等，全是人们心目中的大“英雄”。近年来，随着新儒学、保守主义、权威主义的兴起，一些人采取了非历史唯物主义的态度，对农民起义多予贬低、丑化与否定，甚至大加挞伐，有“匪盗说”、“无用论”，还有“破坏性”等理论与说法，从一个极端走向另一个极端。这两种截然不同的评价取向，实际上都是经不起历史检验的。

如何全面透视和评价古代农民起义，历来就有不同的观点和视角，得出了南辕北辙甚至截然不同的结论。要作出公允的判断，关键是否能够站在人的立场上看问题。人的立场是最本真的立场，是人世间最大的立场。如果不从人的立场出发，那一切所谓的立场只是一种功用场所。

当然，真正的人的立场的确立，是一个民族崭新的文明史观的形成、发展、成熟的过程，不仅伴随着这个民族经济社会的发展，而且要求这个民族具有符合科学精神的正视历史的勇气。由此，决定了古代农民起义是一个被千万人写过，还将被千万人继续写下去的题材。

说实话，触及农民起义这个有争议的题材，起初心里真有点忐忑不安，一则手头上缺乏许多需要的资料，且过去没有做过这方面的系统研究；二则目前无论是理论界还是学术界，对某些农民起义的定性还众说纷纭，莫衷一是。但出于对这一话题的兴趣，更是出于对其研究意义和价值的再认识，硬着头皮写下了这个题目，并一个劲儿地往里“啃”了起来。不过，在写作的过程中，一直提醒自己力求在以下两方面有所突破。

一是，在对中国式农民起义的特点与规律性的归纳上。拙作透过中国古代农民起义一系列事件，从中对起义产生的直接原因、时代背景和历史影响等方面的特点与规律作了粗略的归纳，并且对如何解开这个死结，以回放历史的形式提出了命题，给大家留出了一个广阔的思考空间。同时，也用一定的笔墨对东西方起义这档子事作了比较分析，从而扩大对中国式农民起义这一历史产物的认识宽度。

二是，在体例与读者关系的把握上。如果把拙著比作一盘菜肴的话，纪实则是其菜系，史料则是其原料，随笔则是其调味品，努力让历史上的那些“揭竿”的农民兄弟们鲜活起来，让人回味、让人思考。这个要求对于笔者来说，无疑是一种新的挑战，但做这样的尝试，主要是为了拉近与读者的情感距离。

历史的脐带喂养了昨天，也连襟着今天。

把历史和现实拦腰斩断的民族，不是一个成熟的民族；复制过去的经验却忌谈以往的教训，也不是一个理智的民族。在农民起义这个问题上，过去对它作用的夸大，是不合事实的；但现在出现的对许多农民起义一概否定，更是不着边际且不负责任的。对于这个问题，不能一味地苛求我们的前人在历史抉择中给予后人多少警示，而是我们当代人需要站在人的立场上不断进行反思，作出符合实际的抉择。

由此，我想起了美国著名未来学家阿尔温·托夫勒的一句名言：“如果我们不向历史学习，我们就将被迫重演历史。”

如实陈之，乃写作初衷。是为序。

顾伯冲

二○一三年六月一日

结稿于北京净土寺

目录

第一章 一个古代的中国特色

003 一“举”连两“朝”

009 起义排行榜

027 “揭竿”的那些人

033 “烽火”燃烧的时空

第二章 巨大风险的背后

041 谋反罪：统治者设置的一条“高压线”

044 蹚“线”：偏向虎山行

058 无言的结局

第三章 起义的前世今生

071 起义的“副产品”

086 从“有理”到“有罪”

096 起义“后遗症”

104 起义军是“神”还是“魔”

第四章 帮忙与不帮忙的老天爷

111 天时总有序

115 天灾“催化”人祸

120 “天怒”岂是巧合

第五章 还是基因惹的祸
129 封建专制：畸形的文化基因
132 毒藤上长出的“歪瓜”
146 别碰农民的“命根子”

第六章 风云际会中的精英与草根
155 政治精英：首鼠两端
160 文化精英：内心矛盾
165 经济精英：进退两难
168 草根阶层：先热后冷

第七章 喊破嗓子，甩开膀子
175 林林总总的口号
181 口号里的“干货”
186 口号不应是肥皂泡

第八章 神明也不是救世主
193 战争，难让宗教走开
196 宗教也是个幌子
201 玩火的邪教

第九章 起义军领袖：他是班长他的班
209 “班长”的档案
218 班子成员众生相
233 从功臣到祸首

第十章 239 “皇帝轮流做，明年到我家”
拉不长的“短板” 244 “窝里斗”都很在行
249 贪色成癖
252 作风比空气还散漫
256 军事：短板中的短板

第十一章 265 血染的“嫁衣裳”
从工具到“被工具”：被人利用的农民起义 271 愿当那杆被使的“枪”
277 余热悠久的“老工具”

第十二章 285 洋起义
东西方好汉们的“对话” 293 “对话”里的各自长叹
304 各有各的“软国情”

第十三章 311 帝王如果能这样
假如历史可以重演 323 起义领袖如果能那样
327 并非闲扯的假如

后　记 333

第一章

一个古代的中国特色

一“举”连两“朝”

公元前209年7月的一个夜晚，在蕲县大泽乡，也就是现在的安徽宿州市埇桥区西寺坡镇涉故台村，有一个人趁着夜幕，将一根根白色小布条，塞进了鱼的肚子里。此时，不远处的一座破庙里，突然亮起了一堆堆篝火，周围有疑似狐狸的野兽在一阵阵地凄叫着，叫得空气也有点寒颤，更不要说人了。

当时，这个人根本没有想到，就是他这双粗砺的双手往鱼肚子里塞布条的时候，同时也将一种独特的王朝更迭周期现象“塞”进了中国历史。

这个人何方人士？尊姓大名？谁也不知道了！只晓得他是困驻在这里的900多名衣衫褴褛、筋疲力尽的戍卒中的一员。他们本来是应朝廷征召急匆匆地赶往渔阳（现在的北京密云）去屯戍的。秋汛时节，天灰云暗，偏偏遇上天公不作美。路迢迢，暴雨如猛虎；水漫漫，村落如沉船。眼下谁也没有办法，只能在这里耗着，等着老天一放晴再上路。但是，寂寞已使得他们感到精神和肠胃一样饥饿，只有靠梦和回忆来喂养自己。

到了7月15日，那个空气里已经弥漫着血腥味的早晨，这些正在酣睡中的戍卒，想不到一件惊天动地的大事正等着他们去完成。这就是中国封建帝国史上第一次大规模的农民武装暴动——陈胜、吴广起义的前奏。

秋风裹着凉意，时序似乎要美美地在这里打上几滚，让马蹄踏破历史的经纬。

就在这一天，这900多名戍卒在陈胜、吴广的带领下，敲响了秦王朝政权的丧钟，使这个刚刚诞生的嬴姓帝国如流星般地在历史的天空中转瞬即逝。“大泽乡”由此也成为了传诵千古并有特定内涵的地名；“王侯将相，宁有种乎”的口号成为了每逢改朝换代之际人们最为响亮的励志名言；袒露着右臂的陈胜、吴广站在高坡上，一个人挥着巨手，另一个人紧握着长剑，以大智、大勇、大义去撞击那个时代，在华夏民族的历史天空中留下了一个独特且永久的造型。

历史的发令枪由此猛然打响。古代中国王朝兴替，基本上一次次地复制着陈胜开创的这一条道路，变得更加血腥而诡谲。当然，这是一种民意的表达，却没有采用和平的方式。

按照现在时髦的说法，古代中国的农民绝对是个弱势群体，他们肩负着缴纳国家绝大多数税赋的重任，却在社会中没有自己的投票权，也没有自己的话语权。而今，把他们逼急了，只好流着鲜血乃至捧着“鬼箱”来投票了。

翻开中国二十四史，不难看到这样一个现象：从秦始皇统一六国到大清王朝垮台的 2132 年间，出现了 26 次改朝换代。就是再往远一点说，从夏朝到清代，没有一个王朝的寿命达到一千年，最长的周代，是 856 年；最短的是五代的后汉，仅 4 年。千秋江山，万世永固，只能是一种美好的愿望。而每一首封建王朝更迭的序曲，总是缘于农民起义。

冥冥之中，这些走马灯似的改朝换代，翻来覆去的政治洗牌，是什么不可预测的力量在决定历史的走向？在已远去的历史中，究竟又有多少让人扼腕而叹，或拊掌而笑的故事呢？真是耐人寻味！

相比之下，欧洲有中央集权色彩的帝国只出现在 15 ～ 18 世纪封建制度逐步解体的短短的 300 年中，而且这些帝国只是扮演了促进欧洲封建社会向资本主义社会过渡的角色，并未呈现长时间的持续的王朝更替的现象。

中国古代朝代更替缘于“王朝重构的同一性”和“王朝衰落的必然性”

两个方面，进而出现“王朝更替的循环性”。在灾难的血泊中，一个旧的王朝在终结，一个新的王朝在漫天血色里分娩了。农民起义一“举”连两朝，这种中国式的朝代更替模式，在世界史上也是比较独特的。这大概可以算作一个古代的中国特色吧！

这里，让我们对中国历史上那些经典瞬间进行回溯和重放，在各自视角的空间中咀嚼值得回味的部分，温习那一幕幕让人心惊肉跳的活剧。

秦朝是中国历史上第一个封建王朝，但秦帝国这个头没有开好，起讫不过15年。从公元前256年秦灭东周起，嬴氏家族经过秦照襄王、秦孝文王、秦庄襄王和秦始皇等几代君王130多年的忙乎，换来的竟是个昙花一现的短命王朝，最终的灭亡缘于陈胜、吴广发动的农民起义。

新莽王朝是由王莽篡权，从延续了215年的西汉王朝接过来的，也是一个短命朝代，起讫只有15年。王莽执政期间虽有一些革新举措，但基本上继承了西汉的官僚体制，且作为一个政权的时间较短，许多史学家并不承认他是一个独立的王朝，而是作为西汉末年的一个“尾巴”。不管如何，作为新莽王朝也罢，还是作为西汉、东汉间的一座“门槛”也好，其政权是在新市（今湖北京山东北）人王匡、王凤领导的绿林农民起义和琅琊（今山东诸城）人樊崇等领导的赤眉农民起义军手上结束的。

元王朝是由蒙古人建立起来的一个政权，正式称为“元”的年头稍微短了些，只有97年，但若加上他们统一中国前的地方政权的时间，还算是比较长寿的。元朝是一个外来者（非汉人）建立的政权，管理国家的水平较低，不注重先进文化建设和政治文明建设，只崇拜武力，再加上晚期实行暴政，民族矛盾突出，导致了韩山童、刘福通、朱元璋等大规模的农民起义相继爆发，这个马背上的王朝从元大都的深宫里被起义的农民赶回到蒙古大草原，继续过上旧时与牛羊为伍的日子，经营发展他们的畜牧业去了。

明王朝是其开国皇帝朱元璋在农民起义军的累累白骨上建立起来的一个长达 277 年的朝代，最后又在陕西米脂人李自成领导的农民起义军手上终结了。这真是历史的宿命，李自成的“老师”朱元璋在九泉之下是万万没有想到的。

这是历史的轮回、命运的轮回、生命的轮回，还是“一报还一报”的孽缘呢？只有天知道！

李自成是学问升级版的朱元璋，如果论综合素质特别是谋略、手段等方面，李自成远不如朱元璋，但若论习性、秉性和心理健康状况，两人则在伯仲之间。

清王朝是中国最后一个封建政权，是由满族人苦心经营起来的。它有过辉煌，“康雍乾盛世”是中国封建历史上回光返照般的一抹晚霞；它有过屈辱，竟与老外签订了一千多个不平等条约。这个王朝在中国的历史时空里跌跌撞撞地走过了 268 年，加上它入关前的 28 年，共有 296 年。晚清时期，全国发生了数不清的大大小小的农民暴动，内忧外患，千疮百孔，辛亥革命只是给了它摧枯拉朽般的致命一击。在冲天的炮火中，北京最后一个皇帝宝座上的金光骤然车载斗黯淡，长达两千多年的中国封建帝国就此悄然落幕了。

还有一种情况，有的帝国龙椅上的主人虽然不是直接被农民起义军赶走的，但风起云涌、此起彼伏的农民暴动，给了他一个接着一个的当头猛击，使他的王朝的根基一次次被“松土”，直至被新王朝取代。

东汉王朝在风云变幻、诡秘莫测的三国时期结束了它 196 年的历史，一代枭雄曹操的儿子曹丕为它画上了句号。不过，东汉的挽歌早已在黄巾起义之际就奏响了。不仅如此，在这之前的 50 年之内，张角的前人就多次发起武装暴动。今天，我们能够从罗贯中所著的《三国演义》里欣赏精彩故事，还得感谢张角及他的先驱者，如果不是他们用血肉之躯作了铺垫，“三国鼎立”的局面就不会在中国的历史里出现。让戏迷和读者们记住他们吧：汉永寿二年（公元 156 年），公孙举、东郭窦起义；汉永寿三年（公元 157 年），朱达起义；汉延熹三年（公元 160 年），泰山农民起义；汉延熹五年（公元 162 年），长沙、零陵农民起义；汉延熹六年（公元 163 年），桂阳农民起义；汉延熹八年（公元 165 年），朱盖、胡兰起义；汉灵帝熹平元年（公元 172 年），许生起义；汉光和三年（公元 180 年），苍梧、桂阳农民起义和黄穰起义。

西晋王朝是在收拾三国残局的基础上建立的。可惜，西晋王朝寿命不长，只有 51 年历程。导致此王朝覆灭的直接原因是出了“内鬼”，被曾在体制内担任左部帅、建威将军、五部大都督的刘渊建立的中原第一个少数民族政权——匈奴汉国政权取代。但“内鬼”不是突然冒出来的，而是被当时先后爆发的齐万年、李特、张昌、王如以及杜弢等领导的大规模农民起义牵出来的，其中李特之子李雄还在四川建立了“成汉”政权。

隋王朝是公元 581 年 3 月，由北周静帝以杨坚“众望所归”为借口下诏宣布禅让的，到公元 618 年 3 月，隋炀帝杨广在江都兵变中被部将所杀，再至恭帝杨侑苟延残喘一阵，总共折腾了 38 年时间。令人想不到的是，隋朝的杨氏天下竟是被杨广的表兄、太原留守李渊改姓为唐的。本来，李渊是帮他的姨父杨坚和表弟杨广守江山，并且履职尽责，政绩卓著，可到了大业七年（公元 611 年），邹平（今山东邹平西北）人王薄在长白山（今邹平南）首先率众起事，之后两三年间，起义风暴席卷全国，农民起义军多达百余支，人数有百万之众。真是“墙倒众人推”。此时，一直靠隋炀帝杨广吃“财政饭”的许多地方官吏豪强也乘势起兵反隋，纷纷割据一方。大表兄李渊大概眼见这个老弟大势已去，不知哪根神经触动了他，萌发了自己单干的念头，并且说干就干，乘虚进军关中，夺占长安（今西安），称帝建立唐朝。

唐王朝在世界东方曾整整屹立了290年，而且在历史的概念里具有多重指代：强大、开放、包容、和谐。它被公认为中国古代的鼎盛时期，被比喻为文化精神的奇葩，被标扬为民族复兴的坐标。公元907年4月，起义老兵朱温废掉唐哀帝，自行称帝，改名为晃，建都开封，国号为“梁”，史称“后梁”。从此，中国进入五代十国的纷乱时期。

这个后梁太祖年少时“勇有力，而温尤凶悍”，“不事生业，以雄勇自负，里人多厌之”，称帝后流氓成性，竟然和其所有的6个儿媳乱伦“扒灰”。这样的“混混儿”何德何能，居然将大唐王朝结束在他的手上？据说，他的成功主要得益于两个人，一个是他的军师敬翔，另一个就是他的老婆张惠。不过，这两个人即使再厉害，但有个前提千万不能忽略不计，那就是从大中十三年（公元859年）浙东人裘甫举起反唐的义旗，到中和四年（公元884年）黄巢义军被镇压，短短25年间，农民起义军席卷了现在的山东、河南、安徽、江西、江浙、福建、两广、两湖、陕西等12省，唐王朝的命运基本上进入了“倒计时”。朱温的废唐举动，只是顺手牵羊的事情，称帝当然不费吹灰之力了。

宋王朝经过了321年“清明上河图”式的和平繁荣，分为北宋和南宋两个阶段，前者在没有底力的繁华中炫耀了168年，后者则偏安江南153年，时间也不可谓短暂。无论北宋，还是南宋，都亡于异族，这也许是冥冥之中命运之绳索所系。北宋以宋徽宗赵佶和宋钦宗赵桓父子俩被女真人掳掠至金国都城大定府（今辽宁宁城西）而宣告终结；南宋以宰相陆秀夫含泪背起年仅8岁的小皇帝跳海自杀而宣告覆灭。异族虽然凶顽，但关键的问题还是祸起萧墙。两宋期间，农民起义几乎就没有停止过，规模较大的有北宋王小波、李顺起义，宋江起义，方腊起义和钟相、杨么起义，而在南宋建立以后，虽然没有什么有影响力的起义，但各地的农民暴动却是层出不穷。与其说是异族推翻了两宋王朝，还不如说农民起义先为它掘了墓。

当然，三国、南北朝、五代十国时期是彻底的军阀混战的年代，演进的是另一种方式，但其前奏都是农民起义。仅南北朝时期，就发生了由赵广、盖吴、破六韩拔陵、莫折大提、杜洛周、鲜于修礼、葛荣等发起的较大规模的农民起义。农民起义不断，再加上军阀混战，将当时的天下搅成“一锅粥”，你方唱罢我登场，走马灯般更换了8姓14个皇帝。

回望历史的烟波，我们这艘栉风沐雨的古国方舟上，曾经因农民的揭竿而起，上演了多少雄浑的时代壮举，也出现过多少激荡的悲欢离合。由此，我们不得不佩服罗贯中老先生的政治眼力和艺术功力，是他在《三国演义》一开头就一语道明：“话说天下大势，分久必合，合久必分。”

这是对中国封建王朝的一个最好的总结，也正是历史的吊诡之处。

历代王朝兴亡，是农民兄弟用布满老茧的双手推动着周而复始的循环，但这并非单纯的回归，也绝对不是“一堆偶然事件的堆积”，而是有其内在的客观发展规律的；它也不像一个“不倒翁”玩具一样，一推一歪再一摇，又回到原来的位置，应该似螺旋梯一样，是在不断的循环之中，不断上升，不断发展的。这也证明了“月盈则亏，水满则溢”这一永远颠扑不破的真理。

起义排行榜

“起义”一词，现代使用频率最高的要算20世纪70年代了，由于特殊的政治原因，那时候能够识上几个字的人，都能认得这两个大字。不过，何谓起义这个问题也许会把很多人都噎住。这也难怪，就是现在的一些权威人士对此也没有一个统一的权威性定论。

这就带来一个问题，历史上的农民暴动到底哪些属于起义？多大规模的能够算是农民大起义？一些一边打家劫舍，一边与官军对抗，并打出了类似“替天行道”、“公正公平”旗帜的落草为寇的农民，还能否列为农民起义的行列？

实际上，“农民起义”这个词语本身是过度抽象和简化了的一个概念。大概，在庸常的社会意识形态下，人们觉得农民起义应该是一个地方或多个地域的种田过日子的人聚集暴动、哗变、造反，是一种群体性事件。严格一点来定义，应该是农民有纲领、有组织、有目的地反抗既有的秩序或建制的活动，表达出农民阶层武装反叛当时社会行政阶层或者既得利益集团的政治诉求，反映出不同社会阶层之间的激烈冲突。

中国是一个农民占主体的国家，发生的大大小小的农民起义，无论其次数之多、规模之大，还是其抗争程度之激烈、影响之广泛，均在世界史上首屈一指。白寿彝先生主编的《中国通史》第六卷“中古时代·隋唐时期（上）”中有关“隋末农民大起义”的一节是这样记载的：“群盗蜂起，不可胜数。”这正说明了农民起义的烽火已遍地燃烧；在其第九卷“中古时代·明时期（上）”中有关明代农民起义的一节记录如下：“起义规模都不大，有的只有几十人、几百人、几千人，多的也有几万人、几十万人，但却此起彼伏，连绵不断，次数不下四百次。”

有些农民起义在帝国历史的急流中隐身了，再也找不到有关它们的记载，它们就像一颗颗流星，在深夜的天幕上一划而过，旋即消失得无影无踪。

既然中国封建时期农民起义有无数次，那也就无法准确计算其具体数据了，关键要看对中国历史有着重要影响的农民起义有哪些。目前，史学界和历史教科书公认的有 42 起，分别是：

中国封建时期农民起义基本概况简表

朝代	农民起义名称	农民起义领导人	起义时间	起义地点	起义事略
秦朝	秦末农民起义	陈胜、吴广	公元前209年（秦二世元年）7月	大泽乡（今安徽宿县东南）	公元前209年7月，陈胜、吴广在大泽乡起义。攻占陈县，陈胜自立为王，建立张楚政权。12月，陈胜被叛徒庄贾杀害。
		刘邦	公元前209年（秦二世元年）8月	沛县（今属江苏）	起义军进攻荥阳及关中，直抵咸阳附近的戏下（今陕西临潼东）。秦将章邯率几十万大军反扑。公元前202年，刘邦建立西汉政权。
		项羽	公元前209年（秦二世元年）9月	会稽（今属浙江绍兴）	公元前207年，项羽领导的起义军在巨鹿消灭秦主力。公元前206年，刘邦率领的起义军攻占咸阳，灭秦。经四年楚汉战争，项羽战败自杀。
西汉	西汉末年农民起义	王匡、王凤	公元17年（天凤四年）	绿林山（今属湖北大洪山）	公元17年，王匡、王凤在湖北绿林山起义；18年，樊崇领导赤眉军在山东成昌大败王莽军。
		樊崇	公元18年（天凤五年）	莒县（今属山东）	23年，绿林军在昆阳以八九千人击溃号称百万的王莽军，并乘胜攻入长安，推翻了王莽政权。
					25年，豪强地主刘秀夺取农民胜利果实，建立了东汉政权。

续表

朝代	农民起义名称	农民起义领导人	起义时间	起义地点	起义事略
东汉	黄巾军起义	张角	184 年（灵帝中平元年）2 月	洛阳	张角创立了“太平道”，利用“太平道”把几十万农民组织成三十六“方”。宣传“苍天已死，黄天当立；岁在甲子，天下大吉”。张角和弟子秘密约定在甲子年（184 年）3 月 5 日，各地同时起义。由于叛徒告密，提前于当年 2 月起义。起义军多次打败敌人进攻，不幸张角病死。在东汉官军和各地豪强地主武装联合镇压下，经过几个月的战斗，主力黄巾军失败，但各地起义军仍坚持战斗三十多年。在黄巾起义的打击下，东汉政权瓦解了。 起义军迅速攻占河北许多郡县，黄河南北和长江流域的人民纷纷起义响应。起义军包围洛阳，屡次打败东汉官军。起义军头包黄色头巾，故称“黄巾军”。
西晋	西晋末年流民起义	李特	301 年（惠帝永宁元年）	绵竹（今属四川）	流民推举巴氐人李特为首领，在四川绵竹起义，屡败官兵，各地流民起义纷纷响应。
		张昌	303 年（惠帝太安二年）	安陆石岩山（今属湖北安陆）	李特牺牲后，各地流民起义延续了几十年，这些起义先后被镇压，但西晋统治阶级也在流民起义打击下摇摇欲坠。

续表

朝代	农民起义名称	农民起义领导人	起义时间	起义地点	起义事略
东晋	东晋农民起义	孙恩	399 年（东晋安帝隆安三年）	海岛	孙恩在海岛领导起义，攻破上虞（今浙江上虞），杀县令，声势大振。八郡农民纷纷响应。孙恩自称征东大将军，率起义军三次渡海登陆，与东晋军作战，最后一次不幸失利，孙恩投海自杀。
		卢循	403 年（东晋安帝元兴二年）	海岛	孙恩起义失败后，余众数千人由其妹夫卢循率领继续战斗。攻占番禺，自称“平西将军”，建立农民政权。
					起义军趁刘裕北伐南燕之机，分两路北伐，打败晋军，直逼建康（南京西北）。刘裕灭燕后，急速回援建康，后卢循为刘裕所败，赴水而死，农民起义失败。这次起义坚持斗争 12 年，遍及东晋全境，基本上动摇了东晋的统治。
南北朝	北魏北方各族人民大起义	破六韩拔陵	23 年（孝明帝正光四年）	沃野镇（今内蒙古五原东北）	匈奴人破六韩拔陵领导北部边镇军民在沃野镇起义，屡败官军。两年后，由于寡不敌众，起义失败。
		葛荣	525 年（孝明帝孝昌元年）	定州左人城	525 年，河北各族人民在上谷（今北京延庆）起义。528 年后，逐渐集中在葛荣的领导下，发展到几十万人，由于领导轻敌，兵力分散，起义惨遭失败，葛荣被俘牺牲。但起义沉重打击了鲜卑贵族，扫荡了汉族地主势力，动摇了北魏统治，在战斗中加深了各族人民的相互了解，促进了各民族的大融合。

续表

朝代	农民起义名称	农民起义领导人	起义时间	起义地点	起义事略
隋朝	隋末农民起义	王薄	611年（隋炀帝大业七年）	长白山（今山东章丘境内）	611年，王薄在山东长白山起义，各地响应，汇成三支：李密、翟让的瓦岗军，窦建德的河北起义军和杜伏威的江淮起义军。 616年，瓦岗军在荥阳大败隋军。第二年，占领兴洛仓，开仓散粮，扩大队伍。 618年3月，隋炀帝在江都被部下宇文化及杀死，隋灭亡。 618年5月，李渊夺取农民起义胜利果实，在长安建立唐朝。
		翟让			
		李密			
		窦建德			
		杜伏威			
唐朝	唐末农民起义	裘甫	859年（宣宗大中十三年）	浙东	859年，浙江裘甫领导起义，起义军以剡县为中心，建立农民政权，历时8个月，起义失败。
		庞勋	868年（懿宗咸通九年）	桂林	868年，庞勋领导的桂林戍兵起义，队伍发展到20万人。胜利的形势使庞勋骄傲起来，影响了军心，削弱了力量，再加上唐军发起三面进攻和内部将领叛变投唐，庞勋壮烈战死，起义军被镇压下去。
		王仙芝	875年（僖宗乾符元年）初	长垣（今属河南）	875年初，王仙芝在河南长垣起义，878年2月王仙芝兵败被杀。
		黄巢	875年（僖宗乾符元年）6月	冤句（今属山东曹县）	875年6月，黄巢率众在冤句响应起义，起义军采取“避实击虚”的方针，展开流动作战，入安徽、浙江，攻占广州。后又渡过长江、淮河，转战各地，攻占洛阳，长安，建立“大齐”国，镇压大贵族、大官僚。唐僖宗逃到四川，集中残军和地方武装反扑。黄巢部将投敌，884年6月，黄巢在泰山兵败自杀，余部继续战斗多年后，才最后失败。

续表

朝代	农民起义名称	农民起义领导人	起义时间	起义地点	起义事略
北宋	北宋农民起义	王小波	993年（太宗淳化四年）春	青城（四川灌县南）	993年，王小波、李顺在四川青城起义，提出“均贫富”口号；第二年，占领成都，建立大蜀政权，控制四川部分地区，坚持斗争到995年春，最后失败。
		李顺	993年（太宗淳化四年）12月	青城	
		宋江	1119年（徽宗宣和元年）	梁山泊（今山东梁山）	1119年，宋江在北方领导人民起义，起义军在河北、山东、河南一带沉重打击了北宋军队，由于北宋统治阶级残酷镇压，1121年夏，起义军失败。
		方腊	1120年（徽宗宣和二年）10月9日	睦州青溪（今浙江淳安）	1120年10月，方腊在浙江睦州起义。起义连破浙江、安徽、江西一带六州五十二县，杀死许多贪官污吏。后由于粮食和武器缺乏，退到睦州青溪县的岩洞，最后失败。
南宋	南宋农民起义	钟相、杨么	1130年（高宗建炎四年）2月17日	湖南洞庭湖一带	钟相、杨么1130年2月在湖南洞庭湖一带起义，提出“等贵贱，均贫富”的口号，建立“大楚”政权。1135年6月杨么被俘，惨遭杀害，起义失败。
元朝	元末农民起义	刘福通	1351年（顺帝至正十一年）1月	颍州（今安徽阜阳）	刘福通、韩山童在黄河下游和淮河流域一带酝酿起义。由于泄密，韩山童遇害，刘福通于1351年5月在安徽颍州起义，徐寿辉、郭子兴及张士诚等起义响应。刘福通领导的起义军迅速发展到几十万人。他们因头裹红巾，故称“红巾军”。1355年（至正十五年）2月，刘福通在亳州建立政权，国号“宋”。徐寿辉建立天完农民政权。各地起义军摧毁元朝的地方政权，捕杀官僚地主，废除租税徭役，开仓救济贫民。但在官兵和地主武装的联合镇压下，由于起义军缺乏统一指挥，力量分散，1363年刘福通领导的红巾军失败。
		韩山童			
		朱元璋			朱元璋利用农民战争的力量，消灭了割据势力，统一长江中下游地区，于1368年灭元朝，建立了明朝。

续表

朝代	农民起义名称	农民起义领导人	起义时间	起义地点	起义事略
明朝	葛贤抗税起义	葛贤	1601年（万历二十九年）6月初	苏州	为了抗议苛捐杂税，在明朝后期，有几十个城市爆发了城市人民反税监的斗争，这是资本主义萌芽在政治上的反映，是中国历史上的新现象。1601年初，苏州机工在葛贤的领导下，包围税署，打死税吏，吓得税监逃跑。由于许多城市人民纷纷展开斗争，明政府被迫撤回全部税监。
	明末农民起义	高迎祥	1628年（崇祯元年）	陕西	1628年陕西北部（安塞）农民起义，各地响应，涌现高迎祥、李自成、张献忠等起义领袖。1635年，起义军十三家七十二营的首领在河南荥阳开会，打破官兵围剿计划。
		李自成		安塞	1636年，高迎祥牺牲后，李自成为“闯王”，转战陕西、甘肃、四川、湖北、河南一带，张献忠活动于湖北、四川一带。李自成提出“均田免粮”口号，受到城乡人民的拥护。1643年，在襄阳建立政权，第二年初，定国号为“大顺”。1644年，李自成攻克北京，明朝灭亡。不久，吴三桂引清兵入关，在满汉地主联合镇压下失败。
		张献忠		苏州	1644年，张献忠在四川建立大西政权。后清兵入四川，张献忠牺牲。李自成、张献忠牺牲后，起义军继续坚持抗清二十多年。

续表

朝代	农民起义名称	农民起义领导人	起义时间	起义地点	起义事略
清朝	苗民起义	石柳邓	1795年（乾隆六十年）2月	贵州铜仁府（今贵州铜仁县）	1795年正月，铜仁府石柳邓首先领导苗民起义，接着各寨苗民响应。苗民起义虽然时间长，对清统治者带来严重打击，但力量分散，缺乏统一领导，终被清政府残酷镇压下去。
	白莲教起义	王聪儿	1796年（嘉庆元年）正月	湖北荆州	1796年正月，湖北荆州一带白莲教教民首先起义，附近流民纷纷响应。白莲教起义的女英雄王聪儿被推举为襄阳起义军的首领。起义军转战湖北、陕西、四川一带，势力发展到几十万人，坚持斗争九年。清政府用了一亿多两白银的军费，消耗了大量兵力，才把这次起义镇压下去。
	天理教起义	林清	1813年（嘉庆十八年）	河北大兴县	1813年，在河南、山东、河北地区的白莲教起义失败后不久，又爆发了天理教起义，领导人林清、李文全同河北、山东其他天理教首领约定在嘉庆十八年（1813年）9月15日同时起义，攻占北京。不久起义机密泄露，起义军与清军战斗，因势力单薄，退出皇宫，起义失败。
		李文全		河南滑县	
	小刀会起义	刘丽川	1853年（咸丰三年）9月	上海	上海小刀会于1853年9月在刘丽川领导下起义，占领上海县及附近各县。到1855年2月，在清军和英法侵略武装的联合镇压下失败。

续表

<table>
<tr><th>朝代</th><th>农民起义名称</th><th>农民起义领导人</th><th>起义时间</th><th>起义地点</th><th>起义事略</th></tr>
<tr><td rowspan="6">清朝</td><td rowspan="2">天地会起义</td><td>陈开</td><td rowspan="2">1854 年（咸丰四年）7 月</td><td rowspan="2">广东佛山镇</td><td rowspan="2">1854 年 7 月广东天地会首领陈开率众在佛山起义，李文茂响应。在短短两三个月内，起义军就攻克府、县、州城四十余座，并围攻广州城长达半年之久，使中外反动势力十分惊恐不安。1855 年 6 月攻下浔州府（今桂平）建立“大成”国。其后大成国起义军攻占府州县城数十座，发展到数十万人，一度控制了大半个广西。1861 年，由于兵力分散，缺乏统一领导，起义失败。</td></tr>
<tr><td>李文茂</td></tr>
<tr><td>捻军起义</td><td>张乐行</td><td>1855 年（咸丰五年）8 月</td><td>安徽蒙城雉河集</td><td>捻军是由北方农民秘密组织发展而来的，活跃在安徽、河南、山东西南和江苏北部一带，以破产农民、游民等为主要成分。1853 年捻党首领会集于安徽蒙城雉河集（今涡阳）推张乐行为盟主，开始有统一的指挥领导，称“捻军”。太平天国失败后，“捻军”成为北方农民反清斗争的主力。“捻军”和太平军余部联合作战，一直坚持到 1868 年。</td></tr>
<tr><td rowspan="3">苗民起义</td><td>张秀眉</td><td>1855 年（咸丰五年）</td><td>贵州</td><td>1855 年，贵州苗民在张秀眉领导下发起起义，汉、布依、侗等族人民纷纷参加。</td></tr>
<tr><td>李文学</td><td rowspan="2">1856 年（咸丰六年）</td><td rowspan="2">云南哀牢山</td><td>1856 年，云南哀牢山区彝族人民在李文学领导下发起起义。</td></tr>
<tr><td>杜文秀</td><td>1856 年，杜文秀领导回民起义，攻克大理，建立政权。各地各族人民的反清斗争由于没有统一的领导，结果在清军残酷镇压下，先后失败。</td></tr>
</table>

续表

朝代	农民起义名称	农民起义领导人	起义时间	起义地点	起义事略
清朝	太平天国革命运动	洪秀全	1851年（咸丰元年）1月	金田村（今广西桂平境内）	1843年，洪秀全创立拜上帝教。1851年1月1日在金田村起义，9月占领永安，分封诸王。1853年3月占领南京，改为天京，颁布《天朝田亩制度》，发动北伐、西征。捻军、小刀会起义响应，形成第一次革命高潮。1856年9月1日杨韦事变，韦昌辉叛乱，石达开闹分裂，力量遭到削弱。后期陈玉成、李秀成、洪仁玕与湘军战斗，1861年安庆失陷。在中外反动派联合镇压下，1864年7月19日天京陷落，太平天国革命运动失败。

从事发的形态看，这些农民起义主要分为两类。一类是突发型。事先没有预兆，属于临时性的突发事件。例如，发生在秦朝末年的陈胜、吴广起义，斩木为兵，揭竿为旗，连旗帜和武器都还没有准备好。另一类是预谋型。这种起义，有组织、有准备，一般都有理论基础。例如：如宋江领导的梁山起义，是以儒家忠义和江湖义气为指导思想发动起来的；东汉末年张角利用太平道组织起义军，靠宗教思想起家。

面对着眼前飞扬的一个个鲜活的农民起义领袖的面容，还有流逝的岁月怎么也带不走的那一串串熟悉的姓名，我们不由得感叹：在这块伟大的土地上，有许多故事真是引无数“英雄”竞折腰。

这里，让我们来一个“今为古用”，用现在比较时尚的“排行榜”方式，让那一场场农民起义也来个“排排坐，吃果果”。

最早有农民参加的起义：国人起义

入榜理由：时间最早，资格最老，种地的老农扛起了锄头冲进了王宫。

在中国古代史上，要说第一次农民起义是谁发动的？也许陈胜、吴广是当仁不让的。其实，早在公元前 841 年，在陈胜、吴广登上中国政治舞台前 631 年，因不满周厉王的暴政，镐京的“国人”集结起来，手持棍棒、农具，围攻王宫，要杀周厉王。这里的“国人”不是指农民，而是指居住在王畿内的平民、手工业者、小奴隶主等人。但不要以为奴隶社会没有农民，特别是周厉王时代，在郊外已经有一些土地由这些人耕种，只是他们数量很少而已，尚未形成一个阶层，更不属于一个阶级，可那时确有农民的因素。因而，关于这份“之最”的荣耀，陈胜、吴广就别与“国人”争了。

最早以政党形式组织的农民起义：捻军起义

入榜理由：第一次让“党”旗在战场上高高飘扬。

十九世纪初，安徽北部及河南、山东、江苏等省部分地区的农民秘密组成“捻党”，为首的张乐行实行五色和五色镶边旗军制，颁布了以反抗封建压迫、寻求生活出路为主要诉求的具有政治纲领性质的《布告》和军事纪律。公元 1851 年，他们在河南南阳、南召、唐县（今唐河）等地聚众起义，捻党从此由分散的秘密群众团体转化成为公开反清的党派及其领导的农民武装。次年，张乐行、龚得树等在安徽亳州雉河集（今安徽涡阳西北）一带聚众万余人，攻克河南永城等地。公元 1853 年，太平天国大军挥师北伐，进入黄河、淮河流域，捻党抓住时机，纷起响应，在皖、豫、鲁、苏、鄂交界地区纵横驰骋，形成十余支相对独立的队伍，并逐步趋向联合。

最早进行多兵种作战的农民起义：孙恩起义

入榜理由：无论是官方还是民间，这是第一次正式组建水军，并初步形成了一套水上作战的战法战术。

东晋末年，孙恩、卢循领导的农民反晋起义长达 12 年之久，水军规模较大，形成了上下衔接、功能互补、隶属正规的内部建制，并且在对什么样的条件下采取什么样的作战样式，领导者都有了一套自己的指挥规则，由此这支水军具有相当强的战斗力，数次威胁东晋京师建康，动摇了东晋的统治基础。也许是水上的“一招鲜”使他们只注重水上游击，而没有建立陆上稳固的根据地，几次错失有利战机。后来，在晋军的反扑中，只能退回海岛，使已取得的战果不能得以巩固。

最早的农民起义女领袖：吕母

入榜理由：发动农民起义的女性第一人，从组织准备到指挥作战，都由她来掌管。

吕母，出生于西汉末年的琅琊海曲（今山东日照）的一个富户家庭，她的独生儿子吕育曾任县游徽，掌一方巡察缉捕。王莽新朝天凤元年（公元 14 年），吕育因没按县宰的吩咐去惩罚那些交纳不起捐税的百姓，结果被县宰杀了。这真可谓是“因爱民而生怨，因尽职而招灾”。为了给儿子报仇雪恨，经过 3 年的准备，于天凤四年（公元 17 年），吕母登上奎山西麓的土台祭天，自称“将军”，点兵遣将，亲率勇士三千，浩浩荡荡地杀奔海曲城，活捉了县宰，并拿他的首级到吕育坟前祭奠。为此，吕母声名大振。

农民起义频率最高的朝代：元朝

入榜理由：一个年份竟发生了400余次起义，这是任何一个朝代都望尘莫及的。

由于封建时代的各个王朝寿命长短不一，要说农民起义次数之多，那长命的王朝肯定是占了“便宜”的。这里，只能用起义的频率来计算，才能客观反映那个朝代的社会矛盾情况。要说这个“桂冠”，当属元朝了。《中国史稿》有载：“在号称全盛的忽必烈统治时期，各族人民的反抗斗争就没有停息过”；“忽必烈统治时期，南方人民的反抗斗争风起云涌。根据元政府统计，至元二十年，大小起义二百余处，至元二十六年就增加到四百多处。几乎南方各地都有起义发生，尤以浙、闽、广交界地区最为激烈”。这种起义的频率可谓是各朝之冠了。

规模最大的农民起义：太平天国

入榜理由：大半个中国被他们搞得天翻地覆。

洪秀全领导的太平天国，历时14年，席卷18省，曾占有中国半壁江山，实际控制的区域发展到23个府州，总面积150多万平方公里。这是中国历史乃至世界历史上规模最大的农民起义。论疆域，他们曾在江苏、浙江、江西、安徽、福建、湖北等省建立过地方政权，实施过有效统治，如果加上遥奉太平天国为正朔政权的地方，还有云南、贵州等地，势力所及大半个中国，其相对稳定行政区划下统治过的人口累计在5000万到1亿之间。所谓的有效统治，最低限度是建立过地方政权，任命过地方官员，并且实施过有效的治安、税赋管理。论军事实力，太平天国的军队曾攻下过600多座城池。

持续时间最长的农民起义：大藤峡起义

入榜理由：起义军的英勇作战基本上贯穿了整个明朝的起讫时间，前后持续两个半世纪。

从洪武年间开始，到天启年间为止，大藤峡起义前后历时250余年。大藤峡又名断藤峡、永通峡，位于黔江中下游的武宣至桂平间，长约百里，两岸崇山峻岭，江水迅疾。这里聚居着瑶、僮等少数民族和部分汉人，以瑶族为多。明朝政府较早在这一地区实行改土归流政策，利用食盐垄断和专卖等手段，迫使瑶、僮族（今称壮族）百姓服从管理，遵“纪”守“法”。可这些措施适得其反，激起了大藤峡地区各族人民的激烈反抗，起义军此起彼伏，前仆后继，其中规模较大的有10余次，主要有侯大苟领导的瑶、僮人起义，势力扩展到广东等省。成化元年（公元1465年），官军调集16万人前去镇压，起义军有近7000人被杀。

准备时间最长的农民起义：黄巾起义

入榜理由：十年磨一剑。

张角利用自己掌握的医术，一面给黎民治病，一面传布太平道，并将自己的徒众分为三十六方，其中大方万余人，小方六七千人，每方指定一名负责人主持工作，逐渐发展成为地下军事组织。经过10余年的经营，太平道的力量十分强大。公元184年3月初五，张角根据突然变化的形势，当机立断，宣布起义。他自称“天公将军”，称张宝为“地公将军”，张梁为“人公将军”。所有起义的农民头上都裹着黄巾，作为标志，故称“黄巾军”。

准备最仓促的农民起义：陈胜、吴广起义

入榜理由：临时动议，说干就干。

陈胜和吴广这哥俩本来并不相识，后来当了戍卒的小头目，碰在一块儿，同病相怜，很快就成了朋友。他俩从担心被官方惩处商量准备起义，到激杀两位营尉，再到袒露右臂，举起“楚”字大旗，先后不过一个星期的时间。现在看来，这场倾盆大雨造成的起义机会，是在这两个没有思想准备的人面前闪过的。

最成功的农民起义：朱元璋起义

入榜理由：过程做得天衣无缝，结果完全如愿以偿。

这个朱重八惶惶地走出皇觉寺，走向濠州，走向金陵，走向权力的顶峰，开创了一个寿命近300年的王朝。毛泽东在《智囊》一书中阅批：“自古能军无出李世民之右者，其次则是朱元璋耳。”李世民随他老爸李渊起事，最终建立了唐朝，让江山改姓李氏，并不是农民起义的结果，而是军阀混战的收场。要说最为成功的农民起义领袖，那当属朱元璋了。他的成功之处表现在三个方面：一是提出并推行“缓称王”的战略思想，避免了树大招风，四面受敌，对维护他的生存发展起了很大作用；二是在当时众多农民起义

军领袖中，朱元璋的军事才能无人能及；三是治军严整，军队所到之处秋毫无犯，深受老百姓的欢迎。这样的军队不仅元军无法与其相比，其他起义军也不可望其项背。至于后来，朱元璋杀大臣、排异己，那已经不是起义的这档子事了，而是他治国方略的问题。

最残忍的农民起义：黄巢和张献忠起义

入榜理由：杀人手段之残暴到了骇人听闻的程度，而且发明了许多吃人的方法。

这里，先说说黄巢的食人纪录。据有关史载：黄巢“贼围陈郡三百日，关东仍岁无耕，人饿倚墙壁间，贼俘人而食，日杀数千。贼有舂磨砦，为巨碓数百，生纳人于臼碎之，合骨而食，其流毒若是”。黄巢这座食人工厂，到底一共吃掉多少人？他在失败前夕包围陈州近一年时间里，将朱粲的食人法发扬光大，数百（一说三千）巨碓同时开工，流水作业，日夜不辍，成为供应军粮的人肉作坊，将活生生的大批乡民，无论男女，不分老幼，悉数纳入巨舂，顷刻磨成肉糜。陈州四周的老百姓被吃光了，就扩大原材料供应渠道，“纵兵四掠，自河南、许、汝、唐、邓、孟、郑、汴、曹、徐、兖等数十州，咸被其毒”，创造了前无古人、后无来者的人食人纪录。

再说说张献忠杀人史。有关史载：张献忠攻克和州，“是时杀戮惨毒，有缚人去淫其妻杀之者；有趋人父淫其女而杀之者；有裸孕妇共卜腹中婴儿男女刨验以为戏者；有以大锅沸油掷婴孩于内观其跳跃啼号以为乐者。所虏子女万千，临行不能多带，尽杀儿趋，暴残亘古未有”。尤其骇人听闻的是，他曾两屠成都，造成了成都一条街道上的居民互不相识达10余年之久。离开成都前，他命令各将士自行杀其新收妇人。张献忠把自己的300名后妃只留20人，其余全杀绝。他还为杀戮找个歪理来支持："脱离妇女拖累，前行无阻，定取天下。"

最悲壮的起义：袁晁起义

入榜理由：以被活活饿死的抗争方式结束了这场起义。

唐宝应元年（公元762年），朝廷追征租调，搜刮粟帛，农民不堪负担，纷起反抗。原为县衙小吏的袁晁率众在唐兴县（今天台县）起义（一说聚众占据今浙江舟山岛），后来发展为20万人，严重威胁着唐朝政府在该地区的统治。是年十二月，起义军与官军在衢州（今浙江衢县）大战，起义军失利。广德元年（公元763年）三月初四，官军再次击败起义军。四月，两军经10余次交战，起义军战败，袁晁被俘，于次年十一月二十日就义于长安。其弟袁瑛率领500名骑兵冲出重围，占据宁海西北40里的紫溪洞，凭借险要地势抗击官军。官军扎营洞口，层层封锁，切断他们的粮道。就这样，袁瑛和500勇士在内无粮草、外乏援兵的绝境中，顽强抗击官军，直至全部饿死于洞中。

最窝囊的农民起义：李自成起义

入榜理由：长熟的"桃子"被人摘了，好不容易煮熟的"鸭子"飞掉了。

这个闯王的确是生之不甚伟大，死得更为窝囊。当年，如果崇祯实行"攘外必先安内"的政策，抽调精锐对阵李自成，那历史真要改写了。明朝一直忙着关外战事，兵力捉襟见肘，给了李自成煽风点火的机会。在这个难得的历史机遇中，这个闯王干了许多窝囊事：作为农民起义领袖，麾下兵锋已至北京城下，取摇摇欲坠的大明江山已成翻手之事，他却出人意料地要与崇祯和谈，条件是割据西北。看看，他就这点儿出息。后来，大顺国在西安一成立，他就在老家米脂大兴土木，建造行宫。兵败山海关后，清兵紧追不舍，他狼狈逃回北京后不是抓紧时间整饬军备，却急呼呼地称帝，年号“永昌”，接受百官山呼万岁。第二天，他便起了个大早，溜之大吉。这个“闯王”最终的下落也很蹊跷，史上有很多说法，最流行的是说他在湖北九宫山被农民程九伯一锄头拍死。有人说，当时程九伯这个哥们“以为他是贼呢”！历史真会开玩笑，农民起义军领袖最终窝窝囊囊地死在农民手里，程九伯这个普通山民一不小心留名青史了。

这真是“泪眼问花花不语，乱红飞过秋千去”。

“揭竿”的那些人

“揭竿而起”这个成语出自西汉贾谊的《过秦论》，讲的是陈胜、吴广领导的农民起义时，人们将“斩木为兵，揭竿为旗”，后来简化成“揭竿而起”，逐渐演变成了农民高举义旗、起义反抗的代名词。

中国古代有影响的农民起义的旗帜下云集了少则几千人，多则几十万人甚至上百万人。那么，这些“揭竿”的到底是什么人呢？

现在，有人提出农民起义的领袖并非都是农民，有的领导成员本身就是起义该“专政”的对象。以妇孺皆知的水泊梁山为例，其主要领导成员如晁盖、宋江、柴进、卢俊义、吴用等，或是“员外”，或是官衙书吏，或是贵族遗少，或是秀才学人。在梁山泊众头领中，80%以上不是农民，而是地主、军官、商人、官吏甚至僧道。不过，从占起义军主体地位的小喽啰们来看，他们的身份应当还是属于农民。至于说梁山泊的领导人，晁盖、宋江、卢俊义、公孙胜出身都是地主，以此来否定梁山泊队伍是农民起义的性质，难免有点以偏概全。

在封建帝国中，农业作为大多数人所从事的一种职业，是唯一没有职业准入要求的行业，无须任何资质，体现了社会对农业职业技能具有自由裁量权的尊重。由此，也带来对农民身份界别的模糊性，具体到某一个人身上，常常是农民与非农民相互交织、叠加。

判断历史上那些形式多样的起义及其队伍的性质，不能单一地以其领导人的家庭出身或从事过什么职业为标准，而是要看他们举的是什么旗，走的是什么路，还要看队伍的主体是什么样的身份。

大凡那些在当时或者让后人叫得响的农民起义，其参与者主要有这样几类人员：

举事之初，主要参与者是有组织的贫苦农民。农民，这个古老而松散的庞大社会群体，在中华大地上已存续了两千余年。同时，中国农民是世界上最为本分也最没有激情的一个群体，不会因人权、法权等涉及人性、尊严等问题向政府讨还公道，他们就是在“上吊差根绳”的情况下，也不会去与政府单打独斗的。分散状态下的农民是不会自发揭竿而起的，因为“枪打出头鸟”、“法不责众”的心理一直在他们心头盘旋。只有实在活不下去，并且碰上一个杰出的领导者和组织者时，才会闭上眼睛横下一条心，赤膊上阵，挺身走险去反抗政府。此时，农民的暴力才会集中起来，才会汇合成威胁统治地位的武装集团，发起冲击政府统治秩序的农民大起义。

大泽乡的烽火之所以能够瞬间燃烧起来，很重要的一个原因，就是这900多名来自农民的戍卒是在成建制地生活与行动。如果他们各自带着“介绍信”单个或三五成群地赴渔阳去报到，那么陈胜、吴广再怎么去装神弄鬼，恐怕也是很难将他们发动得起来的。东汉末年的黄巾起义，张角之前利用“太平道”对贫苦农民进行了大量的宣传和组织工作，按照《后汉书·皇甫高传》的说法：“十余年间，众徒数十万，连接郡国，自青、徐、幽、冀、荆、扬、兖、豫八州之人，莫不毕应。”元末的红巾军起义领袖韩山童从其祖父起，就利用白莲教进行了宣传组织工作，起义时又利用15万已经过上集体生活的修治黄河的民夫作为起义的天赐良机。

即便农民没有成建制地过上集体生活，但有一个让他们走到一起“揭竿”起来的先决条件，那就是他们的“饿”。这时，与其说他们是农民，还不如准确地说是饥民。失去了生活来源，要么等死，要么揭竿而起。饿死是死，造反也是死，要在这两者间作出选择，他们当时头脑里可能会产生条件反射般的反应：与其做“饿死鬼”，还不如做“饱死鬼”，运气好的话，说不定还能封妻荫子，留名千古，于是，开始用暴力从官府和富户手中夺取食物了。《后汉书·刘玄传》载：“王莽末，南方饥馑，人庶群入野泽，掘凫茈而食亡。”数十万饥民自觉地加入了樊崇发动的起义，新市人王匡附近饥民也大量加入，从而发展成为有百万饥民的绿林、赤眉起义队伍。

中国自古有“当兵吃粮”的风气。他们不知道“为谁当兵”，只懂得当兵就可以有饱饭吃的简单道理。《全唐五代词》卷七《敦煌词》中有云：“十四十五上战场，手执长枪，低头泪落悔吃粮。”十四五岁就到了边疆当兵，手执长枪东战西杀，虽然有了饭吃，可是想到背井离乡，生死未卜，不免低头落下了眼泪。

同样是贫苦的农民，在王朝即将崩盘之际，对起义这档事儿表现出了不同的行为取向。秦朝末年，东部地区起义风起云涌，声势浩大，作为秦朝老窝的关中地区没有丝毫响应，如一潭死水，不仅关中地主死心塌地效忠秦王朝，就是关中农民亦与关东农民起义军敌对，积极参与镇压行动。

为什么呢？当年天子脚下的农民跟着现在朝廷里的大官们打败过六国，取得了辉煌的成就，从内心有一种优越感，自视高人一等，骨子里小看关东，因而保持铁板一块，忠诚地支持秦王朝。现在天下大乱，秦朝老窝里的农民又在“急耕战之赏”的秦制激励之下，得到功赏之补偿，愿为秦王朝效力。章邯所率的20万秦军基本是这些子弟。《史记·项羽本纪》记载，项羽在巨鹿战役胜利后，对这些秦朝老窝里的“一根筋”的农民的愤恨一下子爆发了起来，当即下令在新安城南坑杀这20万已经放下武器的秦军降卒，上演了一幕带有复仇色彩的“以暴易暴”的悲剧。

哗变和退役士兵也是古代中国农民起义队伍的重要参与者。本来，军队是君王的根，历来是站在农民起义的对立面的，但是在历史进程中的各个时期，四处充满着各种社会矛盾和斗争。其中，既有农民与地主的矛盾和斗争，也有地主与贵族、地主与国家、皇帝与大臣、皇帝与豪强地主，甚至皇室成员内部、军队内部、皇室与军队等体制内的错综复杂的关系、矛盾和斗争。哗变的士兵参加或发动起义，就是这些矛盾在特定条件下的具体反映。

北魏孝昌二年（公元526年），北魏怀朔镇将葛荣和镇兵鲜于修礼聚众举行反抗北魏统治的起义，就是这种情况。那年一月份，鲜于修礼率领六镇“降户”在定州左城（今河北唐县西北）发动起义后，队伍很快发展至10万人。到了九月份，葛荣带领起义军北趋瀛州（今河北河间），在白牛逻（今河北蠡县境）袭杀北魏章武王元融，自称天子，号为齐国，年号广安。后来，攻陷殷州（今河北隆尧东），杀刺史崔楷，进围冀州（今河北冀县）。

北魏孝昌元年（公元525年），北魏柔玄镇（今内蒙古兴和西北）人杜洛周聚众反对北魏统治的起义，也是这种情况。那年八月，北魏柔玄镇人杜洛周于上谷（今河北怀来）聚众起义，改年号真王。第二年正月，北魏驻扎安州（今河北隆化）的官军约2万人叛魏，响应杜洛周，加入起义军。

唐朝咸通九年（公元868年）七月至次年十月，桂州（今广西桂林）戍兵发动了反唐起义。咸通四年（公元863年）南诏北犯唐边时，徐州节度使孟球奉命招募兵士2000人，其中800人到桂州戍防，事前说好了服役3年可解甲回乡。可是已经过了6年，戍兵要求退伍的愿望越来越强烈，而徐泗地区的观察使崔彦曾不仅耍赖，而且编造了这样的理由："军帑空虚，发兵所费颇多，请更留戍卒一年。"这明摆着，要他们继续超期服役。那时，都虞侯许佶与军校赵可立、张行实、姚周等人不干了，首先杀死了都将王仲甫，推举粮料判官庞勋为主，大规模的起义由此爆发了。

除了上述这些现役军人哗变起义外，还有许多退役军人也是参加起义的积极分子。

最为典型的是被曾国藩裁下的那些湘军了。当年，他们跟着主帅攻克天京（现在的南京），可谓是功不可没，本想事后弄个什么官当当的，没想到这个老家伙为讨老佛爷之好，随之进行了大规模的裁军。由于切身之利没有得到尊重和实现，被遣湘军心怀不满和愤怒的情绪，随后便掀起了大规模的反抗浪潮，有的直接参加了农民起义。同治四年（公元1865年）三月，有人在武昌附近的金口歃血结盟，由黄矮子、欧阳辉领导，攻入咸宁县，经江西、湖南，入广东，在兴宁投奔了太平军。还有一些湘军士兵很快托身于哥老会。对此，当时就有人作出如下评说："江湖落魄，年复一年，糊口无资，栖身无地，其流而为匪者，情也，亦势也。"湘军退役士兵从原先的镇压农民起义的马前卒，变成当时社会上反清起义的一个重要力量来源。湘军宿将，后任两江总督、两广总督并兼南洋通商大臣的刘坤一曾悲叹："前则为国剿贼，今竟自陷于贼，将来为人所剿，良可痛心。”

当封建时代蹒跚至岌岌可危的晚期时，随着一些农民起义力量的迅速发展，许多手工业工人、商人等市民阶层也会卷入其中。他们作为中产阶级，既剥削雇工的利益，又受官僚的敲诈，加入起义队伍并不以直接更替政权为目的，而是想通过改良，维护本阶层的利益。

万历二十七年（公元 1599 年）四月，临清市民一万多人痛打收税官马堂，焚烧税务署，打死工作人员 37 人。另有载：万历三十年（公元 1602 年），“税监杨荣，肆虐激民，民不胜愤，火其厨房，杀委官张安民。”其后，在湖广、云南、闽粤地区都相继发生了反对矿税的起义。例如，明朝采矿手工业工人反对矿官的起义，其中规模大的有英宗时代叶宗留领导的江西、浙江、福建三省交界的起义，后来他们与邓茂七领导的农民起义军进行了联合斗争。

当然，不可否认，在众多的农民起义队伍中，不乏有匪盗出身的杀人不眨眼、吃人不吐骨头的恶魔。现在的“绿林”一词，是强盗的代名词，这缘于西汉末年的王匡、王凤领导的起义。在当时或后人的眼里，他们就是结伙聚集山林之间反抗政府、抢劫财物的匪盗组织。从社会与人性的角度看，农民起义队伍里众多好汉都有鲜明的两面性。从更深的层次上看，这些农民为了生存或为了自身利益的最大化，使自己兽性的一面不断膨胀起来，并浸染着当时复杂的社会心理和阶层情绪。

古代农民起义队伍的基本成分，不管是哗变士兵，还是失去土地的饥民，都是贫苦农民出身，就是手工业工人和商人也有相当一部分是失去土地的农民流落到城市而转化来的。在封建帝国里，农民这个职业是个母体，分化出许多子体的职业来，但他们身上仍有浓厚的农民色彩，与农民仍有千丝万缕的联系。

“烽火”燃烧的时空

过去，人们总把农民起义比作“革命烽火”，现在看来，这个比喻还是很贴切的。要说“革命”，一场起义下来，的确革了不少人的命，革地主、土豪的命，革贪官污吏的命，当然也革了不少体制之外平头百姓的命。要说“烽火”，起义军的确有放火的嗜好，队伍所过之处，常常是火光冲天，不仅烧宫殿，还要烧茅庐，以此来宣泄内心的怒火。

那么，中国古代农民起义的“烽火”主要在哪里燃烧呢？时间和空间上是怎样分布的呢？是否有脉络可寻呢？

有！从时间的纵向和地域的横向来看，这种特征便清晰地凸现了出来。

先从纵向上看，以宋代为界。宋代以前的大规模起义多发生于北方，且主要集中在河南、山东、河北一带，或其周边地带。陈胜、吴广点火于安徽，靠近河南方向；绿林点火于湖北，也是靠近河南；赤眉点火于山东；黄巾这把火燃烧起来前，也是在河南、山东一带冒出火星；隋末杜伏威、窦建德、李密起义火起于山东、河北、河南一带。黄巢也在山东起火的。

这不是偶然现象，是与当时经济社会尤其是人口发展的程度有着内在联系的。西汉时期，我国人口重心在河南、山东，人口密度都比较高。东汉人口密度最高的仍是河南、山东，每平方公里达 75 人。隋朝人口密度最高的也是河南、山东两省，河南最高，每平方公里 75 人。到了唐代，这种情况有所变化，人口密度最高的是河南、浙江两省，人口密度为每平方公里 50 人。此时，以浙江人口数量攀升为坐标，标志着南方的人口密度第一次与北方平起平坐了，于是，“烽火”于公元762年在浙东台州燃烧了起来，紧接着浙东又被裘甫于公元859年点了一把“大火”。不过，那时南方的“烽火”只是零星的，唐末大规模起义—黄巢起义，仍是起于河南、山东地区。

由此可见，宋代以前，我国人口密度达到每平方公里75人是一个社会面稳定的拐点，僧多粥少的矛盾刺激着大规模农民起义的多发、高发、易发。

宋代往后，“烽火”在南方渐渐地旺盛了起来，并有超过北方的趋势。宋朝是多事的朝代，一直处于战争状态。其中，南宋只有半壁江山，农民起义规模虽然不大，但从来没有断过。稍有影响的方腊起义起于浙江，钟相、杨么起义起于洞庭湖。当时，宋朝人口密集区有两个，北方仍是黄河中下游，南方以浙江、福建、江西人口密度为最高。元朝人口重心完全南移到江苏、浙江、福建、江西等诸省一带，北方虽然年年都有起义，但已经没有南方多了。明朝人口重心到了东部沿海地区，江浙人口密度高达150人，清代人口分布和明代差不多，只是人口密度更大，人口密度最高的江苏省每平方公里达500人，其他地方像山东、安徽、浙江也达到每平方公里人口为200 ~ 300人。明末的张献忠、清代的太平天国等大规模的农民起义，都是先后发生在南方地区。

宋代后农民起义“南多北少”的这种惯性，一直影响到清代末年。当年武昌起义爆发后，南方各省纷纷响应，而北方各省却没有多少人响应。

再从横向上看，中国古代农民起义多起于东部，且在东部地区发展壮大起来，“烽火”燃烧的频率与当地人口的密度和经济发展的程度几乎是成正比的。秦末农民起义爆发于今天的安徽宿县，西汉末年的绿林、赤眉起义分别发生于湖北京山、山东莒县，东汉末年的黄巾大起义也发生于山东，均属于东部地区。

再细究一下，历朝历代较大规模的农民起义，基本上都发生在东部淮河流域。淮河像一根悠长的脐带，给各朝庞大的身躯注入了生命的活力。但是，淮河两岸的百姓长期受到天灾人祸的袭扰和统治阶级的盘剥，在忍无可忍的情况下，每每表现出顽强抗争和宁死不屈的性格。所以说，淮河也是一条不屈的河。

据统计资料显示，隋朝末年全国农民起义共爆发 126 次之多，而山东就有 31 起，占全国总数的 25%强；唐末农民战争爆发于长垣，即今河南长垣东北，亦属东部地区；北宋方腊起义起于浙江青溪（今浙江淳安县境内）、宋江起义起于京东西路（今山东东平），皆在东部地区；元末农民起义起于颍州（今安徽颍上），徐寿辉起义起于蕲州（今湖北蕲州），郭子兴起义起于濠州（今安徽凤阳）均位于东部地区。

可见，那个漫长的封建时代，东部是起义的温床，也是起义者的墓地。

不过，这里有两个特例。明末李自成起义兴起于陕西，太平天国起义兴起于广西。这两次大规模起义兴起地都远离了东部沿海的人口高密度区。那时，人口高度集中的东部沿海没有发生大规模起义，起义却在西北、西南的人口相对稀少的地方兴起，原因何在？从明代开始，中国的经济与社会结构发生了很大变化，东南沿海对外贸易也日渐发达。像上海、苏州、南通、宁波、台州一带，农业耕地并不宽裕，人口却很集中，正是商业发展的结果。像苏州那样的富区，粮食主要依赖进口，而苏州的手工业品销往外地，大量非农业人口从事手工业或服务行业。由于商业的兴起，吸纳劳动力的容量比较大，城市一般不会出现大批饥荒，也就失去了大规模起义的客观条件，倒是穷山僻壤多易冒出“火星”来。

就农民起义的规模来看，大小之间没有太明晰的界线可分，只是随国家政权所处的状况而发生变化。一般大规模的农民起义都是在国家统一的状态下爆发的，小规模的一般则处于分裂状态之。历史上，有 8 次席卷全国的农民大起义中，其中有 7 次推翻了旧的封建王朝，为建立一个新的封建王朝创造了条件。东汉末年黄巾起义后，出现了半个世纪的三国鼎立局面，接着经过西晋短暂的统一，又是东晋南北朝长达两个多世纪的分裂和对峙；唐末农民起义后，也有半个世纪是“五代十国”的分裂割据状态，以后北宋虽然基本上统一了中原地区，但因仍有北宋与辽、南宋与金的长期对峙，严格来说还不是完全的统一。其他 6 次农民大起义后，虽然也出现过短暂的分裂趋势，其中太平天国在没有推翻清朝的情况下，与清朝对峙 10 多年，但都在比较短的时间内，经过互相兼并和战争，完成了统一。

事物总是一分为二的，即便是国家统一与分裂状态也是如此。统一的政治局面，有利于举全国之力对经济和社会建设进行集中组织，同时客观上也有利于沟通农民之间反抗暴动的信息，容易将全国性的农民大起义串联起来。而在分裂割据的政治形势下，由于各个割据地区之间的正常经济、社会和政治交往中断，也相应地分割了农民之间斗争组织对抗暴动的联系，农民大起义也就失去了先天条件。

分裂时期爆发的农民起义，那些领袖们虽然很有抱负和能力，也想干点大事，但都未能推翻当时的旧王朝。例如，北宋与辽对峙时爆发的方腊起义，方腊本人很有政治斗争的经验，起义后队伍发展到近百万人，但起义不过数月，便被北宋统治阶级镇压了下去。其原因之一，就是因为宋辽的对峙使宋朝统治阶级可以马上调集大军南下镇压起义军。在分裂时期，统治阶级之间由于互相对抗和斗争的需要，往往在接壤的军事重镇驻有重兵。当农民起义爆发之后，统治阶级之间因为共同的阶级利益，缓和了彼此的矛盾，可以暂时统一行动来共同镇压起义军。例如，北魏六镇本为防御柔然（古代民族之一）而设，属于“狗防狗咬”的性质，但当破六韩拔陵帅六镇各族人民起义后，北魏统治阶级反而与柔然王阿那环勾结起来，共同把起义军镇压了下去。

普天之下，没有永久的敌人，只有永久的利益，并且最最不愿放弃的是既得利益。面对农民起义的熊熊烈火，统治集团内部的“同人”们都做到不计前嫌，一致对外“扑火”。

中国古代的农民并不好战，但封建帝国的农业人口更易起义，尤其是直接从事农业生产的赤脚农民。也许他们看惯了庄稼收成的“一岁一枯荣”，残酷的现实让他们觉得，该换换朝代了。

第二章 巨大风险的背后

谋反罪：统治者设置的一条“高压线”

起义，在封建统治集团看来，这是典型的谋反，是一条让人即碰即死的“高压线”。

如此威力，缘于何处？

在古代中国，“天命”是天子与其子民之间的一种至高无上的政治契约。大禹建立夏朝，史称“家天下”。《尚书·盘庚》中商王认为，万民的一切都是他恩赐惠养的，其中包括生命。这种不讲理的“道理”，明白无误地告诉天下：你们所有的一切都归王所有，如果你能得到什么，就应该感恩戴德。既然上天把权力交给了君王，并通过盛大隆重的登基大典后，他就获得了苍天之命，即“天命”。

“天”，对古人来言，无论将它理解为神灵的天还是自然的天，都是人们观念中的最高权威，君权由此便被推到至高无上的顶峰，整个国家便成了他个人的私产。

对于这一点，秦始皇说得最明白：“朕为始皇帝，后世以世计，二世三世，至千万世，传之无穷。”汉朝继承了这种思想，“家天下”的观念已经在君臣内心的深处生了根，并随时随地脱口而出。《史记·高祖纪》里载有两件事：一件是汉高祖东击韩王信回到长安，见萧何组织建造的未央宫豪华过度，当即予以怒而责备，萧何辩解说：“天子以四海为家，非壮丽无以重威”，结果换来的是“高祖大悦”；另一件是天下初定，汉高祖得意之余，对他的父亲太公说：“始大人曾以臣无赖，不能治产业，不如仲力。今某之业之所就，孰与仲多？”

从这两件事中看出，萧何犹如一个高级按摩师，未央宫之举一下子按到了刘邦的最舒服之处，“怒而责备”则是刘邦在作秀而已。另外，刘邦这个人一当上了皇帝，连自己的老子也在数落、调侃，可见此人完全集各种庸俗取向、流氓意识、痞子行径等行为类型与思想意识于一体。

在古代中国皇帝的眼里，也许除了窃其江山谋反之外，对于别人的其他要求，在他心情好的时候相对比较好说。他深深地知道，有了皇位就有了权力，就有了无尽的资源，其他的东西都是次要的。有时候，有的皇帝为了表示对某一臣子的喜欢，甚至将自己喜欢的宫女都可以赠予，但是谁要对他的“龙椅”打主意，是绝对没有商量余地的。不仅如此，等待他的是最严、最高的刑律处罚。

古人所讲的“十恶不赦”是指谋反、谋大逆、谋叛、恶逆、不道、大不敬、不孝、不睦、不义、内乱“十条重罪”，可见叛逆等行为是绝不能原谅的。这最早设立于南北朝时期的《北齐律》，将严重危害国家利益和伦理道德的行为归纳成十条，放在法典的第一篇，以示为重点镇压对象。

根据《新唐书·刑法志》的记载，隋朝以前死刑有五种：“罄、绞、斩、枭、裂。”唐朝时减少为“绞”、“斩”两种。这里所说的“斩”，不是砍头，而是腰斩。《宋刑统》中置于“十恶”不赦的大罪首位的是“谋反”的罪名。什么是“谋反”？立法解释是“谓谋危社稷”。这是唐律和宋律共同的立法观点。

由于天子与其子民内心有了共同的政治契约，从而使惩治谋反罪成为了维护专制统治的核心诉求，在此基础上通过吸取不同的文化元素，整合和创造出专制法律制度与文化，形成了以“谋反罪”为中心的伦理、政治、制度规则体系。这种政治体制与中国封建司法制度的萌发、确立是同步的，有时与一个王朝的兴衰同行始终。

在晚清时期，朝廷的刑部将谋反定为“侵犯皇室罪”和“内乱罪”。《大清新刑律》规定，内乱以“颠覆政府、僭窃土地或紊乱国宪”为目的，“聚众掠夺公署之兵器、弹药、船舰、钱粮、其他军需用品及携带兵器公然占据都府城寨其他军用之土地者，均以内乱既遂论”。至此，封建帝国对“谋反罪”不仅有定性的理论，而且有了定量的标准。“谋”，很多人也许在脑子有过昙花一现，“反”，只有暴动者方能为之。

中国古代讲究“秋冬行刑”，即凡被判处死罪的人，立春时不能执行，必须等到秋后才能处决，但对谋反大逆等罪是“决不待时”。可见，历代君王对谋反之人内心之愤恨，惩罚之严厉。

北宋的刑律在历朝历代中不算最为严厉，但统治者对起义、政变、聚众对抗等“群盗”、“妖贼”、“军贼”犯罪集团的组织者和领导者惩治是绝不含糊的，这不仅表现在所制定和推行的宋律上，还突出表现在刑罚手段上。北宋王朝一开国就推行“重文轻武”的国策，7位皇帝多数是文绉绉的，外面的山野之人以为他们好欺负，图谋他们“龙椅”的人不在少数，“盗贼”频发，始终不断。

自宋太祖乾德元年（公元963年）朗州汪端领导“数千人聚山泽为盗”开始，至宋钦宗靖康二年（公元1127年）北宋灭亡，在164年间，共发生大小规模不同的“盗贼”事件200多起，几乎每年都有。其中，规模和影响较大的有：宋太祖在位17年期间，共发生18次；宋太宗在位21年期间，共发生32次；宋真宗在位25年期间，共发生19次；宋仁宗在位41年期间，共发生57次；宋神宗在位19年期间，共发生35次；宋哲宗在位15年期间，共发生10次；宋徽宗在位25年期间，共发生31次；宋钦宗在位只有1年时间，却发生6次。

说实话，北宋的这7位皇帝中，以文戏政、以文废政的还真是不少，从身体到思想都显得过于柔弱。但是，他们再弱，对谋反之人的处置却是极不手软的，而且是极其残忍，通常采取这样几种行刑方式："磔刑"，就是将活着的匪首以分裂肢体的方式来杀死，并陈尸示众。"醢刑"，是把人剁成肉酱的法外极刑。此刑创自于商末纣王时期，其后不见采用，北宋则复而行之。"活钉"，将罪犯活活钉死，这是夷族诛灭犯罪人亲族的一种刑罚。这里顺便说明一下，夷族之刑，秦代广泛使用，汉朝初期虽然没有废除，但基本上放着不用，到了后期予以废弃。唐朝没有"夷族之刑"这一说，到了宋朝便恢复了。还有一种叫"凌迟"，俗称"剐刑"，宋代亦称"脔割"，是零刀碎割匪首的肌肤，使其受尽痛苦而慢慢死去，是将古代磔刑、劓刑、宫刑、剖腹、肢解、醢刑等酷刑进行综合运用的"创新"。到了南宋，陆游在《请除凌迟刑》中也说："肌肉已尽，而气息未绝，肝心联络，而视明犹存"，足见其残酷之极。

在封建帝国的大厦里，朝廷对起义这种企图颠覆现行政权的谋反罪者的惩罚，绝对从重、从严、从快，并且在量刑的幅度内充满无限上限，甚至到了极限。在"家天下"者的眼里，为了维护政权及金字塔式社会架构的稳定，以这样的手段消除这些潜在的政治隐患也许是必要的，可他们实在没有从人性的角度来考虑。

踩"线"：偏向虎山行

古代中国人创造了两个理想：一个是山中的桃花源，另一个是墙里的大观园；一个在农村，另一个在城市；一个是出世的，另一个是入世的。第一个理想充满着诗歌般的浪漫，农民们在这芳草萋萋的伊甸园里，享受着"开轩面场圃，把酒话桑麻”的愉悦。

的确，几千多年来，神州大地上反复出现过充满田园牧歌景色的农村，以永恒不变的乡土诗意护卫着一代又一代华夏子民繁衍不止，生生不息。同时，在农业文明的基础上，我们的祖先又建造出拥有上百万人口而又宫室坊市秩序井然的繁华城市，制造出举世无双的手工艺品，创作出美妙无比的诗词歌赋，创建出天、数、医、农等各个学科。

那些参加起义的农民兄弟们何不好好享受同胞们创造的这些文明成果，偏要揭竿而起，造哪门子反呢？更何况，在朝廷及官老爷们看来，起义就是啸聚倡乱，就是谋反，是杀头之罪啊！

殊不知，在漫长的传统农耕文明时代，生存是农民的最低的同时也是最高的目标，他们的生产和生活基本上都围绕这个目标而展开。正是无数个这样的农民默默劳作、含辛茹苦，才撑起了封建帝国一个又一个王朝的繁荣昌盛。不是现实压迫得他们喘不过气来，到了实在忍无可忍的地步，他们是不会轻易走上“造反”这条路的。

当然，“碰线”的理由多种多样，可谓是每个人都有本难念的甚至说不出口的“经”。那么，这巨大的风险成本的背后，“碰线”的初衷又是什么呢？

挣脱死的威胁

人生自古谁无死。对于每一个人来说，生命只是一个过程。可悲的是，它不能够重来；可喜的是，它也不需要重来。不过，当死神真正光临自己头上的时候，哪个会不恐惧呢？面对着死亡，每个正常的生命体都是感到可怕的。

在“兴，百姓苦；亡，百姓苦”的年代，特别是生不逢时地处于倒霉的王朝晚期，死人的事是经常发生的，并且大多数还是非正常死亡。主要的“死法”有：

逼死。繁重的赋役与酷刑，将农民逼到了生不如死的困境。于是，为了摆脱这个困局，这些农民起义的头头们才以最大的热忱、最坚定的意志、最勇敢的作风，去作最实际的思考。陈胜、吴广起义就是这种情况。这900戍卒不能按时到达目的地，就会受到秦王朝严厉的法律制裁。当时流行的惩罚是割鼻子，因为遭受这种刑法的人太多，以至于大家突然看见个有鼻子的人，反倒觉得人家长得丑。还有一种刑罚是宫刑,《三辅故事》称：“秦始皇时，隐宫之徒至七十二万，所割男子之势，高积成山。”至于其他一般性的刑罚，更是多不胜数。

饿死。灾害、瘟疫、饥荒，谁要碰上这样的年景，能将肚子填个半饱就是最大的梦想了，可这时候很多人连做梦的勇气也没有了。当灾荒危及人们的基本生存时，往往会成为诱因直接激化原有社会中许多隐性的社会矛盾，饥寒交迫的人们不得不起来造反，聚集在起义的旗帜之下，寻找活命的道路。

处死。任何时代，凡为古今中外所共同反对的、触及人类道德底线与违反社会公德的犯罪，如抢劫、强奸、杀人等，都是必须禁止的，直至予以处死。在社会秩序大乱的年代，面对取他性命的屠刀，出于求活的本能，许多人选择了参加暴动来反抗的行为。

害死。农民聚族而居形成的宗族型村庄，相互之间发生矛盾冲突，或者农民有何利益诉求，大多通过族规家法和宗族血缘认同来解决，从而形成了强有力的内生秩序。但农民与官府之间的矛盾，不是通过族规家法和宗族血缘认同就能消化和解决的，农民因维护自身利益而告官，十分普遍而且也很正常。那时的地方官员通常认为，只有刁民才告状，良民是“屈死不告状”的。如果不听话，必须堵截，甚至以种种罪名加以害死。

鲁迅先生说过：“每逢王朝末世乱军四起之时，人民连做奴隶的资格都没有，官来了，他们属于匪；匪来了，他们又属于官，彻底丧失了生活空间。”残酷的现实，使老百姓面临着一个无边的深渊，不知道哪一天才是一个尽头。反正是死，他们只有将起义作为一条被迫选择的自救道路。一个王朝使老百姓陷入如此悲惨之境，实在是不能原谅的罪恶，走到尽头当然是很符合不同社会群体之间冲突导致社会分崩离析的逻辑规律的。

西汉末年，全国各地农民起义蜂起，其中规模最大、人数最多、最具有代表性的两支队伍是绿林和赤眉。其实，他们也清楚，造反是根即碰即死的“高压线”，可他们为什么要去“碰线”，走上“起义”这条不归路呢？

据《汉书》、《后汉书》记载，自汉元帝时起，历经元、成、哀、平四朝，直到王莽上台执政，各地水旱疾疫接踵而至，如同后浪推前浪一般，狂暴地拍打着两汉王朝末年的脆弱堤岸。这时，王匡、王凤兄弟俩站出来了，主持公道，受到饥民的拥戴，很快被众人推举为首领。数月之间，又有大批饥民归附，很快就达到了数千人。几千张嘴要吃饭，光凭野地里的那点东西，怎能填饱肚子？怎么办？抢呗，谁有吃的，就抢谁家；哪有吃的，就抢哪里。于是，抢大户、劫府库，就成为他们唯一的选择。就这样，一群被饥饿逼上绝路的饥民，自然而然地汇聚成为一支对封建政权构成严重威胁的农民起义队伍。

赤眉军活跃的鲁西南同样是那时自然灾害频发的地区，饥民满目，饿殍遍地。饥民被逼无奈，只好四处抢劫，希望能够找到一点吃的东西，延续自己的生命。在这些人中，有一个人，叫樊崇，勇武有力，人们只要跟着他，总是能抢到些吃的，不至于饿死。就这样，追随他的人越来越多，不到一年的时间，就聚集了上万人。

明末李自成和李信的起义，就是典型的他与他的乡亲们不想死，而想活，并且想好好地活下去而大胆“碰线”的实例。

16 世纪 30 年代，陕西米脂天灾连绵不断。饥荒初起之时，百姓采山间蓬草而食，不久之后，蓬草一扫而光，人们只好挖草根、啃树皮果腹。很快，地面上所有的绿色植物都被吃光了。饿得走投无路的人们，把目光投向了一种形似石块，叫做青膏泥的东西。这种青膏泥，没有一点营养，只是因为它有一股腥味，与人们曾经吃过的某种食物的气味相似，饥民们就拿它来充饥。可这种东西，是不可能被肠胃吸收消化的，积存在人们的肚子里排不出来，最后被活活地胀死。

这些饥民们明知吃下青膏泥会是什么样的一种凄惨的下场，同时也知道当强盗是犯法的，可他们宁肯被饿死，憋死，也没有去抢、去偷、去骗。他们等待着官府开仓放粮，等待着皇帝大发慈悲。可他们哪里知道，官府早已无粮可放，皇帝也已无计可施。等啊等啊，等不下去的时候，有一个不想等死的李自成站了出来，振臂一呼，万众响应，像一个巨浪，一下子就冲垮了明末封建秩序的堤坝。这个起义的所有细节中，无不充满着类似于任何历史演义的戏剧性。

而李信参加反明起义则是另一类型的官逼民反的故事版本。他是河南杞县人，一位高级官员的儿子，家庭富有，又是个举人，属于“官二代”。在遍地饥馑的时候，他仁慈而又明智地拿出粮食去救济快被饿死的乡民，饥民们对他感恩戴德，互相传扬说：“李公子救了我们的命。”当时，有一位江湖上卖艺走绳索的美丽女郎，名叫红娘子，因遇上了荒年，没有人再看她表演的缘故，生路断绝，只得加入饥民的行列，后来成为一支武装力量的首领。她在一次攻击杞县的战役中把李信掳去，因仰慕他的人品和才学，主动以身相许，并强迫结为夫妻。但是，李信只愿做地主阶级的“慈善家”，同情乡亲的困难，但自己毕竟不是农民，过不了这样的苦日子，便不辞而别离开了红娘子的队伍。然而，官府并不容忍他的乐善好施和同情“叛贼”的行为，当李信回到家里时，衙役们便以“谋叛罪”逮捕了他，并将他投进监狱，那些嫉妒他的政敌也欲置他于死地而后快。

他们明知道李信不会有反叛之心，否则他就不会逃回来，这不等于自投罗网吗？只有傻子和疯子才会这么干。可他们还是如此深刻地痛恨李信，因为李信的慷慨和善良极大地刺痛了他们那颗贪婪而短视的禽兽之心。红娘子得到消息后，随即带领义军第二次攻打杞县，并一鼓作气攻破县城，杀了贪赃的县官，打开监狱，救出李信和被关的其他人，开仓放粮后，一把火烧了县衙。然后，红娘子和李信商量，一起投奔了李自成领导的农民军。从此，李信更名为李岩。

挡不住“阔”的诱惑

阔，既有阔广或时间长久之意，也有富有、豪奢之解。这里所说的“阔”，当然指的是后者。

阔者，有钱有势，不管受祖上的庇荫而阔，还是通过自身的努力改变而来，在社会底层的不阔者面前，他们的腔调和眼神总让人感到财大气粗盛气凌人，说话总是居高临下，少不了拿腔拿调的。别说在功利型的社会里，就是在常态的社会环境里，看到人家阔了不由得有些变脸是再自然不过的心理反应，埋怨人家不像以前那样够朋友了，那只能说明自己的无知。而这种刺激对他们来说无疑是巨大的，也是他们挡不住对“阔”的向往，立志改变自己命运的巨大动力。

当年，刘邦看到了秦始皇出巡的车驾仪仗，那浩荡的气势与无比的尊严，一瞬间便唤醒了他内心朦胧而又强烈的欲望，于是，他不由得发自内心地感叹道:“嗟乎，大丈夫当如此也！”羡慕羡慕也就算了，可他明确地说道:“彼可取而代也。”这可不是对“阔”模糊向往的问题,而是明白无误地表示，要夺取他的宝座，取而代之。如何取代？唯有造反也！

刘邦是这样，底层的老百姓也是如此，他们内心大多具有两面性。一方面，有追求富贵的愿望，这一点，看看农民起义的口号就可以知道。例如，北宋早期的王小波、李顺和南宋钟相、杨么起义，时隔一百多年了，他们提出的战斗口号是绝对一致的，前者是“吾疾贫富不均，今为汝辈均之”，后者是“等贵贱，均贫富”。所以，一般情况下，大多数起义领导者解决平时的温饱并没有问题，而是追求富贵的强烈愿望，总想着泼天富贵，并准备为此付出一切。这种想法日积月累，待客观条件都具备了，起义便自然发生了。另一方面，对所追求的富贵如果没有多大把握，眼前的日子还能过得去，盘算盘算争取富贵的风险太大，那就忍气吞声，得过且过了。只有实在过不下去了，才会有造反之心。

当年陈胜能喊出一句“王侯将相，宁有种乎？”可以推理，是他通过对 900 多戍卒的需求进行深入分析，知道他们内心深处有封王拜相的欲望，关键时刻，才会调动起他们为改变自身命运而奋战的激情。秦律规定，军功可以博得官位、爵位和财富，为大家提供了合法变“阔”的途径。看着周围的一个个同伴通过这一途径一夜之间变了身份，像换了一个人似的，这对于普通人的示范效应是巨大的，原先想都不敢想的，现在成了努力的目标，做高官、拿厚禄的欲望有了实现的途径，人就有了强大的动力。秦之强大的秘诀又被陈胜反过来用于埋葬秦朝，真是历史的讽刺。

也许是回光返照的因素，每当一个朝代即将寿终正寝的时刻，落日的余晖会映红残云。那时，社会生产力大幅度提高，财富高度集中，几乎都出现了畸形的“精英繁荣”这个时候负效应也就出来了，“精英繁荣”常常是以一些群体被边缘化为代价的。你“阔”我不“阔”，那就对不起了，不“阔”的人企图打翻重来，一个周而复始的过程就这样不断循环。

谋求为官转正之路

隋朝实行科举制度以后，所有志向的人看到了进入仕途的希望，农家子弟有了“朝为田舍郎，暮登天子堂”的荣身梦想，读书人也可以实现自己的理想：学成文武艺，货于帝王家。从此，在这样一种价值取向的导引下，四书五经成为知识分子阶层进入仕途、升官发财、光宗耀祖的阶梯。

对官位的渴望，很多人皓首穷经，耗费了一生的精力和智力。这不仅影响到读书人对个人前途的奋斗方向，而且影响到个人对自我价值的评价标准——有时只是充分考虑到自己的兴趣，而没有考量自己的才华、机会等因素，对自己常常作出过于乐观的判断。

古人求仕跑官之路，不外乎如下几种：要么靠自己，寒窗苦读，金榜题名，走科举正道；要么靠父母，靠姐妹的脸蛋，受恩荫，当国舅，一步登天；要么靠资财，真金白银，花多少钱，买多大官。还有一条路，就是先做贼，再做官，“杀人放火受招安”，曲线转正自己的身份。选择这条路的人如蛰伏的虫子，一直期待着生命中那个叫做惊蛰的季节。

从秦始皇到清末的农民起义，几乎没有真正的革命，都只是造反。他们的原始动机先是为了活命，然后是争官位、抢皇位，想和秦始皇一样过皇帝瘾。于是，皇帝成了中国人最羡慕又最恐惧的“岗位”。

那些想通过科举去做官却不是这块“料”，又没有机会采用荣立军功博得官位、爵位等合法途径当官的玩命之徒，一次次的落榜，内心受到了很大的刺激，便对现实郁积了满腔怨愤，他们无疑是最想改变现状的一群人。虽然文化知识不行，但他们的情商却很高，志向也很远大，并且小脑瓜子还转得特别快。诗言志，唐朝的落第者中通过诗来表露这一心迹的不乏其人。

豆卢复：《落第归乡留别长安主人》
客里愁多不记春，闻莺始叹柳条新。
年年下第东归去，羞见长安旧主人。

钱起：《长安落第》
花繁柳暗九门深，对饮悲歌泪满襟。
数日莺花皆落羽，一回春至一伤心。

常建：《落第长安》
家园好在尚留秦，耻做明时失路人。
恐逢故里莺花笑，且向长安度一春。

黄巢：《不第后赋菊》
待到秋来九月八，我花开后百花杀。
冲天香阵透长安，满城尽带黄金甲。

虽然科举无望，可他们明白，人生的路不只是“高考”这一条，不妨另辟蹊径，拿自己的小命去赌一赌，把起义作为曲线当官的捷径，被朝廷招安做大官，并力争做高官、拿厚禄。

黄巢参加过科举考试，据说还不止一次，可惜都没有通过。他是一个儒生，出身于一个靠武装贩运私盐谋取暴利发财的富裕家庭，殷实的家底使得黄巢自小就有条件苦读儒经以求晋身官场。据说，他的父亲给他取名为“巢”，就是指望儿子日后能够荣登科榜，“巢”者，“窠”也，音同“科”，民间吉祥语中就有“五子登科”之说。然而，黄巢在科举场上屡屡落第。原先以“修身齐家治国平天下”作为人生最高理想的黄巢，陡然间“怒从心头起，恶向胆边生”，离开长安时扔下一首杀气腾腾的《不第后赋菊》。这与其说是诗句，还不如说是誓言！

像宋江这样以争取招安来寻求社会地位的人，在历史上并不鲜见，尤以两宋之际为多。史载：建炎四年，“茶陵县贼人二千余人，已入郴州永兴县做过，欲自韶、涟州寻路去投六官。及掳到乡民，又各刺‘聚集兴宋’四字，其意望朝廷招安”，后来终于得到朝廷恩准。所以当时有民谣说：“要高官，受招安；欲待富，须胡做。”对此，鲁迅先生也曾说过：“这是当时的百姓提取了朝政的精华的结语。”

隋末李密曾要求朝廷封赏他，唐末的朱温投降于朝廷，元末张士诚也做过元朝封的官，张献忠也进行过试探性的假投降。后来，他们的想法更具野心了，认为加把劲说不定能做皇帝呢。当时，谁也不能遏制他们的想法，是因为朝廷太虚弱了，假如朝廷政治清明，军事上有实力，他们也就安于自己得到的官位不再冒险了，毕竟被招安后老老实实做官也能过得有滋有味。

洪秀全原名洪火秀，14 岁即通过乡试，是很有希望的少年。以后的 17 年间，他连考 4 次考试都没有通过。当第 3 次落榜后，连他自己都觉得不好意思，无颜见江东父老了，干脆装神弄鬼，大说了一大堆疯话，称“自己是上帝派来的”。别看他是屡试不成的落榜生，但深知“洋为中用”的道理。这时的洪秀全心里已经准备起义了，不过求官之心还没死透，又去考了一次，结果再次落榜。这一下子他什么也不说了，只有“两横一竖——干”，便扛着“上帝儿子”的招牌闹起来了。

当然，通过起义谋官的要价也是此一时彼一时的。当初黄巢如果能够在书本上找到出路，朝廷给他一个什么官都行。后来，他的事业做大了，胃口自然也不一样了。乾符六年（公元879年），唐僖宗决定招抚黄巢，朝廷文武百官议来议去，准备给他一个“率府率”的官衔。正在广州城外休整的黄巢等了好一阵子，竟然来了一张这样的“委任状”，好像孙猴子知道自己只做个小小“弼马温”一样，当场勃然大怒，感到皇上太小看自己了，于是王八吃秤砣——铁了心，将“革命”进行到底。

难受异族窝囊气

中国人自汉高祖刘邦建立大汉王朝后，才有了汉民族的称谓。经过西汉、东汉、三国、两晋五百年间的发展，基本形成了一个较为庞大的汉民族群体，形成了汉民族文化。

也许是曾经的繁荣与兴旺，也许是鲁迅先生所讲的阿Q精神的缘故，汉人从来都为自己的文化能够不断同化异族侵入者而沾沾自喜，不管异族曾经拥有多么强大的力量。但是，长期以来，汉人在异族这个问题上，心理是十分敏感和复杂的，说到底，是难以接受他们。

本来，只要是中国人，谁在中华帝国的境内当家，都是有资格的，且不论他们是什么民族。但是，古代汉人的心里十分别扭，总感觉是异族在入侵。而一些少数民族的精英们入主中原大地后，不太珍惜大好时机，让汉人别扭的心理状态不断加重，甚至感到一直在受着窝囊气，有着造反传统的汉人会择机掀起轩然大波。

忽必烈用自己的雄才大略巩固了元朝辉煌的统治地位，但他干了一件傻事，从至元年间起，把居住在当时中国境内的人分为四等：第一等是蒙古人，包括原来蒙古各部的人；第二等是色目人，包括西夏、回回、西域以至留居中国的一部分欧洲人；第三等是汉人，包括契丹、女真和原来金统治下的汉人；第四等是南人，指南宋统治下的汉人和西南各民族人民。这种公开的种族歧视，真是猖狂到了极点，激起了汉人的强烈反对，纷纷用起义的方式来表达他们的愤怒和不满。

在北方，蒙古人的统治比较稳固，汉人以秘密组织形式进行反抗活动。世祖至元十九年（公元 1282 年），元大都的百姓在千户王著和高菩萨的领导下，用大锤砸死了残酷害民的回回官僚阿合马，并声称要杀蒙古人和回回人。在南方，反元的武装起义更是此起彼伏。从至元十七年（公元 1280 年）到至元二十三年（公元 1286 年）之间，漳州陈吊眼、许夫人，福州林天成，南康杜可用，廉州霍公明、郑仲龙以及福建的黄华，四川的赵和尚都先后起兵，建号称王。起义的主力最初聚集在福建，以后蔓延到各行省，以至“荆湖闽广之间，兵兴无宁岁”。

阶级矛盾和民族矛盾不断的激化，导致元末农民大起义的爆发。当时著名的起义队伍有白莲教韩山童、刘福通领导的农民起义，还有方国珍和张士诚领导的起义。这两支队伍是当时最强大，活动地区也是最广泛的，元朝末年的农民起义是导致元朝最终灭亡的直接原因。

当然，历史上少数民族因反抗汉族统治而发起的农民起义也不少。仅明代一朝，明洪武九年（公元 1376 年），广西壮族农民的起义参加人数由几百、几千甚至发展到数万，嘉靖、万历年间发展到高潮，多次震惊明王朝统治者，并调集大军镇压。比较有影响的起义军有：公元 1457 年，八寨义军万余人分攻武缘（今武鸣县），直逼南宁。大约在公元 1527 年前后，起义军发展至数万人，建立政权，与大藤峡起义相呼应，八寨附近千里之内几乎都被义军所控制；1528 年，提督两广军务王守仁督 6000 官军攻取八寨，屠杀起义军 4000 余人。公元 1554、1555 年，八寨义军两次夜袭南宁城，杀官吏，运走库银财物。公元 1578 ~ 1579 年，八寨义军又发展到 7 万人，两广总督刘尧诲调集 10 万官军和士兵对起义军进行了历时 103 天的围剿，杀起义军 9000 多人，俘 6700 多人。

还有一种难以承受异族的窝囊气而发生的农民起义，就是为了抵抗异族文化的入侵。19 世纪末，在中国活动的天主教、基督教、沙俄东正教等外籍传教士共有 3200 多人。至公元 1900 年，山东全省 108 个州县中，已有 72 个州县有基督教会的活动，设立总堂达 27 所，设有教堂大小共 1300 余处，教士 150 余人。传教士们甚至扬言“要在中国每一个山头和每一个山谷中都设立起光辉的十字架”。不仅如此，教会还与当地农民发生了土地之争，指使一些教民破坏关帝像，严重地伤害了中国人的感情，义和团起义就在这样的背景下爆发了。

“反骨”恰逢大显身手之时

所谓“反骨”，从生理学的角度来说，完全是乌有之词，潜台词无非是说人的棱角与个性。在古代封建社会是指那些具有叛逆精神的异端、不忠不义之人。

历史上总有这样一类人，如果他们生在太平盛世里，只是一帮一无是处的无赖，或是白吃白喝的饕餮之徒，为世人所轻贱。可是，这些人生活在用战争给历史下定义的时代里，一切都没有了秩序，弱肉强食，一切都要靠拳头来说话，优雅的贵族往往不堪一击。这时，往往是“反骨”者大显身手的时候。像秦末的刘邦、项羽，明末的朱元璋等就是此类人，当他们投身到起义的洪流中，匪气就成了硬实力，狡诈就变成了智慧。

项梁是楚国大将项燕的儿子。楚国被秦国大将王翦攻灭的时候，项燕兵败自杀。项梁一直在想恢复楚国，这是他下半生的最大梦想。他见侄儿项羽身材魁梧，又挺聪明，觉得是块“好料”，便亲自教他念书识字，把一切的希望都寄托在他的身上。可是，项羽没学了几天，就不愿学下去。项梁又教他学剑，项羽学了一阵子，也扔下了。项梁很生气，可项羽满不在乎地说：“念书识字有什么用处？学会了，不过记记自己的名字；剑学好了，也只能跟几个人对杀，没什么了不起。要学，就要学打大仗的本领。”项梁听他的口气不小，就把祖传的兵书拿出来让他学，项羽一看就懂。

像项羽这样的人，好像天生就长有“反骨”似的，能否成事，就看他是否生逢其时了。在道德沦丧的情形之下，社会变得“不以犯法为耻”，大家都不怕法律，正常人无法正常生活，那这个社会恰恰是“反骨”们的天堂。

隋末瓦岗起义军领袖人物李密虽然没有项羽那样的一身好武功，但身上也长了一堆“反骨”。他祖籍辽东襄平（今辽宁辽阳南），袭爵蒲山郡公，少有志略，志气雄远。他的曾祖父李弼，西魏八柱国（西魏受封的八位柱国大将军）之一，整个李家是北周统治核心关陇集团的著名家族；祖父李曜，北周开府，邢国公；父亲李宽，隋柱国，蒲山郡公。因为是贵族出身，曾被选拔为隋炀帝杨广的侍卫。有一次，杨广在宫里溜达，看见正在值班的李密竟然左顾右盼，当场给他作出不老实的“鉴定”，并免了他的差使。失业下岗后，李密曾发愤读书，不久便加入到官军的反叛行列，失败后东躲西藏了一段时间，多次逃脱官兵的追捕，最后投靠了翟让。他有个特点，走到哪里，反到哪里，反朝廷，反同伙，也反朋友。

乱世出英雄，魏晋南北朝就是这样一个大乱世，乱得惊心动魄，乱得不同凡响，乱得有滋有味，当然也就乱得英雄辈出。因为，乱世的规律就是力大为王，所谓的规则在某种程度上是由痞子来制定的。

无言的结局

中国古代农民起义风起云涌，尤其是处于朝代更替的动乱时期，这种运动表现得尤为激烈，真可谓“一波未平，一波又起”，“一浪高过一浪”，全国上下到处开花，大大小小的起义部队多如牛毛。朝廷剿不胜剿，起义部队真是“野火烧不尽，春风吹又生”。

但是，综观每一次大规模农民起义，无论起初出于什么样的动机，最后无形之中有两种结局等着他们：第一种是立马被毙，原因是无人响应，势单力薄，只能昙花一现。这种情况一般出现在太平年代。大家日子还算过得下去，犯不着去冒掉脑袋的风险，从事造反这类高风险的“投资”。第二种是滚雪球，越滚越大。这种情况一般出现在乱世。大家过不下去了，横竖是个死，还不如赌一把，成功了，那就赚大了。

千百年后，曾经的激情、生命和创造生命的血肉，全都成了枯骨和泥土，寿终正寝。千年大寐，一觉睡下去，睡得与大地又融为一体。作为农民们来说，一死以消千般愁；作为起义者而言，可以说是一场场无言的结局，下场十分惨淡，让历史在这里沉思。

还是以上述的具有较大影响的农民起义军为例，条分缕析，看其结局不外乎是以下情形。

被官军或地主武装彻底镇压了的有24支，占了农民起义的多数

被镇压的24支起义分别是：西汉时期的绿林农民起义，赤眉农民起义；两晋时期的杜弢起义，孙恩起义；南北朝时期的赵广起义，盖吴起义，破六韩拔陵起义，杜洛周起义，鲜于修礼、葛荣起义；隋朝的窦建德起义；唐朝的袁晁起义，裘甫起义，庞勋起义，阡能起义；宋朝的王小波、李顺起义，方腊起义，钟相、杨么起义，魏胜抗金起义；明朝的贵州、湖广各族人民大起义，刘六、刘七起义；清朝的古州苗民起义，天理教起义和捻军起义。

古代农民起义此起彼伏，连绵不断，绝大部分都没有成功。这24支起义队伍，可能就是失败的典型了。其中，南宋时期魏胜抗金起义的失败，并不是直接倒在官军的屠刀下，而是南宋小朝廷坚持与金议和的结果，也可以说是牺牲品。南宋绍兴三十一年（公元1161年），在南宋军民抗金战争中，宋忠义军将领魏胜率部起义，依托海州（现在的江苏连云港西南）的坚固防御体系抗击金军。隆兴二年（公元1164年）一开春，南宋这个偏安的小朝廷以“议和”为由撤走驻于海州的官兵，同时命令开始与其形成“统一战线”的魏胜部也离开楚州。到了11月份，金南征都统徒单克宁乘和议未决，宋军防御懈怠之机，率军突袭清河口（今江苏淮阴西）。魏胜率诸军阻击，而镇江都统刘宝借口与金议和拒不出兵相助，以致魏胜孤军悬进，矢尽援绝，很快命殒于金军的铁蹄下。

自行消散于民间的有2支

分别是宋代的红巾军抗金起义和邵兴抗金起义。南宋初，金军占领河东、河北部分州郡，残暴掳掠。两河（即河东、河北，今山西与河北中、南部一带）

民众组成忠义民兵，奋起反抗，袭扰金军营寨。建炎元年（公元 1127 年）九月，河东忠义民兵以红巾为标志，号“红巾军”，曾于泽、潞州间猛攻金左副元帅完颜宗翰大寨，交战中完颜宗翰险被俘杀。由于红巾军实行的是战时集中，散时隐匿于民的组建体制，后来随着南宋领导集团议和政策的加紧推行，这支抗金起义队伍被迫解散于民间。

邵兴抗金起义则是北宋靖康二年（公元 1127 年）两河（即河东、河北，今山西与河北中、南部一带）人民拒绝降金，遂聚众起义，结寨自保。建炎元年（公元 1127 年）五月，金军大举攻掠中原，完颜娄室率军攻克河中府（今山西永济西南蒲州镇），继而转兵攻解、绛、慈、隰（今山西新绛、吉县、隰县）等州。解州起义军在邵兴（后改名邵隆）率领下，在神稷山一带多次挫败金军。同样，这支英勇的起义部队遇上无能的南宋领导集团一心为了议和而节节退让，他们感到再无回天之力，大家各奔东西，散于民间，逐渐销声匿迹了。

被朝廷招安的有三支半

“招安”一词，很多人最早可能是从《水浒传》中听说的，但宋江的起义军到底是招安的，还是被地方武装镇压了的，历史上争议很大。依现在的分析，宋江的队伍应该算是被招安了。其实，史上被招安的农民起义队伍还有不少，但从 42 起农民起义的情况看，有三支半。

3 支被招安的农民起义军，其中 2 支在唐代，1 支在宋代。这分别是唐朝中期的西原农民起义和唐朝的方清、陈庄起义军，北宋的宋江起义军，半支则是隋末瓦岗农民起义队伍中李密的一部。

西原是我国古代僮族聚居的地区之一。唐初，朝廷在这里设置西原州，领罗和、古林和罗淡三县。至德初（公元 756 年），西原老百姓为了反对朝廷频繁的兵役之害，在黄乾曜等领导下，与陆州(治乌雷，今广西合浦西南)等地少数民族联合反唐，队伍很快达20万人，并建立了地方政权。起义军凭据溪洞山险，采取灵活战术，取得了较大的胜利。后来，队伍壮大了，地盘也扩大了，一些起义军首领头脑开始喝上“迷魂汤”了，看不清唐王朝剿抚兼施手段的实质，带上队伍乖乖地走出山区，去当皇帝的走卒去了。

方清、陈庄起义是唐永泰元年(公元765年)至次年五月，治吴县(今江苏苏州)一带发生天灾，土豪方清乘机聚集数万饥饿百姓造反。起义军占据广德县(今属安徽)山洞进行反唐活动。两支武装以宣州秋浦县(今安徽贵池)西140里的乌石山及太平等古城作为据点，切断长江航路，抢劫往来官私行旅，使朝廷的长江航运受到严重影响。后来，方清等起义军声威遍及东南一带，大有“乃有跨据大江，吞噬东土之计”。江西观察使判官李芃建议“请以秋浦置州，扼守险要，使不得合从”，以便各个击破。唐代宗李豫采纳此议发兵，攻破起义军坚守的歙州石埭城，方清牺牲，陈庄等2.55万人在乌石山投降招安。

宋江“挥戈请降”于宋将张叔夜后，到底有没有真的去打方腊？这个问题关系到宋江被朝廷招安的说法是否成立。我不是史学家，没有考证这一史实的任务，只是借助一些历史资料进行分析。据李焘的《续资治通鉴长编》、杨仲良的《通鉴长编纪事本末》、《三朝北盟会编》和《皇宋十朝纲要》记载，宋江投降招安后随官军前去镇压方腊起义军。争议起于公元1939年出土的《宋故武功大夫、河东第二将折公(可存)墓志铭》，这上面明确记载宋江没有征讨方腊，说宋江被朝廷“招安”是平息了方腊之后的事情。这两种不同观点的史料，到底哪个有“准头”呢？依本人思考，宋江去征讨方腊的可信度要大些。一方面，《续资治通鉴长编》、《通鉴长编纪事本末》、《三朝北盟会编》和《皇宋十朝纲要》等均是正史，宋江投降招安，然后去征讨方腊，在当时都是大事，史官不会不负责任地漏掉了的。另一方面，宋江既然被招安了，朝廷总得让他做点事，白养他是不可能的，“以贼治贼”一直是北宋末年应对民变的一种策略。可见，宋江还是从农民起义的领袖变成了屠杀农民起义的刽子手。何况，宋江入伙梁山前在官场上一直不得志，现在可以找到表现的机会了，积极参加平暴行动，也符合他的人格特征。

被招安的半支则是瓦岗军起义军。本来，瓦岗军是隋末农民起义中三大义军之一。经过八年浴血奋战，瓦岗军深得老百姓的拥戴，队伍发展到百万之众。大业十二年（公元 616 年），贵族出身的李密在参加杨玄感起兵造反失败后，投奔瓦岗军，并凭借他的政治智慧很快进入领导核心。公元 618 年 7 月，童山大战结束，李密回洛阳请功，途闻王世充政变，不敢回城，暂驻金墉。王世充乘李密大战后疲惫之机，向李密突然发动进攻。到了 9 月份，两军决战，王世充伏兵北邙，李密麻痹轻敌，结果被伏兵四处掩杀，导致瓦岗军全线崩溃。在大势已去的情况下，李密率领死里逃生的两万多名残兵西去投奔于李渊的麾下。

溃败后进行转战游击的有 6 支

打得赢就打，打不赢就走，实在不行就躲到山里打游击去，这是古代中国农民起义军常有的思维方式。盘点史事，6 支有影响的农民起义军在首领呜呼哀哉，或大队人马被打散的情况下，剩余的只好东躲西藏地打游击了。就当时而言，与其说他们去将“革命”进行到底，还不如准确地说是为了逃避追杀，保住小命要紧。这 6 支分别是：

黄巾起义。张角于公元 184 年 2 月在洛阳起义，多次打败敌人进攻，取得了很大的战绩。不幸的是，后来张角积劳成疾，英年早逝，黄巾军主力失败，但余部仍坚持战斗 30 多年。

李特起义。公元 301 年，李特在四川绵竹起义，屡败官兵，各地流民起义纷纷响应。李特牺牲后，各地起义部队坚持了几十年。

卢循起义。公元 403 年，孙恩起义失败后，其妹夫卢循率领剩余众人继续战斗，并在攻占番禺后建立农民政权。后来，卢循为官军所败，余部仍坚持斗争 12 年，遍及东晋全境。

黄巢起义。875 年 6 月，黄巢率众在冤句（今山东菏泽市西南）起义，起义军展开流动作战，入安徽、浙江，攻占广州，后又攻占洛阳、长安，建立“大齐”国。唐僖宗逃到四川后，立即对残军和地方武装进行整编，组织反扑。由于起义军内部出了“内鬼”，一些部将反水投敌，致使黄巢于公元 884 年 6 月在泰山兵败自杀。不过，其余部继续战斗多年，直至最后彻底失败。

张献忠起义。崇祯元年（公元 1628 年），陕西北部安塞农民起义，各地响应，涌现高迎祥、李自成、张献忠等起义领袖。公元 1644 年，张献忠在四川建立大西政权，同年，李自成攻克北京，明朝灭亡。不久，吴三桂引清兵入关，李自成兵败如山倒，不了了之。清顺治三年（公元 1646 年），清朝亲王豪格率部在达川北西充县与盐亭县交界处凤凰山坡与张献忠起义军激战，张献忠中箭身亡，大部队大多被歼，余部从反明转而进行抗清，坚持长达 20 多年之久。

白莲教起义。清嘉庆元年（公元 1796 年）至九年（公元 1804 年），湖北、四川、陕西三省以白莲教为组织形式动员农民反抗封建压迫，历时 9 年多，以被清军镇压而告终。大部队被打散了，各地小股队伍仅剩数百、数十人，至多也是上千人，基本上被限制在南山老林之中，但他们仍利用有利地势进行游击作战，并坚持了一年之久，直至嘉庆九年九月，最后一位白莲教首领苟文润被叛徒杀害。

起义军内讧后失败的有两支半

两支分别是陈胜、吴广起义和清末年的太平天国起义。这也许是历史的宿命，也许是中国农民的本性所决定，两支队伍，一支最早登上中国封建时代农民起义的舞台，另一支则是那个封建时代农民起义的收官之作，很值得玩味。内讧而败的半支，还是那个不争气的隋末瓦岗农民起义部队中的一部。

陈胜、吴广起义队伍的情况众所周知，无须多述了。太平天国定都南京后，洪秀全政治上迅速封建化，帝王思想急剧膨胀。天京事变的发生，就是因为洪秀全不理朝政，昏庸无能，封王鬻侯泛滥而出现的悲剧，致使大权旁落。出走天京并非石达开的本意，实属不得已而为之，从某种角度上讲，也是他审时度势，权衡利弊，深思熟虑的结果。客观上，石达开这一走，大伤了太平军的元气，内讧之后再也难以雄起，被“曾剃头”率领的湘军破城消灭也是顺理成章之事了。

为什么说瓦岗军是内讧而败的半支呢？前面已讲到，其中一部被李密带着投靠李渊去了，其实大部分是在分裂后溃败的。大业十三年（公元617年），就在瓦岗军行将灭隋的关键时刻，内部发生了分裂。十一月十一日，借庆贺石子河战役胜利的名义，李密设宴招待翟让，暗使党徒蔡建德将其杀死。王儒信、翟弘、摩侯同时遇害，徐世勣被砍伤，王伯当、单雄信叩头求饶，方得幸免。翟让被害以后，部将非常寒心，离心日重，战斗力日衰，从此瓦岗军走向了下坡路。

归附其他起义军的有 3 支

分别是南北朝时期的莫折大提起义和杜洛周起义，以及唐期的王仙芝起义。

北魏正光五年(公元 524 年)，羌人莫折大提领导关陇(今陕西、甘肃一带)地区各族人民反抗北魏统治的起义。不久，莫折大提死亡，其子莫折念生继之，自称天子，置百官，年号天建。此后，魏孝明帝元诩以多次派兵讨伐。第二年正月，莫折天生屯兵于黑水(今陕西周至东)，兵势甚盛。北魏以崔延伯为征西将军，率骑兵 5 万进击，起义军战败，损失 10 万余人，不得不退守陇道，阻击官军。后来，莫折念生被部将所杀，其部多数归附其他义军。

杜洛周起义队伍的情况是，北魏孝昌元年(公元 525 年)，北魏柔玄镇(今内蒙古兴和西北)人杜洛周于上谷(今河北怀来)聚众起义，改年号真王。魏帝元诩遣幽州(今北京)刺史常景为行台，与幽州都督元谭同领官军征讨起义军。武泰元年(公元 528 年)二月，杜洛周被另一支义军首领葛荣所杀，部众归入葛荣麾下。

王仙芝起义自唐僖宗乾符二年（公元 875 年）初，他在濮州濮阳（今河南濮阳西南）发出檄文开始的。当时他自称天补平均大将军，并兼海内诸豪都统，率领起义军攻克曹州（治今山东曹县）、濮州。唐僖宗五年（公元 878 年）二月，王仙芝义军被曾元裕包围于黄梅（今湖北黄梅西北），经过数场激烈的拼杀，起义军 5 万余人瞬间化为冤魂，最高领导人王仙芝也在阵地上“光荣”了，余部渡江转战江南，投奔黄巢的起义大部队去了。

被兄弟的农民起义军“吃掉”的有 1 支

这就是项羽起义队伍。秦始皇死后，各地群雄四起，反抗秦之暴政，经过一段大的社会动荡后，刘邦与项羽对峙的局面得以形成，所谓“楚汉争霸”。楚汉交战的初期，项羽一直处于领先的压倒性优势，刘邦曾几度被项羽打得疲于奔命、落花流水。但一二年以后，刘邦的军力渐渐恢复，通过 4 年的磨砺，终于在垓下一战逼得项羽自刎乌江，其部队被自己的老冤家——刘邦的起义大军全部吞并。

整编转隶为正规军，成为国家机器的有 4 支

刘邦、朱元璋完全是靠起义起家的，他俩领导的起义军夺取了全国政权，当自己坐上“龙椅”时，那些跟着他们浴血奋战的将领们，自然成为了开国元勋，士兵们从过去统治阶级眼里的“匪”，成为了捍卫新政权的工具。后来，这两位“革命”的领头人不念旧情，过河拆桥，翻脸不认人，向当年的弟兄们大开杀戒。那些冤死枉故的将领们，毕竟身份已经改变，成为国家的军队领导人，而非前朝认定的匪徒。史官也都认可了这一点。

另外 2 支，八字军抗金起义的部队和红袄巾抗金起义队伍成为正规军，与刘邦、朱元璋领导的起义队伍自行改换则完全不一样了，多少带有些民兵升格为野战军的意思。

北宋灭亡后，在金军占领地区，很多民众纷纷起义抗击金兵。建炎元年九月，王彦率岳飞等 11 将带领 7000 人北渡黄河，收复新乡（今属河南）后，遭数万金军围攻，因寡不敌众，率部众突围至共城（今河南辉县），联合太行山区两河（即河东、河北，今山西与河北中、南部一带）义军，坚持抗金。

因所有将士面刺“赤心报国，誓杀金贼”八字，以示决心，故称“八字军”。当时发生的著名的饶凤关之战，就是“八字军”收复金州(治西城，今陕西安康)的一次辉煌战役。因“八字军”在抗金中屡建奇功，后被转隶为官军的一支部队，成为南宋初期一支功绩卓著的抗金劲旅。

红袄巾抗金起义是金大安三年(公元1211年)至金朝末年山东、河北农民反抗金朝统治的起义。队伍较大的有山东益都的杨安儿、潍州(今山东潍坊)的李全、沂蒙山的刘二祖、河北的周文元等。皆衣红袄，故名红袄军。大安四年(公元1088年)二月，杨安儿、刘二祖另一余部，在兖州泗水人郝定领导下，逐渐集结发展到数万人，相继攻下兖州、滕县(今滕州市)、单州(今单县)、莱芜(今莱芜东北)、新泰等10余州县，自称大汉皇帝，设置百官。五月，金宣帝命令仆散安贞前往镇压，连战皆捷，郝定损失数万人，后退回泗水被擒，至汴京(今河南开封)被杀。杨妙真率余部与李全在磨旗山(今莒县东)会师，结为夫妇，合并成一支强大义军。后于金兴定二年(公元1218年)归宋，这也是宋嘉定十一年的事情。

需要说明的是，以上对中国历史上农民的起义军的最后归宿的概括分类，并不是史家的权威论述，而是根据近年史学研究结果梳理的一家之言。中国古代农民起义的演进过程本来就是一个复杂的话题，不是三言两语能说清楚的。例如，一个朝代特别是在摇摇欲坠的末年，农民起义的队伍和次数都是很多的，像元末农民起义中，就有白莲教首领韩山童和刘福通发动的起义，后来徐寿辉、彭莹玉(即彭和尚)等也在起义，称为南方红巾军。还有在徐州起兵的芝麻李(即李二)，在今河南地区活动的布王三(即王权)，在今湖北地区活动的孟海马。在南方江浙地区举行起义的，一支是浙东的方国珍，另一支是先在苏北高邮起兵、后来占据平江(今江苏苏州)的张士诚。其中，朱元璋起义队伍不仅规模最大，而且取得了成功，故将他作为明末众多农民起义的典型代表了。

历史毕竟是由胜利者所写。这些农民起义的结局，或成功，或失败，原因是多方面的，许多起义队伍的下场是诸类因素综合作用的结果，绝非某个因素单方面在发挥力量。

第三章

起义的前世今生

起义的“副产品”

古代农民揭竿而起，往往起初几仗下来，战果不小，头领们绝没想到胜利来得那么容易，进展如此之快。于是，他们的胃口也被撑大了，直奔着皇帝“皇位”去了。结果呢，除了刘邦、朱元璋如愿以偿以外，无数次的农民起义“总是陷于失败”。“皇位”没有夺得，有的头领们甚至死得连个名字都没有留下。

不过，揭竿而起的农民兄弟的鲜血没有完全白流，一场场轰轰烈烈的“革命”下来之后，往往出现了一些他们意料之外的“副产品”，真是“无心插柳柳成荫”。美中不足的是，他们没有乘上这个荫凉。

倒逼出昙花一现的“仁政”

每次大规模的农民起义犹如一场噩梦，经常闪现于在战争的废墟上站起来的新王朝统治者的脑际里，驱动着他们不断进行理性思考，不断总结经验教训，并不得不开始改造或调整治国理政的政策。较前代中后期，他们更加励精图治，把国家当成一个作品不停地进行修改，自觉以民为本，施行仁政，在管理方式上能够注意体恤民情，更加富有人性。

因而，当一代王朝被推翻，一个新的王朝开国之际，往往也就是民生困局的暂停之时。

西汉是在农民大起义推翻了暴秦统治之后建立起来的。从秦末农民战争中走出来的汉初布衣卿相们，目睹了秦王朝这个旧世界被砸碎的全过程，因而一开始就小心翼翼，不得不实施仁政。有史论曾言：“秦败亡的历史教训，使汉初统治者如惊弓之鸟，时时影响着汉廷的决策。故汉初反秦之弊，使黄老思想再次得宠。”当时，著名的思想家陆贾提出了“马上得天下，安能马上治天下乎”的论述，又曰：“逆取顺守”、“文武并用”才是“长久之术”。他还强调攻天下生死两不立，而守天下是二者要并存，不能将百姓当成敌人看待，若百姓难以生存，则君主也难以生存。因此，君民关系要协调，要施行仁义，让人心服，行仁义表现在政治上就是“无为”。这些思想直接反映了经过长期战乱后，社会需要安定，百姓需要休养生息的大趋势。

如果说陆贾是汉初提出运用黄老思想来指导政治的第一人，那么刘邦的宿将曹参则是实践以黄老思想指导政治的第一人。他采纳胶西学者盖分意见，休养生息，“治道贵清静而民自定”。后继者萧何为相国，“兴事无所变更，一遵萧何约束”，仍奉行“清静无为”。曹参辅佐的君王是惠帝刘盈，是刘邦的儿子，论政绩他自然不及他老子，但他以黄老思想为指导，有助于安定社会，其影响正如《史记》中民歌所颂：“萧何为法，颟若画一。曹参代之，守而勿失；载其清静，民以宁一。”

从公元前202年开始，西汉朝廷颁布了一系列诏令。刘邦以萧何为相，组织军队官兵复员为民，根据功绩大小及军功爵位高低，赐给数量不等的土地。同时规定“诸侯子在关中者，复之十二岁，其归者半之”，“大夫以上赐爵各一级，其七大夫以上皆令食色，非七大夫以下皆复其身及户，勿事”。包括战争期间流亡山泽不著户籍的人口，“各归其县，复故妥田宅”。于是，出现了地主返乡、农民返籍的景象。同时，汉廷规定，“民以饥饿自卖为奴婢者，皆免为庶人”，减轻田租税为“什五税一”之制，奖励垦荒，以促进农业生产的恢复和发展。

汉代初期汲取秦滥用刑罚的前车之鉴，正如陆贾在《新语·主德篇》

中所说:“君子之为治也，诀然若无事，寂然若无声，官府若无吏，亭落若无民。”文景时期与秦朝和汉惠帝年间相比，都更为讲究宽刑简政，并作为无为政治的一项重要内容。

西汉朝通过实施四五代帝王的一系列“仁政”政策，社会秩序基本上稳定下来，所谓“故逮文景四五世间，流民既归，户口亦息”，出现了封建史家所谓的“文景之治”局面。到武帝时，“国家无事，非遇水旱，民则人给家足,都鄙廪庾尽满,而府库余财。京师之钱累百巨万,贯朽不可校;太仓之粟陈陈相因，充溢露积于外，至腐败不可食。众庶街巷有马，阡陌之间成群”，足见当时社会经济的繁荣。

在徭役方面，秦末和隋末农民大起义都是为此而揭竿的。起义之后，徭役骤然减轻了许多。秦朝时最高达到一个壮年男子的每年三分之一以上时间需要服徭役,文景之时,当政者倡导以农为本,进一步推行“轻徭薄赋”、“约法省禁”的政策。公元前 156 年 6 月，景帝“令田半租”，即三十税一，并成为汉朝定制。除此之外，还减少地方徭役，开放山泽禁苑给农民耕种，颁布振贷鳏寡孤独的法令，这些都利于减轻农民负担，保证农民生活的安定，对恢复和发展生产起到了较好的作用。

在赋税方面，秦代“田租口赋盐铁之利二十倍于古”，而西汉初年田租减为十五税一，后再减为三十税一。

最为典型的是唐朝初年实行轻徭薄赋的政策，成效十分明显，这是成千上万的隋末农民起义军用鲜血和生命换来的。当年，李渊和李世民父子虽然在浑水摸鱼中夺得了天下，但他们看到了窦建德领导的瓦岗军英勇无畏，执政伊始便不断以隋为戒，注意隋朝覆亡的教训，规定征敛赋役的原则是“务在宽简”。广大农民的主要负担是租庸调制，该制是在均田制的基础上，计丁征取。唐初规定每丁年纳“租”粟二石，随乡所出，输“调”

绢（或绫、絁）二丈，绵三两；若输布则二丈五尺，麻三斤。每年服徭役二十日；不应役者，则按每日三尺绢折纳，叫做“输庸”。凡加役十五天免调，三十天租调俱免，额外加役最多不能超过三十天。唐代租庸调法是在唐政府掌握相当数量的土地和劳动者的基础上实行的，并成为当时社会赋役负担的基本方式。

大凡每个王朝初期，随着社会逐渐安定了下来，各种刑罚也开始相对宽缓了起来。由此，我们可以推断，乱世的刑罚会比较严厉，而盛世的刑罚会相对宽缓，这也是所谓的“仁政”的一个重要方面。西汉初期，刑事法律承袭秦制，但是刑律有所约减，刑罚趋于宽缓。汉朝早期受老庄思想的影响，还逐步确立了一些无为化的刑事法律原则。唐朝早期的刑事法律制度与之前历代相比，显得更为宽缓，立法指导思想包括：一是，以隋为鉴，立法宽简，且宽严适中，力求保持法律的稳定性与连续性。这里说的“宽”是指宽缓，要求做到减轻刑罚；而“简”就是说要简约，要求做到立法简明。二是，着眼于王朝的长治久安，逐步确立了“德礼为政教之本，刑罚为政教之用”的立法指导原则，即德主刑辅，礼法并用。具体来说统治者要以礼义教化作为治理国家的基本方法，把刑罚制裁作为治理国家的辅助手段。三是，法律不避权贵，黜陟不分亲疏。至高无上的只有法律，而不应该因为谁掌握了权力，就拥有超越法律的特权。

“周期率”的魔力就是这样，往往王朝开国，战乱刚过，官员不多，轻徭薄赋，老百姓得到休养生息。30 ~ 50 年之后，国力日见强盛，贪污腐败随后就来了，苛捐杂税层出不穷，但是有些皇帝、大臣致力变革，综合施策，出现了一时的“中兴”。但“中兴”不久即告失败，苛捐杂税比以前更多，国家的腐败遂不可救药，民不聊生，所谓“气数已尽”，历史很快再次露出了狰狞的鬼脸，恶魔的陷阱又敞开了那无底的黑暗之口。

枯骨奠基了长命王朝

在中国封建王朝的序列里，农民大起义后建立起来的朝代比由封建割据统一起来的朝代寿命要长得多。有人对历代王朝的寿命进行了分析研究，发现西汉、东汉、唐、明、清这五个延续了200多年的“长寿王朝”都是农民大起义后建立的。而由兼并战争或内部篡位建立的秦、新莽、隋、元等王朝寿命都较短，其中秦15年、新莽10年、隋38年而亡，元朝虽然延续了90多年，但比起几个长寿王朝来却短得多。

有没有战争，是衡量一个朝代历史贡献的一个重要方面。

起义的农民生活在多事之秋，苦不堪言，生不如死，是他们最大的生活感受。假设人有生死轮回的话，他们也许会说这样一句话：“这不能怪政府，而是怪自己命苦。”苦在他们没有赶上好时代。不过，他们哪里知道，正是他们用自己的累累白骨，为后世奠基起一个又一个的长命王朝。牺牲的农民兄弟用自己的一腔热血为帝王们做了“嫁衣裳”，或血雨腥风，或缠绵悱恻，或波澜壮阔，或英勇悲壮，以自己的血肉之躯为后人能生活在长治久安的环境里筑桥铺路了。

人，在动物界里拥有“万物之灵”的地位，谁都想今生今世如意地栖居着。于是，人从一开始便渴望物质生活的富足，更渴望精神家园中充满美好的情愫，使自己的生活变得澄澈而明亮，使自己居住的这个世界更有诗意。如果没有条件让自己生活得如意，就是平安庸常地生活也行。

然而，这种生活的梦想，并非每个人都能实现的。如果生不逢时，不要说什么诗意了，能吃饱穿暖就不错了，要想看到流水的清澄与飞鸟的自由，领略伟大、崇高、沉静的心灵气象，也只能凭空想象而已，甚至有时连想的底气也没有了。人活在世上，如果说有什么比贫穷更为可怕的，那就是在疯狂而毫无人性的战争面前，尊严被践踏到最低，流离失所，慌不择路，饥不择食，面对亲人同胞被屠杀却无能为力。战争让一个或才华横溢，或老实巴交的人都变成了废墟里流窜的老鼠。当生命的意义只剩下生存，终日生活在惶恐不安和饥荒病痛中，需要何等强大坚韧的内心才能熬过。

农民起义奠基的长命王朝，客观上少了些征战、少了些拼杀，多了些安稳，多了些和谐，老百姓也就不用更多地生活在提心吊胆中。花开花落，春去秋来。茫茫尘世中的人们虽各渺渺如天上的一朵朵白云，却拥有安稳的生活环境，生命本身就是一种美丽。不管怎么说，对于老百姓来讲，身处和平年代就是最基本的幸福。

也许，当初浴血奋战的农民兄弟没有想到，正是他们摧毁了封建旧政权的统治基础及国家机器，才为社会生产力的发展扫除了障碍。道理很简单，在只换朝代不换体制的封建时代，如果农民们不用起义这种暴力手段摧毁这些残暴腐朽的封建旧统治，贵族地主仍然大量兼并土地，“富者田连阡陌，贫者无立锥之地”的状况就不能得以改变，“此善于彼”的封建新政权就没有建立的可能。不把王朝晚期体制中积淀的那许多病毒清除掉，或者至少减少它的毒素，那么农民连完成简单的再生产都很困难，更不必说扩大再生产了，哪里还有社会生产力的发展及自身生活的如意呢？

秦、隋两朝虽相距近八百年，但非常相似，都实现了大一统，又都是短命王朝。前者仅存 15 年，只传二帝；后者仅存 38 年，也只传二帝。秦在统一前，是七国争雄的割据局面，在商鞅变法之后，经济、军事实力增强，超过东方六国，在秦王嬴政时，消除了东西的对抗，灭掉六国，实现了我国历史上第一次大统一。而隋朝呢，大隋高祖文皇帝于公元 581 年 2 月甲子日接受北周禅让，建立了大隋王朝。而隋朝的老班底是由当初西魏的八柱国和十二大将军组成的，皇亲国戚也都是这个氏族的人，大家各取所需的利益，共同维护着这个王朝。

秦、隋两朝的诞生没有经过农民起义暴风骤雨的洗礼，基本上一切都沿袭了过去的执政思维、统治模式，虽然王朝的名称换了，但属于“穿新鞋，走老路”，或者说是“新瓶装旧酒”。

相对而言，继秦、隋之后的西汉、唐两个朝代，都是在农民起义者的累累白骨上矗立起来的，寿命都比较长，西汉王朝共历12帝，经历了209年。唐王朝包括中国第一位女皇武则天在内，共历21位皇帝，共历289年。这两个王朝长寿的原因是多方面的，主要是这两个王朝都脱胎于秦末和隋末的农民大起义之中，一切都重新洗牌了，旧势力受到了很大程度的荡涤，新生的王朝出现了群英聚会、大气磅礴的气象。

生活在长命王朝里，人们少了些提心吊胆，可以更多地把心思用在经济、文化的发展上。在中国历史上有着极其重要地位的“四大发明”和唐诗宋词，都是长命王朝里的产物。有人曾这样感叹道：短命王朝里容易出军事家、将军，而长命王朝里容易出文学家、诗人。

“蛋糕”的切法有所改变

现在，人们把财富的创造和分配形象地比喻为“做蛋糕”和“分蛋糕”。谁都知道，“做蛋糕”难，“切蛋糕”更难，“切好蛋糕”难上加难。因为，“切蛋糕”不完全是经济问题，而是一个政治问题，是一个敏感的社会问题。

在封建帝国的各个王朝里，不仅对农民，而且对社会各个阶层来说，土地是最大的“大蛋糕”了，毕竟在生产力低下的农业生产社会里，百姓是靠天靠地吃饭的，而土地权属的这一特点，使得“以农为主”的中国传统社会呈现出周期性的“大蛋糕”切法。

每一王朝开国之初，新生的统治者都有着极强的危机感，深刻认识到农民起义这种激烈残酷现象有再来的可能。于是，“均田”、“屯田”等政策相继出台，造就大量自耕农的出现，统治者还以保护发展自耕农经济作为开国经济政策的核心。在以农业为中心的中国传统社会经济结构中，自耕农阶层是最有能力、最有积极性发展生产的社会阶层。在这个循环往复的周期里，几乎每一个能赢得 200 ~ 300 年长治久安的朝代，都是从打破原有社会结构，通过“均田”实现相对公平开始的。

西汉初期，朝廷对编户齐民的各阶层实行授田制度，这在《二年律令》中有明确记载。授田制度的对象为具有二十等爵者、无爵者以及司寇、隐官，要求按当时各社会阶层的不同爵位等级占有规定的土地，并且在同一等级中，对土地的占有必须是均等的。

唐代初期也是这样，均田制的主要政策是：一是对百姓授田的规定。18 岁以上的中男和丁男，每人受口分田 80 亩，永业田 20 亩。老男、残疾受口分田 40 亩，寡妻妾受口分田 30 亩；这些人如果为户主，每人受永业田 20 亩，口分田 30 亩。杂户受田如百姓、工商业者，官户受田减百姓之半。道士、和尚给田 30 亩，尼姑、女冠给田 20 亩。二是对贵族官僚受田的规定。有爵位的贵族从亲王到公侯伯子男，受永业田 100 顷递降至 5 顷。职事官从一品到八九品，受永业田 60 顷递降至 2 顷。散官五品以上受永业田同职事官。勋官从上柱国到云骑、武骑尉，受永业田 30 顷递降至 60 亩。此外，各级官僚和官府，还分别领有多少不等的职分田和公廨田，职分田的地租作为官僚俸禄的补充，公廨田的地租作为官署的费用。这两种土地的所有权归国家。三是对土地买卖的规定。贵族官僚的永业田和赐田，可以自由出卖。百姓迁移和无力丧葬的，准许出卖永业田。迁往人少地多的宽乡和卖充住宅、邸店的，并准许卖口分田。买地的数量不得超过本人应占的法定数额。

明朝初期，政府大规模地招抚流民，开垦荒田，分配土地。由于这一时期大地主阶级的力量在战争中遭到极大的削弱，自耕农占了农耕人口的大部分，地主所占的地比例并不大，这就为明朝初年的经济发展奠定了坚实的基础。由于自耕农是封建社会经济的主要支撑力量和税收来源，因此到了洪武、永乐年间，朝廷的政府财政收入达到整个明朝历史中的最高峰。洪武这些年，各州县每年垦田少者以千亩计，多者达 20 万亩。洪武二十四年（公元 1391 年），除军屯、牧马草场和“永不起科”地，全国纳税土田总数达 387.4 万余顷。洪熙年间，更增加到 416 万余顷。

“蛋糕”的切法有所变化，很大程度上体现在税赋政策上。有人做过一个统计，一般一个王朝开国之初，不仅税收的名目较少，而且各种收税的额度比前一个王朝末年要少了 5 ～ 10 倍，有的甚至是几十倍。众所周知，税收决定了国家的财政总量，并且，一个合理的税收政策一定程度上还会影响一个国家的兴衰。综观数朝数代帝国的兴盛或者一个时期的兴盛，都与税收有一定的关联；而一个王朝的衰亡，则往往和苛政暴敛相伴出现，高额的税收往往导致百姓生活苦不堪言，进而铤而走险、揭竿而起，发动农民起义推翻暴政。其实，税收是用来调节统治阶级和劳动者之间的利益矛盾点平衡的“杠杆”，同时，税收又是一个王朝兴衰的“晴雨表”。

牺牲了的农民起义的“先烈”们，虽然没有吃上什么甜美的大“蛋糕”，但后人可以告慰他们的是：你们的鲜血并没有完全白流，换来更多的“蛋糕”，我们这些后代们替你们享用了！

社会风气得以净化

死亡的教育总比知识的教育要更深刻，让人沉思。一场场农民起义之后，人们面对那座座旧坟新茔，那一个个令人心颤的伤亡数字，那充满哀怨的呼救，明白了生命原来是如此脆弱。与此同时，紧紧裹在人们身上的各种伪装都在这一刻被撕开，人性之光重新绽放出来。残酷的战争，自然给从战争硝烟中走出来的人们上了最生动的一课。

风俗是自下而上形成的，风气是自上而下形成的。

社会风气的形成很大程度上与最高统治集团的行为导向有密切的关系，同时也深受社会经济的发展、统治策略的调整、文化教育的不断变化的影响，这几者良性地结合，才能共同将过去污浊的社会风气进行净化。

一个新朝代初期，统治者总是趋向于与民休息，尽力地恢复生产，增加土地有效利用率，增加人口繁衍，巩固政权，由此催生的社会风气是向上积极的。到了鼎盛时期，权贵们就趋于腐化，贪图享乐，不思进取，没有了正气，歪风邪气却很盛行。特别是每当王朝末年之际，不仅官场腐败透顶，而且社会风气也很坏，礼义廉耻扫地，人与人之间毫无诚信可言，无休止地勾心斗角，赤裸裸地欺诈，明目张胆地抢劫，每个人心灵的围墙始终筑得高高的、牢牢的。处在社会中层的人虽然没有多少势力，但他们有钱、有田，在向往与羡慕心理的驱动下，慢慢地跟着学坏了。由此，人性被实际功用与庸俗交往的法则替代，物质的联系遮蔽了彼此之间生命与心灵的联系。

在这样的社会大环境中，那些既无钱又无势的社会底层人员，要么甘于寂寞，要么铤而走险，去偷、去抢、去骗，乌烟瘴气的社会风气像瘟疫一样地蔓延开来了。

秦朝末年的社会风气显然是集成了战国时期秦国的风气。商鞅变法，秦国以法治国，君主专制，喜好征战。秦朝的社会风气是人人自危，刺刀统治下的暂时和平，老百姓在惶恐中度日如年。

宋朝末年，统治阶级内部党争频起，贪官肆无忌惮，皇帝不务正业，毫无危机感。金兵的铁蹄，把赵宋王室赶到江南。但是，宋高宗出于一己之私，害怕被金兵掠而北去的他的老子和老兄回来收回他们的皇位，竟重用当了金兵俘虏又被派回来做奸细的秦桧。秦桧以“莫须有”之罪，杀了抗金大将岳飞父子。朝野上下，一片白色恐怖。忠奸不分，黑白颠倒。南宋王朝一开始就坐胎不正，便可知以后下场了。对于赵宋王朝的社会风气由好变坏，生在北宋末年，长于南宋初年的大诗人陆游曾写过一首五言诗《岁暮感怀》：

在昔祖宗时，风俗极粹美。
人材兼南北，议论忘彼此。
谁令各植党，更仆而迭起。
中更金源祸，此风犹未已。
倘筑太平基，请自厚俗始。

战争，常常是社会风气的清洁剂。尤其是大规模的农民战争后，一切都改天换地了，社会风气仿佛一下子净化了不少。

史籍上有关各个朝代社会风气方面的记载不多，但还是出现了几个“路不拾遗，夜不闭户”的时期。

一个是汉朝的“文景之治”时期。文景两帝，重视“以德化民”，当时社会比较安定，百姓生活富裕。到景帝后期时，国家的粮仓饱满起来了，新谷子压着陈谷子，一直堆到了仓外；府库里的大量铜钱多年不用，以至于穿钱的绳子烂了，散钱多得无法计算了。在政治上，文帝“日行一善”，推行“多治国，少权谋”的政策，并且大赦天下，取消肉刑和诽谤罪，因此朝内无内讧。出现这样的局面，是“领导”带了好头。文帝、景帝奖励努力耕作的农民，劝解百官关心农桑。每年春耕时，他们亲自下地耕作，给百姓做榜样。他们提倡节俭，并以身作则。文帝在位 20 多年，宫室、园林没有什么增加。他修建自己的陵墓，要求从简，不许用金银等装饰，只能用陶瓦。

另一个是“贞观之治”时期。李世民是个明君，政治清明，重用贤能，关心民间疾苦，广开言路，从谏如流，重视农业，实行“均田制”，做到“耕者有其田”。同时，保持“司法独立”，即便是皇室贵族也必须遵守律令，“天子犯法，与民同罪”，短短几年就出现了“路不拾遗，夜不闭户”的良好社会风气。在“贞观”年代还有一件让人难以置信的事。公元 630 年，全国判死刑的罪犯只有 29 人。当时法律规定，处决死囚犯都是在每年的秋天执行的。这年末，司法部门让在押的全部死囚犯回家过年，和家人团聚，并要求他们在第二年秋天回来服刑。果然到了第二年九月，29 个死刑犯都自动回到牢里，等待处死，无一乘机逃亡。

再一个“路不拾遗，夜不闭户”的社会是唐玄宗的“开元盛世”时期。这是李世民的重孙李隆基打造的一个清廉社会。在他之前，武三思和韦皇后先后专权乱政，老百姓在动乱中苦不堪言，经过他八九年的治理，人口增长到 5290 多万，牛羊遍野，百姓丰衣足食，谷价一斗多则一二十文，少则只几文（一斗三十余斤，一个铜板有十文的也有二十文的）。虽然物产丰富，但当朝坚持节俭戒奢政策。比如，朝廷把宫中的车舆服饬，金银器物，珠玉锦绣等奢侈品全部烧掉，禁止采珠玉、织锦绣，违者杖打一百大板。诗圣杜甫对当时的社会是这样描写的：

忆昔开元全盛日，
小邑犹藏万家室。
稻米流脂粟米白，
公私仓廪惧丰室。

这是一代经历了百般痛苦的百姓对幸福的切肤之感，一个经历了战乱的国家对和平的特殊理解！难怪有些文人骚客这样感叹：作为只拥有一次生命的个体，无缘与这一大悲大患、风云跌宕的时代同行，哪怕只是一个看客，是否也是一桩憾事？

中国古代最后一个“路不拾遗，夜不闭户”的社会是康熙、雍正、乾隆三个皇帝塑造的“康雍乾盛世”。其表现为：收复台湾，平定三藩之乱，设驻藏大臣。“盛世滋生人丁，永不加赋”。乾隆六年（公元 1741 年）全国人口是 1 亿 4 千多万，到了乾隆末年人口增至 3 亿。这个时期生产力得到了空前发展，粮食产量可以养活 4 亿人，社会风气不失古风，人相遇，谦而让。

实事求是地说，这几个时期社会风气出现的新气象，不可简单地与农民起义的结果画等号，这是多种原因共同作用的结果。但是，当战争像一道闪电急速地进入每个人灵魂的这一刻，很多人比任何时候都意识到在战争面前的无力与无助，活在这个世上已经很不容易了，应当越过各种俗世的界限，真实地关切遥远的他者。血肉横飞的场景使直接或间接参与战争的人都明白了这样一个道理，人与人之间的关系不再仅仅是利益交换的功用性关系，生命本身的联系才是最基本的联系，抛开俗世生活中一切使人疏离的外在因素，用人性与同情，把逝者和生者、强者与弱者牢固地结合在一起。

这方面，似乎老外比我们悟之深刻。300 多年前，法国的卢梭就已大声疾呼：“我们之所以爱我们的同类，不是由于我们感到了他们的快乐，而是由于我们感到了他们的痛苦。因为在痛苦中，我们才能更好地看出我们天性的一致，看出他们对我们的爱的保证。如果我们的共同需要能通过利益把我们联系在一起，则我们的共同的苦难可通过情感把我们联系在一起。”

王朝初期，人与人之间的真诚，拉近了心与心的距离。在广阔的世界中间，多少并不相识的人们，都涌动着这样温馨与亲切的互信，那就是一缕缕春风、一泓泓清泉、一颗颗给人温暖的舒心丸、一支支催人奋进的强心剂。这种真诚与尊重、谦逊、宽容、赞赏、善良、友好相得益彰，与虚伪、狂妄、苛刻、嘲讽、凶恶、势利水火不容。这是一种多么美好的情景啊！

农民起义的将士们如果在九泉之下能看到他们身后的政通人和，风清正气，一定会含笑不已，兴许会吟道：

"我以我血换新天，尔等方能笑开颜。"

平等的理念逐步走入心间

平等之理念并不是农民起义军首创的理论成果，早在春秋战国时期，诸子百家在阐述其哲学思想、政治主张时就都从不同角度论及平等问题。例如,农家提出"贤者与民并耕而食",主张分配上的平等主义。荀子也曾说："贵贱有等，长幼有差，贫富轻重皆有称。"起义的农民兄弟只是用暴力的方式表明对平等的诉求。

历代农民起义军基本上都提出了"均田"、"平等"、"等贵贱，均贫富"的口号。他们的平等梦想没有实现，当然，世上也没有绝对的平等，但是一次次亮出平等的口号，并为之赴汤蹈火，唤醒了人们的灵魂，点燃了心中的怒火，也灼痛了统治集团的手脚。一部中国古代农民战争史，就是一部我国古代民众用鲜血写成的追求平等的历史，又是一座中华民族世代衣钵相传的平等思想的文化宝库。

中国是一个讲究等级的社会，比较缺乏平等观念。一段"君君、臣臣，父父、子子"的论述，影响了中国两千多年的发展历程，缺乏现代社会的人人生而平等的观念。这不但不认同人人平等的观念，而且连财富的分配也打上等级制烙印。同时人们的消费也分等级，告诫人们按照等级来消费。“使富者足以示贵而不至于骄，贫者足以养生而不至于忧，以此度儿调均之”，否则“求而无度量分界，则不能不争，争者乱”。

唯有“均平”的口号和旗帜最能打动农民的心扉，最能引起农民对现实的不满，最能鼓动起农民的革命热情和革命斗志，最能成为农民革命的合理性根据。历次农民战争中表现出来的均平思想，则是一种反对政治压迫和经济剥夺，要求改变地位，取得温饱生活的朴素的平等、平均思想。秦汉农民起义多以摆脱人身依附关系、反对政治压迫为目标。唐宋以后的农民起义大都把“均平”作为旗号，提出“等贵贱，均贫富”的主张。北宋农民起义领袖王小波说：“吾疾贫富不均，今为汝辈均之。”南宋钟相、杨么宣称：“法分贵贱贫富，非善法也。我行法，当等贵贱，均贫富。”明末李自成提出了“均田免粮”的主张，开始把均平思想与土地制度联系起来。近代太平天国农民起义的头领们，制定了完整的追求平等、平均的纲领——《天朝田亩制度》。该纲领明确宣布“有田同耕，有饭同食，有衣同穿，有钱同使，无处不均匀，无人不饱暖”，为人们描绘了一幅绝对平等、平均的理想蓝图。

这些口号虽然表述得很简单，但正如恩格斯所说：“其实在这许多次大震荡中，每一次都经过了阶级斗争的搏战，每一次都把斗争内容简明地以政治标语的形式写在旗帜上。”

中国的老百姓是认命的，对自己未来命运前途的考虑信奉的是“一命二运三风水四积功德五读书”，第一条就是讲“命”，出身贫贱，地位低下，就不要怨天怨地了，只怨自己“命”不好。在很多人的心里，根本不知道平等是何物。只有在农民起义中，民众中的平等平均思想才作为一个自己的主张被提出来。当时，私有制经济日益发展，封建等级制度方兴未艾，导致贫富差距日益悬殊，阶级矛盾日益激烈。古代农民起义中平等、平均的纲领与不平等、不平均的社会发展形势，成为极其严峻的社会现实。

“均贫富”的口号如此鲜明地被写上农民战争的旗帜，把农民的斗争目标明确地概括为反对经济上的贫富不均，把矛头指向了不平等的封建分配制度，这是农民平均主义思想的一大飞跃。

一次次的农民起义虽然失败了，但他们的向往变成了中华民族潜意识的追求，变成了一种主动选择的可能，变成了一种生存方式。没有农民起义举起的平等旗帜，也许中国的老百姓在相当长的一段时间内还不知道这种可能。

这就是农民起义的一大贡献，它为中华民族立下了这样一个精神的标杆。它的意义在于，它让生活在这个泱泱大国的人尤其是中下层人民知道，还有一种公平的生存方式存在于世界上，一种公平的社会制度可以追求。后来，一些进步思想家提出的平等、平均要求，以民本思想为理论基点，描绘出一幅理想社会的蓝图。

平等思想通过一批接着一批的农民起义军的躬身实践，成为了中华民族的另一个潜意识的追求，甚至一直是种神话。

从“有理”到“有罪”

农民起义犹如一把双刃剑，既带来了这么多的“副产品”，同时也给自身以及整个社会带来了不可估量的损失，对国家的毁坏程度也是惊人的。有的朝代，起义大军所到之处，不论是城市还是乡村，稍有不慎，就会遭到灭顶之灾。特别是一些起义首领人物，由于文化素养和社会层次的局限，与当时一些出身于贵族的政治家相比，其物欲、色欲、权力欲往往更强。在风云际会中，这些草莽英雄的身上，毫不掩饰地呈现出中国下层社会中某种文化垃圾的沉淀，包括某些痞子性格。他们带领的起义队伍从起初的有理造反，最后直接或间接地演变成严重的破坏，甚至可以说是犯下弥天大罪。

帝国版图一次次被撕裂

每一次大规模的农民起义都削弱了国家的综合实力。国力的削弱，使国家难以抵御和控制外族的入侵和内部的纷争，后果都十分惨痛。

公元前 221 年，秦朝实现了中华民族的大一统，规范了行政设置，统一货币、文字、度量衡，从政治、经济、文化、军事等诸多方面为中国大一统奠定了基础。这很不容易啊！经历了春秋、战国 550 年的战乱、割据，国家终于统一了。之后，陈胜、吴广举起义旗不到三个月，赵、齐、燕、魏等地方就有人打着恢复六国的旗号，自立为王，中国的封建帝国又一次这样被分裂了。为了取得战争的胜利，项羽封六国贵族和秦朝降将十八人为王，刘邦也封了七个异姓王，这些都增加了分裂的因素。为了消除这些因素，刘邦在与项羽的斗争中，不得不花很大的力气来一个一个地消灭或收买项羽封的侯王。刘邦统一全国以后，又不得不冒着发生内战的危险，来一个一个地消灭异姓王，才逐步将统一的局面稳定下来。

这是陈胜、吴广事先万万没有想到的，也是不敢想象的，国家分裂的后果不比秦始皇苛政的后果轻。

农民起义推翻或削弱了中央封建政权，这就为地方封建割据势力的发展创造了条件。之后，无数个对立的政治军事集团摆脱了中央封建政权的控制，进行独立的政治、军事活动。他们一般都建立了独立的政治机构，拥有相当的军事实力，割据一块地盘，成为一支独立的割据力量。这些政治军事集团为了维护和扩大自己的地盘，争夺中央统治权，往往进行不断的战争，同时为了保持自己的割据势力，它们都会推行一些排他性的政治经济措施，以加强自己的独立性。这样发展的结果，就增大了统一的离心力。

唐末农民起义之后，由于唐中央政权已经受损，更加强了藩镇之间的割据和兼并战争，“时藩镇相攻者，朝廷不复为之辩曲直，由是互相吞噬，惟力是视，皆无所察畏矣”。而且，由于连年战争提高了军阀的地位，“关东藩镇牙将皆逐主帅，自号藩臣”，因而只要有人稍有实力，就想割据一方，而并不想统一全国。唐末农民战争以后出现的五代十国割据局面，正是唐王朝灭亡后，军阀横行天下，藩镇割据的延续和发展。像五代的几个开国之君，朱温、李存勖、石敬瑭、刘知远、郭威等人，都是一介武夫，在政治、经济上毫无建树，他们之所以能立国，靠的都是军队。由军队左右政治，这是唐末出现分裂割据局面的一个重要因素。

公元前202年，西汉建立，开始了中国封建史上第一次有计划的长期的和大规模的建设。这种稳定统一的形势仅仅维持了约130年，就在绿林、赤眉农民起义军对社会秩序的撕裂中宣告结束，中国历史再次进入割据状态。

所幸的是，这种状态持续时间不长，公元26年，刘秀称帝，建立东汉政权，中国历史又重归统一。但东汉本身就是西汉的一个老祖宗传下来的，豪强地主势力死而不僵，通过新莽之际的乱局，反而愈加壮大。从公元184年黄巾起义到公元589年中国又一次统一，割据分裂长达约

400年，政权更迭频繁，战争此起彼伏，人民饱经苦难。公元581年，北周外戚杨坚夺取政权，建立隋朝。隋炀帝暴政，农民起义爆发，地方势力乘势而起，李唐王朝最终成了赢家，在吸取前代王朝的经验教训上，励精图治，成为中国历史上第二个大一统王朝，并将中华文化圈广为扩展，中国成了当时世界上先进文明的方向，至今激励着无数的人复兴之梦。公元875年爆发的农民起义，瓦解了唐王朝的统治，直至公元907年，唐朝呜呼哀哉了。此后历经五代十国战乱，历史又一次在大盛世之后带来大灾难。

经历了完整的割据——分裂——统一的过程，后代统治者获得了宝贵的资政财富。特别是历经汉唐两大王朝，中华民族统一富强的信念已深深扎入中国人民的心里，后来虽历经宋、元、明、清几个封建王朝的更替，但追求统一和防范割据分裂的努力一直在继续，中央对地方的管理一步步加强。不过，在这期间发生的起义，照样给帝国版图被撕裂创造了客观条件。李自成削弱了明朝的国力，为清朝入关创造了条件。太平天国和义和团进一步削弱了大清的国力，大清王朝先败给英法联军，再败给日本，琉球群岛从此远离中国，钓鱼岛现在成了中日之间一个纠结的话题。自那时起，自信的欧洲人将他们前期对东方顶礼膜拜的姿态埋入了历史的坟场。

说句公道话，国家分裂不是农民起义军的本意，也根本不是他们的目标所在。作为维护社会秩序的统治集团，哪里有“啸聚倡乱”，就会本能地去平息，必然会投入大量的人力、物力。处理得好、处理得快，还不伤国力之筋骨。如果到了不可收拾的程度，加之外族和地下政治武装还觑觎在旁，那就在“安内”与“攘外”的天平上不好达成平衡了。恰在此时，国家分裂的局面自然就会产生了。

生灵一次次被涂炭

中国古代的农民起义军几乎都有一个共同的习性，那就是杀人。驱使这一骇人举动的原动力，就是为了“出气”。农民起义固然有其历史合理性，但在许多诱人的名义下，把一切残暴手段视为天经地义，由此带来的恶果非常严重，使生活在这片国土上、生活在那个年代的人，一次次地遭受屠杀。

在国家处在比较平稳的时期，政府杀人大部分都是“有法可依”、“有章可循”的，除非国家处在一个非常的动乱时期，在敌友难辨的情况下，才会不分青红皂白地、毫无节制地杀戮。而起义的农民兄弟们杀人，则是很大程度上只凭自己的好恶作为是非判断的标准，依此来决定他人的生死。

一处揭竿，全国蜂起。秦末、汉末、隋末、唐末、元末、明末农民起义和太平天国运动，起义军人数都在百万直至数百万以上。每一次起义后，官兵和起义军所过之处，就像刚刚冲过一股洪水，把一切有生命的东西都毁灭了，残破殆尽，赤地千里，血流成河。除了双方军队互相残杀之外，死于战火、死于饥饿的百姓更是成片成片的。之后，全国人口往往下降一半。例如：秦末起义，死亡二千万，占当时总人口的三分之二；西汉末年起义中死了三千万人，占当时人口的五分之三；东汉末年起义中死了三千万人，占当时人口的三分之二；隋末起义中死了三千五百万人，占当时人口的五分之四；唐末五代时期的农民起义中死亡了3200万人，元末起义中死亡1000万人，明末起义中死亡2500万人。

太平天国的人马从最初的几万人，后来发展到拥兵百万，活动范围扩大到全国十几个省，历时十几年的时间，连年的征战，给社会带来的破坏尤其造成的人员伤亡是巨大的。据不完全统计，仅人员死亡就达到了3000万～4000万人之多，基本与第二次世界大战死的人数相当。仅在太平天国内部因权力争夺发生的“天京内乱”，就造成太平天国内乱自相残杀者死亡人数达十万人之多。因此，从公元1741～1840年的一百年间，是中国人口增长最快的时间，从1.4亿增至4.1亿，但是从1840年鸦片战争后至清末，死亡1.6亿人。

生活在那个年代的人，无论是站在对立的哪一方，都是死的机会多，生的机会少，或是妻离子散，或是家破人亡。史籍有载，起义军所过之处，那些街上都有股怪味儿，不知是恐惧的味道，还是人临终的味道，反正都是血蒸发的味道。只要“事业”成功，对于起义的农民来说，杀戮、抢劫无辜百姓一样是不二的选择。

所谓的“千秋大业”，对于英雄好汉们以及那些政客军阀们来说，仿佛是乐此不疲的功绩，而对于平民百姓来说，却是场无以复加的灾难。那时，人们所说“宁为太平犬，勿做乱离人”，的确不无道理啊！

暴力革命只是历史的一些瞬间，但它的确非常惨烈，决战双方的杀虐性都发挥到极致。诸如隋炀帝对起义者，曾国藩对太平军的大肆屠杀，不胜枚举。诚如唐代诗人韦庄在《秦妇吟》中所描述的那样：“千间仓兮万斯箱，黄巢过后犹残半。自从洛下屯师旅，……罄室倾囊如卷土。”官军平叛农民起义中的破坏程度也不亚于农民起义。

学会尊重每一条生命，是任何民族和国家走向成熟不可或缺的品质之一。在农民起义大爆发的时候，交战双方都以国家与人民利益的名义，轻易就把鲜活的生命供奉在了历史的祭坛上。这真是可耻加卑鄙啊！

人头不是韭菜，割了不会长出来。这样的农民起义军和王朝早晚是要倒大霉的。

文明一次次遭到毁灭

众所周知，中国是世界四大文明古国之一，中华文化的起源可以追溯到上万年以前。然而，我们在国内很难看到一千多年以前的古建筑，可这在欧洲国家比比皆是。除了中国的建筑采用传统的砖木结构不易保留外，很重要的一个原因，就是毁于一场大火，并且大多是被辛辛苦苦建筑它的农民兄弟们起义时放火烧掉的。

反复的农民起义和改朝换代型的混战，造成了中国历史上循环性的浩劫，也使得每个朝代的早期均要花费巨大的人力、物力、财力，去修复上次农民起义造成的创伤。过了几十年、几百年，新的社会矛盾又引发了下一次农民起义，把国家的许多文明成果又砸个稀巴烂，然后又进入下一个修复—发展—破坏的循环。这种循环性浩劫造成的直接和间接的后果是：中国的文化成果很难得到积累，后代人也很难利用前代人的文明成果，不能在更高的层次上发展更新，中华文明不能沿着健康理性的轨道前进，难以取得实质性的巨大进步。就像一位西方哲人所说的那样："亚细亚文明总是在废墟上重组，然后又在下一次战乱中变成新的废墟，胜利者又在废墟上组建新的文明，新的文明只是被摧毁文明的简单重复，没有任何实质性的进步。"

由于大多数农民没有受过基本的文化教育，加之他们普遍存有"仇富心理"，从而头脑里没有任何信仰和国家、民族的概念，甚至善恶观念也相对模糊。他们所过之处，常常杀富济贫、抢掠无度，拿不走的就砸烂，砸不烂的就火烧。项羽火烧阿房宫，确是有案可查的重大历史事件。

黄巢极端的复仇心理促使他在战争中对社会不加选择地实施了破坏政策。公元 883 年 4 月，他率 10 余万人与朝廷借来的 1 万多沙陀兵激战，结果黄巢一战即溃，弃城逃跑。逃出长安之时，下令纵火。长安这座周、秦以来一直作为首都的古城，有着1500多年的建都史，是当时世界最大的百万人口城市，被黄巢一炬成灰，满目疮痍，残破不堪，大伤元气。从此，这座古城即与首都无缘。也是因为黄巢变态性的复仇心理，致使一向被称为中国心脏的中原地区被他折腾得几乎成为沙漠，以牡丹花和美女闻名的政治文化名城洛阳，只剩下三五户贫苦人家，举目所及，昼不见炊烟，夜不见灯火。就这样，物质意义上的长安和洛阳消失了，意味着唐朝时代的彻底终结，首都的血液循环中止了！在很长一段时间里，这两个贫血的城市开始出现许多不适之症。

北风凄厉的呼号，秃枝呜呜地悲鸣。那时夜空的月亮，一定窥视了许多人间的悲欢离合。

同样，农民起义对文化典籍的破坏也是十分严重的。一旦攻入城镇后，起义军大肆破坏文物古迹，焚毁书籍，包括一些具有重大史料价值的文化典籍。

张献忠起义攻占城池后砸毁孔庙，焚烧书籍，这样的破坏不亚于秦始皇焚书坑儒。公元1130年，钟相利用摩尼教起来反宋。起义军为了阻止程昌寓驻守鼎州，不惜放火烧城，火光冲天，数日不灭，全城房屋尽为灰烬，鼎州一片废墟。洪秀全为了证明自己的身份，不惜采用邪教的方式，对儒家思想在文化上、精神上进行打击，使中国的传统、思想、精神遭到一次大洗劫。

火是文物的克星，而历代农民起义军却特别的爱玩火，可想史上许多文物和文献的命运了。农民兄弟之所以有这样的习惯，大概有这样三种原因：一是长期生活在社会的底层，越是被边缘化，心中积聚的怨气越多。二是利用一把大火，企图从精神上和思想上摧垮封建统治政权和地主阶级的抵抗意志，杀杀他们的威风。三是为了掩盖自己抢劫的罪证，是典型的欲盖弥彰。

不管放火的农民兄弟有再多的理由和原因，把对帝王将相、地主老财的怒火化为对老祖宗传下来的文明成果的大火，好似为了打狼就去烧掉森林，这不是一个能不能原谅的问题，而是罪不可赦。单从这一点看，农民无法取得政权实在是历史的明智选择。

世界潮流，浩浩荡荡。当中华文明在循环性的浩劫中停滞不前时，世界上的其他国家却在大踏步地前进，结果，中国落伍了。

国力一次次遭受重创

每一次农民起义战争后，社会生产力会遭到巨大的破坏，社会经济水平会倒退好多年，从而削弱了国家的综合实力。刘邦即位那一年，竟然选不出四匹纯一色的马来拉御车，宰相只能坐牛车上朝。

大规模的农民起义必然破坏了城市的商业贸易和手工业经济，农村由于大批农民的逃亡也出现了土地荒芜，商品经济萎缩的情况。东汉末年黄巾起义之后，又经过董卓之乱的破坏，出现了“名都空而不居，百里绝而无民”的惨象，农民脱离土地，到处流亡，关、陇人民流亡到荆州地区的有十万多家，青、徐人民流动到幽州的达百万口，所以曹操不得不用“屯田”来安置流亡人员。这种强制性的“屯田”虽然给封建政权提供了大量粮食，但在经济上却是一种倒退，它更强化了自然经济，而抑制了商品经济的发展。

从社会整体来讲，无论是农民军的英勇杀敌，还是官军的滥杀无辜，损失的都是社会的人口。人，是经济社会发展的第一要素，人力资源的损失是最大的损失。一场农民起义下来，受战争残害的平民百姓的数量远远超过军事人员。战争使生产遭到破坏，农田变成战场，血流成河，饿殍遍野，百姓逃亡，农田荒废，百业凋零，更谈不到发展文化教育和科学技术，整个社会停滞不前，甚至不断倒退。曹操诗《蒿里行》说：

铠甲生虮虱，万姓以死亡。

白骨露于野，千里无鸡鸣。

不同朝代的文人，对此现象均有描述，如东汉王粲的《七哀》，还有李白的《古风》，陈子昂的《感遇》等。

这里，我们还是不妨翻开一下《剑桥中国隋唐史》吧！里面有载："黄巢杀害了勇敢的李迢，并在暴怒之下洗劫广州，使这一大港口变成废墟。有的材料估计死者高达 12 万人，其中大多数是来自东南亚、印度、波斯和阿拉伯世界的外国商人，而当时广州全部人口约 20 万。"那时期来自西拉甫港的著名阿拉伯商人阿萨德，也详细叙述了广州遭到野蛮毁灭的类似情景。

这下，黄巢是杀过瘾了，把那些在广州做生意的东南亚、印度、波斯和阿拉伯世界的外国商人吓坏了，谁敢再来与你大清搞交易啊。没有了海外贸易，广州这个城还有什么生机与活力呢？朝廷也就别想在这里收取那么多的税赋了。

宋朝的经济文化的繁荣是有史公认的，临安和开封是当时世界上最大的两个城市之一。宋朝在广州、杭州、明州、温州、泉州、密州、华亭海各设市舶司专门管理海外贸易，和南太平洋、中东、非洲、欧洲等地区 40 多个国家通商。宋朝通过市舶司从大量进口货物获得的税收，从北宋皇佑（公元 1049 ～ 1054 年）的 53 万贯，治平（公元 1064 ～ 1067 年）

的63万贯，到了南宋绍兴（公元1131～1162年）已达200万贯，约占全国财政收入的百分之六，对宋代经济的发展起了重要的作用。然而，宋朝的农民起义一波接着一波，没完没了，前后300余年中经历了433次农民起义，其中230次发生在北宋，203次发生在南宋，真可谓“一年多似一年，一伙强似一伙”。再强大的国力，也经不起这样的折腾，其后的结局也就可想而知了。

明朝有效管辖的地域面积最大时，东起朝鲜，西据吐蕃，南包安南，北距大碛，东西11750里，南北10940里。幅员之广，远超汉唐。但到了16世纪，即从正德年间刘六和刘七开始，农民起义此起彼伏，明王朝管辖的地方多处频频告急，老百姓纷纷出逃，哪还有心思去男耕女织，经济自然一落千丈。

清朝也是以川、楚、陕白巾军大起义为转折点，开始由盛世走向衰落。公元1786年全国人口达到3亿9110万人，起义失败后，人口为2亿7566万人，相互屠杀损失了1亿1000万人口。人少了，有的地方人没了，土地只有被废弃了，国库里的银两由以前的哗哗流入，到了后面像吊瓶那样，只能是滴滴注入，再也充裕不起来了。

起义“后遗症”

一次次农民起义军的嘶叫声已经成为了历史的回音，但战争对人的摧残不仅仅是肉体的，更重要的是精神上的，有些东西却还在不断牵扯着人们的心灵，留下了一种“后遗症”，长时间存在并产生负面影响，甚至成为一种民族的陋习。

“羡慕、嫉妒、恨”的社会心理倚重不断加固

当年，刘邦那句“大丈夫当如此也”的大话，使中国的农民知道这样一个朴素的道理：国家是为君主所有的，但君主是可以取而代之的。

梁山好汉李逵是个粗人，但他头上长的并不是木鱼脑袋，有时候还得冒出几句惊世骇俗的语言：“夺了他的鸟位”，“你做得皇帝，偏我哥哥做不得皇帝？”

这是一句句颠覆时代的话，因其背后有着太多的精彩故事，成了其后很多乱世枭雄们的座右铭。无论是什么出身的农民起义军首领，不管什么朝代的农民起义军首领，都对自己想得到而暂时没有得到的东西，生出羡慕、嫉妒、恨的心理。

山有高矮之别，河有长短之分。人作为社会最活跃的细胞，相互间存在着很大的个体差异。虽然，从命理学上讲，可以用简单的强、中、弱的概念来阐述和解释不同人的命运问题，但还得承认人与人之间差异的现实性。人的先天差异是从娘腹中就自然形成的，一般情况下是不易改变的。人的另一种差异则是后天附加上去的。世界本身是丰富多彩的，如一个人的智慧和才能，一个人在社会上的富贵贫贱和官位高低，则是人类社会附加上去的。作为一个自然人，你只要在人类社会中生活，就必定有自己的生存空间。改变自己的命运，由弱变强，都可以在自己的生存空间中进行。

羡慕，作为一种社会心理，具有“双刃剑”的效应。在平常的社会里，每个人本应在一个特定的环境中相互比较，以此获得与他人的差异感，这有助于大家把握自己的自我同一性。一旦认识到了自己与他人的异同，就能发现自己固有的本性，没有比较，这一切都是不可能的。也就是说，把握得好，能够激励鞭策自己，不断增加发展进步的动力，改变自身的命运。

反之，则会时常妒火顿生，走向极端。还是那句话，羡慕是正常的，但如果因对别人的羡慕而放弃了对自己的自信和追求，那是危险的。

中国人自古就有“均贫富”的心理，这种心理要求社会财富在社会各基层之间的分配要大体做到公平，整个社会的贫富情况基本相同。一旦出现了差异，一个不正确的表达，就是拒绝向他人显示好意的行为，“红眼”窥视他人，暗地里与他人攀比。习惯成瘾，嫉妒心理不断膨胀，进而心怀巨恨，最终导致走上极端。农民起义中有相当一部分就是在这种心理的驱使下爆发的。在起义军看来，不揭竿而起就难以改变自己。至于成功与否，那就听天由命了，不成功便成仁嘛！

长此以往，一些社会成员始终瞪着仇视的眼睛看着四周，看着整个社会，哪怕在正常合理的贫富结构里，哪怕完全因自身的原因走向了社会的边缘，仇恨的拳头随时准备挥舞，并且有恃无恐。

为什么？因为他们有一种共同的心理状态：不行，老子就去造反，反正“光脚”的不怕你“穿鞋”的。而这恰恰掐到了统治者的“七寸”！

这是变异心态的一种外在反映，在民族的习性空间不断地扩散开来，渗入到精神的土壤。

推倒重来的“革命”思维绵延不绝

农民起义周而复始的循环性动荡，直接导致中国人的“革命”思维越来越顽固不化，动不动就先“善于砸烂一个旧世界”，然后“再去建立一个新世界”。唐朝杜牧《题乌江亭》诗：“江东弟子多才俊，卷土重来未可知？”即是对其最好的阐述。

老子说过：“兵者，不祥之器”，“大兵之后，必有凶年”，在此前提下，他又提出了一个非常重要的思想——“胜而不美”，就是哪怕你战胜了，你是个胜利者，也不要感到自美，不要太高兴。他说：“战胜，以丧礼处之。”即使胜利了，你也要应该用丧礼这样的态度来对待你的胜利。

可是，农民起义军胜利后没那么“低调”了，誓将“革命”进行到底。不仅如此，他们还培养下一代“革命”的种子，使“革命”事业后继有人。在漫长的封建历史里，中国人对于暴力革命都有着特殊的情结，它不单单是一种暴动，还往往象征着机遇与人生赌博。由此，催生了中国人的一种传统的思想方法，那就是“非此即彼，非好即坏，非黑即白”的思想方法。这种方法严重地损害了国人的理性思维，经常引导出一种“不破不立，不塞不流，大破大立，破字当头，立在其中”之类的斗争哲学，这也是中国社会形成不断变革的历史格局的思想文化根源之一。

当然，“革命”的思维并不都是洪水猛兽，没有农民起义的革命，就不可能瓦解封建统治势力，并由此推动社会历史向前发展。“不破不立”，说明“破”与“立”是辩证的统一。但应当看到，“破”与“立”二者之间的关系，不是直接关系，也不是间接关系，而是对立关系，即是对立的统一。一般说，不是为“破”而“破”，“破”是为“立”，但“破”就是“破”，“破”绝不等于“立”。而且“破”恰好还是“立”的反面。农民起义这个“破”，需要力量，但任何破坏力绝不是唯一的动力。

应当说，无论在哪个年代，虽然城头的大王旗经常变幻，但作为一个抽象意义上的官僚集团，它总是不变的，任何一个政权都需要。无论东方还是西方，都是反对“无政府主义”的。古人早就有云：“千古犹行秦王政。”但是，可怕的是，在中国古代的政治文化中，“革命”一直作为一个很重要的元素而存在，就像中国人喜好搓麻将一样，一切推倒重来。中国历史上的朝代更替，人们很少将注意力放到这个问题上。就像经营一个公司那样，人们只注重解决股东权属，根本就不考虑日常的经营管理，这才导致了无论公司如何破产重组，总是走不出亏损倒闭的宿命。

由此，喜欢砸烂旧东西的国人，思想上经常处于迷茫和混乱，行动上经常处于背叛和矛盾状态。人们不是常这样说吗，“穷不过三代，富不过三代”，“三十年河东，三十年河西”。因为阶层的固化不能让一批批充满恨意的无产者满意，他们一有机会就会把阶层桎梏砸烂，引发了一场比一场大的农民起义。

秦王朝的建立，是法家人物帮助嬴政建立了一个“嬴者通吃”的政治制度。这个“嬴者”可以泽及子孙千秋万代。不管子孙们是否有本事继续“嬴”下去,他们的地位已注定了他们总是“嬴”。除非有一天一切推倒重来，让新的暴力博弈，让拳头来说话。

我们的先圣曾怀疑过这种制度。例如，黄宗羲就曾说过：“为天下之大害者，君而已矣”；唐甄说过：“自秦以来，凡为帝王者，皆贼也”；王夫之点出过，皇权是“以天下私一人”；谭嗣同说过：“二千年来之政、秦政也，皆大盗也。”但这拨思想者只是凤毛麟角，放出的光芒也只是片断的闪光。

推倒重来的“革命”使王朝更迭的现实变得“顺天应人”而成为广泛流行的观念，反过来，这种观念的流行又为后来的王朝“革命”提供了理论支持。社会改革，对西方社会来说，是一种延续和深化，对于古代中国而言，这是一个新的开始。这种历史的惯性不断地将人们从幸福或痛苦的极点，拉回到中间状态。这个心理免疫系统是一种让人又爱又恨的进化馈赠，一方面保护我们不至于因极度的痛苦而崩溃，曙光总是在前头，另一方面难以使我们好好地享受农业文明的丰硕成果。

政治越来越趋流氓化

这个后遗症产生及其释放出来的负面影响，刘邦作为农民起义的祖师爷，是要负主要责任的。

前面讲过，刘邦手下的将帅过去很多是偷鸡摸鸭、鸡鸣狗盗之徒。例如，樊哙作为刘邦连襟，“以屠狗为事”，他如同大家熟悉的张飞、李逵一样，是个典型的粗鲁蛮横之人，这在刘邦赴“鸿门宴”时更是暴露无遗。其他的官员当中也多有无赖，没有接受儒家的诗书教育，甚至基本的道德修养也都没有。像刘彭离身为封王，即纠合“亡命少年”，“专干一些行剽杀人”的坏事；广川王刘去疾，也网罗无赖少年，专干游猎，并偷掘他人墓葬。这些由市井之徒组成的满朝文武，满地皆可笑之事，与赌场聚所、娼间小处、无赖所居简直无甚差异。汉代的一些皇亲国戚与一般大臣，带有流氓习气者也不乏其人。

至此，我们可以理解，洛阳旧宫内“群臣饮酒争功、醉者妄呼，拔剑击柱”，简直是流氓大聚会，是被胜利熏昏头后的思想冲动，这是下层社会来的“功臣”本性的必然表现。这个被政治冻僵了表情的国家，露出了久违的笑容。

刘邦做了“天子”，流氓活动不再局限于社会生活的下层，而且还是上层政治生活中最惹眼最活跃的成分。在这儿，暴君与臣民构成一种互为因果、互为依存的关系。

后来，中国一个接着一个的封建朝代在农民起义中不断翻版，使中国政治越来越趋流氓化，并且达到了登峰造极的地步。由此，以“厚黑学”为面貌，成为封建时代中国政治文化的主流。

长年的征战使农民起义军领袖们深深地懂得，自己的谋与决的正确与否，直接影响到个人、集团的生死存亡、成败祸福，因而人们对谋与决的重视程度，也就可想而知了。这样一来，以实用主义为主要特征的底层文化不断扩散，在战争的运筹和实施过程中，这种带有血腥性质的智慧无意之中也成为了中国的一种文化，并且产生了一种特殊的魅力。

流氓政治原来就是谁兵力强大谁就做“天子”。由此，圣人治国的理想彻底破灭，而流氓权力者却可以利用儒家思想中“礼”制与中庸方法论等理论，要求民众做安分守己的顺民。于是，他们一手以“三纲五常，三从四德”、“天命论”、“认命论”等愚弄麻醉百姓的流氓文化，以维护帝王的统治，让百姓认命，不得逾越，另一手则是像一条冬眠的毒蛇，凶眼一直在怒瞪，血口大张，随时昂首吐舌，欲咬之人。

政治流氓是绝对不会按照政治常规出牌的。他们说话、行事，从来不能出自公心，对民众的疾苦、社会的前途不会有真正的关怀。正因为他们是始终以个人的利益作为立身处世的出发点，所以在不同的政治形势下，对于同一个人、同样的事，采取迥然不同的态度。正因为他们是政治流氓，在政治上非常走运，官越做越大，但在民间的声望却越来越低。

滞缓了社会进化的步伐

中国的封建社会通常从公元前221年秦王嬴政称帝开始算起，到公元1912年辛亥革命结束，共持续了2132年。与西欧相比，中国跨入封建时代的门槛早了近700年，可走出这一门槛晚了近400年，在封建的天朝梦境里整整多昏睡了1100年。

14世纪下半叶，起源于意大利的以人文主义为核心思想的文艺复兴在西欧兴起，用“人性”反对“神性”，用“人权”反对“神权”，从而带来一段追崇科学与艺术的革命时期，揭开了现代欧洲历史的序幕。而那时的中国，仍处在蒙元的黑暗统治下，社会凋敝，经济停滞。紧接而来的是几支农民起义大军纵横驰骋在华夏这片古老的大地上，整个社会就像一锅煮沸的粥。

18 世纪中叶到 19 世纪中叶，在这差不多一百年的时间里，西方完成了工业革命，社会开始全面转型，对后世产生了深远的影响。而恰在那个时期，中国发生了山东临清的王伦起义，虽然很快被镇压了，但是不久又有新的起义队伍出现，在嘉庆年间爆发的白莲教起义，是清朝中期最大的农民起义，历时 9 年，波及湖北、四川、陕西、河南、甘肃等地。此后，接二连三的小股起义时有发生、持续不断。后来北方的天理教李文成、林清也发动了起义，并且直接威胁到京师。遍地烽火，弄得清王朝焦头烂额。

中国的封建体制就像一条大船，每逢农民起义就像触了礁一样，迫使它进行一次大修，进行一次保养，进行一次升级，而不是一次革命和创新。农民起义又如同对制度的“越狱”,而每一次“越狱”之后新建盖起来的“牢狱”，设计得就更为科学合理，抗爆性更强。不断发生的农民起义，客观上促使其专制统治更加周密严谨，制度监狱更加牢不可破，专制思维越来越强化，从而阻碍了封建化的正常进程，迫使社会进化的功能不断被弱化。

到了中国封建社会的后期，特别是到了明朝中叶以后，情况就发生变化了。那时，世界资本主义产生已有近 200 年的历史，中国的资本主义萌芽也已开始出现，新的生产关系和阶级力量尽管仅处于极弱的状态之中，但毕竟已登上了历史舞台。在这个时候，起义的农民根本没有看到这一点，也不可能要求他们看到这一社会结构的变化，他们脑子里比其他阶层的人更具皇权意识，更崇拜权威，甚至比上层社会的成员更认同于专制体制。因而，农民起义成了专制主义政治的一种调节机制，从另一个角度维护着专制主义的政治秩序。

最终，农民兄弟们用鲜血和生命虽然换来一些矛盾一时的释放，但永远也不可能去推翻这种生产关系，造成中世纪时西欧十分普遍的市民阶层在中国却姗姗来迟。

起义军是“神”还是“魔”

回放了农民起义的“前世”，梳理了他们所影响的“后世”，史籍赫然告诉人们：那些揭竿而起的人们，有功，也有过。千秋功罪，后人何以评说？这个敏感话题似乎成了一道无解的千古难题，当然也不是拙著所担负的任务。

在两千年封建社会中得到统治者不断完善的儒家文化一直宣扬，造反就是作孽，不但生前要砍头、抄家、灭九族，死后还要下地狱、永世不超生。按照被中国本土化的佛家的“轮回说”来讲，造反的人都是魔王转世。过去，无论什么样的造反者，无论其行为和后果如何，只要是没成功的，那在史籍中不是匪，就是寇。哪怕是靠造反夺取政权的人，比如，李世民、朱元璋这样的人，也是这样认为的，因为他们同样不希望别人造他们的反。

马克思在《中国纪事》中曾经对太平天国有过一段深刻的阐述，他说：“他们给予民众的惊惶比给予老统治者的惊惶还要厉害。除了改朝换代，他们没有给自己提出任务。他们的全部使命好像仅仅是用丑恶万状的破坏来与停滞腐朽对立，这种破坏没有一点建设工作的苗头”，“显然，太平军就是中国人的幻想所描绘的那个魔鬼的化身。但是，只有在中国才能有这类魔鬼。这类魔鬼是停滞的社会生活的产物。”

这是在海外的革命导师对中国古代农民起义鲜有的评价之词，不仅对其持否定的态度，甚至给他们贴上了“魔鬼”的标签。在“革命化”的年代里，导师的这段“谆谆教诲”是绝对闻所未闻的，因为国民被灌输的是：农民起义军个个是神坛上的英雄。

不要说刘邦、朱元璋等人后来做了皇帝，成了一个王朝最高统治者，就是说张角、黄巢、李自成、洪秀全这些功败垂成的农民起义军的第一把手是什么人物，便可以知道这些农民起义军会干出什么事来。张角是舞弄巫术的教会教主，黄巢是行走江湖的私盐贩子，李自成是因为犯了错误而被辞退的朝廷驿卒，而洪秀全则是屡考不中的落第秀才，还有那个众所周知的梁山农民起义军的首领宋江，本来就是郓城县身负血案的在逃官吏。细数所有的农民起义军的队伍，别说是第一把手，就是这些起义军队伍的高层领导，相当一部分不是真正下地干活的正经八百的农民，那就别指望他们真正来替农民做主了。当然，有的成功了，便坐上了皇帝的位置，那也未必是百姓的“救星”；而那些失败的，就成为了“贼寇”了，也不见得身上没有一点“济世穷”的侠义之心。

上了一定年龄的人一定还记得，当年听老师讲农民起义的故事，常常被“可歌可泣”的英勇事迹所感动着，懵懵懂懂的脑海时常闪现起为数不多的几位农民起义领袖的画像。那时，了解历史和不了解历史的人都人云亦云、众口一词：农民起义军个个都是大英雄！大家根本没有考虑过应对每一次农民起义的作用进行具体考察和具体评价。凡是“农民起义”甚至一些“民变”、“暴乱”事件，皆被视之为“革命”运动而倍加颂扬，却不管其为首者是否确实出身于匪徒、黑帮、邪教，甚至讳言黄巢、朱温的掠州屠城，张献忠的焚书坑儒，打家劫舍、奸淫掳掠、无法无天。而对此不论其是否是事实，一概指之为“封建地主阶级的诬蔑”。

俗话说，“胜者为王败者为寇”，这无疑是千百年来十分极端的历史定位。但是，不知道从什么时候起，这种“胜者为王败者为寇”的历史定位被推翻了，并从一个极端走入了另一个极端，这句话的意思改成“败者英雄胜者贼”了。胜利者做了皇帝成为千夫所指的最大国贼，而失败者则成为流芳千古的不朽英雄。于是，农民起义军从此走上历史的神坛，成了中国农民阶级的骄傲。

为什么会出现了这种现象？究竟又应该怎样看待中国古代历史上的农民起义军呢？其实，在古代中国，农民起义运动风起云涌，尤其是处于朝代更替的动乱时期，这种运动表现得尤为激烈。不可否认，这些数不清的农民起义运动具有十分积极的进步意义，但是，不能因此而否认他们由于当时处于社会底层带来的局限和缺陷所导致的消极性、危害性和破坏性。

后来，有人提出新的说法，认为农民起义最大的成果也只不过是改朝换代，没有什么积极意义。还有持农民起义“造反无功”的“新见”者，甚至将农民起义称之为“匪”、“寇”、“贼”，并对其肆意进行诋毁，有的干脆采取一反史学界的传统观点，全盘否定了农民起义的作用。

再后来，大家对农民起义似乎不再有什么兴趣了，很少有人关注昔日脑中的“英雄”了，使“英雄”们慢慢地淡出了史学研究的视野，淡出了民间故事的讲坛，只是在荧光屏上偶尔看到一些相关的连续剧，但编导们更多地编造离奇的情节，供人们“赏心悦目”而已。

那么，中国古代起义的农民到底是“神”，还是“魔”呢？

在评说这个主题之前，我们首先要弄清评判是“神”还是“魔”的标准。可以这样说，凡是拯救人民于水深火热之中，推动社会文明发展的，是“神”；反之，那些有反人类的行为的，则是“魔”。毕竟，魔与人是对立的。

农民起义或言武装暴乱是在封建专制历史时期由于缺乏基本的民主制度而引发的社会群体性冲突。这种冲突有人性与非人性之分，尽管人性的冲突和非人性的冲突都必然会给社会造成破坏，但人性冲突之所以要“破坏”，正是为了使社会今后减少破坏。这是为了消灭破坏而不得不进行的“破坏”，其性质是不同的。不区分性质而将起义对社会的破坏作用一概而论，是不符合辩证唯物主义和历史唯物主义的基本观点的。假如说没有农民起义、农民战争去对旧的封建统治政权及其统治基础予以“破坏”，那么，那些客观上带来的“副产品”自然也不能生产出来。

当然，大凡狂涛汹涌的农民起义，总有非理性的东西招引于潮头，它使运动变得激进和狂暴，农民原来的诉求不仅变得无关紧要，得不到实现，运动还将变质为另外的东西，产生玉石俱焚的破坏性后果。加之，在农民起义的洪流中，鱼龙混杂，一些散兵游勇和盗贼也投入其中，干了不少伤天害理的事情，给社会造成大量的破坏。

一个国家和民族的正确历史观应该是以事实为基础，以大多数的人的利益为准则的历史观。任何对我们国家和民族作出巨大贡献的人也应该受到应有的褒扬而不是贬斥，而对我们民族犯下罪行的人都应受到应有的批判和惩罚，使我们民族的无数冤魂可以含笑九泉。将农民起义称之以“匪、寇、贼”，并对其进行肆意的诋毁，这是不可取的；反之，对农民起义进行大肆褒扬，只承认它的积极意义，忽略它的消极影响，这同样是不可取的。

中国古代林林总总的农民起义是各种各样的人怀着各种各样的目的，共同给中国的历史谱写的一首时代的史诗。他们的行为，既有“神”的一面，也有“魔”的一面，有的本身就是神魔双面胶。

多维地看待曾经出现在我们民族肌体上的那些“伤疤”，也许会让更多的人更多地读懂这一段真实的历史，还给农民起义一个真正的清白。

第四章

帮忙与不帮忙的老天爷

天时总有序

天，是古人理解自然宇宙的抽象概念，在古老的传说里，是女娲熔炼五色彩石补上了裂开的天穹。北宋以后，朝野都将玉皇大帝称为天帝，俗称老天爷，是民间神话中的最高统治者，并且还是统领人、鬼、神三界十方的“真宰”，想刮风就刮，想下雨就下，什么都行，无所不能，做事、施法都极为“公平”。

记得小时候，每逢狂风暴雨、电闪雷鸣的时候，老人们就会说：“唉，这么恶劣的天气，不知道又是谁造孽了，老天爷又要惩罚谁？”我们的老祖宗早就形成了对老天爷敬畏的观念，孔子在《论语》中经常提到《尚书》中的一句话：“天作孽，犹可违；自作孽，不可活。”

中国历史上，农民起义次数之多、规模之大，是世界历史上鲜见的。同样，在中国历史上，自然灾害次数之多、规模之大，也是世界历史上少见的。

不过，每次大的农民起义，是不是老天爷秉承“公平”法则在发威呢？也许只有问天才知道。每次的农民起义几乎都有自然灾害相伴随。老天爷频频发怒，这对于想起义的农民和想稳坐江山的统治者来说，真可谓是“几家欢乐几家愁”啊！前者希望老天爷帮忙给力，灾情越大越好，因为天有多大的灾，他们便可率领多少的兵；后者则感到真是倒了八辈子大霉，自称天子，年年祭天，现在连老天爷也不帮忙了。

其实，老天爷对人类不存在主观意志上的帮忙或不帮忙，古人对自然灾害有“灾异”、“天灾”的说法，完全是人们带有感情色彩的畅想。所谓“灾异”、“天灾”，包括旱灾、水灾、火灾、风灾、雪灾、雹灾、地震等，是指自然环境的变异使人类经济活动和社会生活受到损害。自然灾害的发生，既是自然环境自身变异的结果，也深受自然环境与人类社会互动的影响。不论何种自然灾害，都有自然属性和社会属性，还有一个周而复始、循环往复的周期性。

人们常说的某种自然灾害“十年一遇、百年一遇”，实际上就是对自然灾害周期性的一种通俗描述。

在水灾方面，相传在四五千年前的原始社会末期，中原大地上发生过一次特别大的洪水。洪水淹没了土地，冲毁了庄稼，房屋倒塌，人死牲亡，到处是白茫茫的水波，活着的人纷纷跑到丘陵或山上去避难。这时，有位治水的英雄叫大禹，带领大家倾力治水，并由堵变疏，成效显著。他工作十分卖力，责任心很强，传说他三过家门而不入。

据邓拓《中国救荒史》的统计结果，自公元前 1766 年至公元 1937 年，水灾共 1058 次，平均 3 年 5 个月 1 次。仅从长江多次发生的洪涝灾害来看，自公元前 185 年（西汉初）到 1911 年（清朝末年）的 2096 年间，长江共发生较大洪水灾害 214 次，公元 1499 ～ 1949 年的 450 年间，湖北省境内的江汉干堤决口达 186 次。公元 1788 年全流域大水，荆江大堤决口 20 余处，荆州城内水深五六米，两个月后才退去。公元 1870 年，宜昌的最大洪峰流量竟高达 10.5 万立方米 / 秒。

在旱灾方面，据《中国救荒史》统计，从公元前 206 年到 1936 年，我国共发生旱灾 1035 次，平均每两年就发生一次。有人曾以世纪为单位，对旱灾做过统计，结果是这样的：中国古代在公元前记载的旱灾有 39 次；公元前 2 世纪～公元 2 世纪的 400 年间有 78 次；3 ～ 6 世纪 161 次；7 ～ 10 世纪 185 次；11 ～ 14 世纪 237 次；15 ～ 18 世纪有 291 次；19 世纪则有 73 次。据张杰《山西自然灾害史年表》等资料统计，从晋惠公十六年（公元前 661 年）

至清道光二十年（公元 1840 年）的 2501 年中，山西共发生 527 个大小旱灾年，平均 4.7 年一遇。

周期性的自然灾害对人们的生存构成了严重的威胁。明清至民国时期，全国共发生死亡万人以上的重大灾害 221 次，其中水灾 65 次，飓风 53 次，疾疫 46 次，旱灾 22 次，地震 21 次，但各种灾害中的死亡人数并不与其发生的次数成正比，尤其是旱灾，数量仅居第四，死亡人数却居于诸灾之首，共计 30393186 人，占 42737008 个全部死亡人数的 71%。明代是如此，清代也是这样,民国时期更是如此,可谓愈演愈烈。其中公元 1876 年 ~ 1879 年的华北大旱灾，山西、河南、陕西、直隶等受灾各省共饿死、病死人口 950 万 ~ 1300 万，最高估计多达 2000 余万人；公元 1892 年 ~ 1894 年晋北大旱，死亡 100 万人；公元 1942 年 ~ 1943 年中原大饥荒，河南 1 省死亡人口约 300 万人，可见旱灾危害之巨大。

同样，黄河流域在生态环境的“黄金时代”，也就是先秦时期，人口只有 1 千多万，不存在人口压力的问题。故《诗经》首篇便是“关关雎鸠，在河之洲”。“河”，指黄河，可见当时环境的美好，男欢女爱竟拿黄河作背景。而在元朝末年，黄河泛滥成灾，殃及冀、鲁、豫广大地区，造成“里人乏食，草木为粮”，百姓流离失所，饿殍遍野，饥寒交迫，于是以韩山童、刘福通率先领导的红巾军农民起义爆发了。

由于受天人感应思想的影响，中国古代的天文历算等自然知识一直被许多人视为拥有预卜吉凶的神秘能力，从而在一些特殊的历史事件中产生深刻的影响，有些农民起义就是凭借带有天文历法色彩的谣言来号召民众，以强调其“受命于天”的合法性与神秘性。

近代流行的“闰八月不祥”之说就是其中一例。这与天理教起义有关，因这场起义在当时朝野上下产生了很大的震动，“清朝不宜闰八月”或

“闰八月不祥”的说法便开始流传开了。其实，自汉武帝太初元年至光绪二十六年两千多年间，共有 61 个闰八月，其中大多数没有发生重大事件，鲜见农民在这个月份发动起义。

天灾必然会导致歉收，人多粮少的矛盾一下子就蹦了出来，于是，为了粮食和能生产粮食的土地而争战，成了顺理成章的事。正如马克思、恩格斯在《德意志意识形态》中说的那样：“自然界起初是作为一种完全异己的、有无限威力的和不可制服的力量与人们对立的，人们同它的关系完全像动物同它的关系一样，人们就像牲畜一样服从它的权力。”这就是说，人类的社会生产力水平越低，自然界对人类社会的影响就越大。

破六韩起义就是受那个寒冷的冬天影响而最终爆发。北魏的历史从公元 439 年统一中国的北方，到公元 523 年破六韩振臂一呼，已经有近乎百年时间了。这一期间，社会十分平静，洛阳城内整日佛号声声，可官场的腐朽和社会的堕落悄无声息地在蔓延。破六韩那一喊，吵醒了四面八方的英雄、流氓和苦难者。

公元 522 年冬季，天气异常寒冷，饥荒严重，柔然人求魏援救，未得满足，于是直接南下到六镇寻找粮食，可六镇的居民本来自己已经食不果腹。这时，到处弥漫着死亡的气息，越来越多的尸体变成了草原来年的肥料，苍鹰盘旋于上空，时刻搜索着不时送上天葬台的美食。即使是这样，柔然人还没有放过六镇的百姓，照样大肆掠夺。人民的忍耐是有限的，特别当生命的威胁就在眼前的时候，造反已经成为了必需的选择。怀荒镇（在今河北张北境内，差不多是六镇的最东）居民向镇将、武卫将军于景请求赈济，遭拒绝，随即将他杀了。估计朝廷的反扑立即就会开始，这些参与的居民立刻向西逃窜，一直到最西的沃野镇（今内蒙古乌拉特前旗苏独仑乡东南 5 公里处），那里有一个人在等待着他们，他就是破六韩拔陵。

破六韩是匈奴单于的后代。南匈奴的单于呼厨泉被曹操骗到中原，右贤王去卑（蔡文姬的丈夫是左贤王，在文姬归汉后早死）留下保卫自己的国民，但是北方的威胁正在到来，新兴的拓跋家族汹涌而来，去卑派他的弟弟右谷蠡王潘六奚率军北御。潘六奚全军覆没，他和五个儿子投降拓跋，其子孙遂以潘六奚为氏。

破六韩拔陵为何在沃野镇等着怀荒镇暴动的居民呢？因为他也准备在沃野镇的高阙戍聚众发动起义。高阙戍在狼山的一个山口，也是北魏沃野镇的一个重要据点，地势险要，可以扼守关口，阻挡南下的其他民族。拿下这个据点就可以得到武器和军队，所以沃野镇很快被拿下。接下来的事，就是他改年号为“真王”，不再隶属于北魏朝廷。在这示范效应的影响下，西北的一些民族也纷纷起兵响应，形成全国范围的大规模起义。

一个异寒的冬季，竟上演了这样一台乱剧。可见，自然灾害与农民起义乃至政治走向是多么的休戚相关啊！

天灾“催化”人祸

古代民间有个说法：“国将亡，必有异象。”每当乱世到来之前，连老天爷也会赶来凑热闹。那些年，水灾、旱灾、瘟疫、地震，年年不止，人民流离死亡，客观上促使饥民们发起叛乱和起义。

传统中国一向崇尚多子多福，人口的自然增长几乎不能得到控制。在和平年代，大概每三十年人口就会倍增。而在特定的生产力条件下，全国的可耕地面积很有限，粮食生产总有个上限。不过，即使土地与人口的矛盾再大，对有着安土重迁、家乡观念特浓的中国农民来说，他们一般是不会背井离乡的，因为“四世同堂”甚至“五世同堂”才是他们坚韧不拔的价值追求。

农民若不离开自己的土地和家庭，再英明的组织者也很难鼓动他们抛妻别子从事可能造成株连九族的谋反壮举。只有社会上出现大批无家可归的流民时，起义领袖才会大有作为，武装力量才会得到无尽的兵源。

遇到大面积自然灾害，人口仍然呈几何级数的增长，而生活资料则是呈算术级数的增长，甚至是负增长，使原本有那么一点有限土地的农民破产，沦为彻底的流民。

按照《新华字典》解释：流民是因受灾而流亡外地生活没有着落的人。流民，是一个脱离社会整合，游离或半游离于社会管理体系之外的特殊群体。他们由于脱离了社会秩序，以游走、冒险、居无定所和没有稳定职业、时常以不正当手段牟取财物等为标志。因此，在中国历朝历代之中，皇帝内心之中最恐惧的一种人就是流民。

天灾频繁，流民骤增，当流民在死亡线上挣扎时，如果不想活活饿死就只有犯上作乱，用暴力向官府和富户夺取食物，给农民起义的领袖们带来了组织发动的良好条件。骚乱的地方自然成为了所有流民特别是那些游手好闲、好逸恶劳的人最向往的地方，他们将其称之为“梦幻天堂”。

中国古代频繁的自然灾害与频繁的农民起义之间，既有一定的必然性，又有相当的偶然性。不断加剧的社会矛盾，是导致农民揭竿而起的必然因素，自然灾害则是为这些矛盾的发酵、膨胀、破裂提供了一个客观条件。

黄巾起义就是因为瘟疫导致的。东汉末年短短 30 年间，史书上有记载的全国性大瘟疫共 12 次，桓帝时暴发大瘟疫 3 次，灵帝时暴发大瘟疫 5 次，献帝建安年间，疫病流行更甚。成千上万的人被病魔吞噬，以致造成了十室九空的空前劫难。其中尤以东汉灵帝时的公元 171 年、173 年、179 年、

182 年、185 年等几次的疾病流行规模最大。这些大瘟疫的严重性，从张仲景的《伤寒杂病论》的记述中可以看得出来。

张仲景的家族本来有 200 多口人，到了建安年间，不到 10 年就死掉了 2/3，在这 2/3 里面有 70% 是死于伤寒病。所以他悲愤万分，“感往昔之沦丧，伤横夭之莫救”，弃官从医，经过不断的努力，在传染病治疗方法的摸索上取得重大突破，并留下一部医学名著《伤寒杂病论》。

在大瘟疫肆虐的时候，张角创立了太平道，自称“大贤良师”。灵帝时，借治病传教，秘密进行组织工作。10 多年间，发展了数百万的信徒，遍及青、徐、幽、冀、荆、扬、兖、豫八州。中平元年（公元 184 年），张角发动起义，自称“天公将军”。由于他们以黄巾缠头为标志，被称为“黄巾军”。一个带有迷信色彩的“江湖郎中”，以治病为号召，竟可以聚众数百万，与政府公然对抗，最后导致一个王朝的覆亡，这从一个侧面说明了当时公众对瘟疫的恐惧和无奈。

史载，唐朝咸通十四年（公元 873 年），关中地区发生严重旱灾，小麦只有一半收成，秋粮几乎颗粒无收，农民只得“以莲子为面，槐叶当菜”。到处是逃荒的百姓，遍地是饿死的尸体。但唐统治者仍不体察民情，照旧催逼赋税，对农民“动辄捶挞”。农民被逼走投无路，起义有一触即发之势。

唐末黄巢起义的直接原因也是自然灾害，尤其是受旱灾和蝗灾的影响。根据《旧唐书·黄巢传》记载，当时，“仍岁凶荒，人饥为盗，河南尤甚”。地方政府对灾情却熟视无睹，不仅不救灾，反而继续征税征徭，终于激发了黄巢起义的爆发。

红巾军大起义就是黄河水患带给韩山童、刘福通等白莲教志士的绝佳机会。他们抓住元顺帝役使 17 万民工和军士集于黄河工地的机会，几乎不需要经过长期的酝酿过程或采取其他的组织手段，就能组织人员并发动起义。

清代的大旱灾虽然没有促使清王朝垮台，但旱荒期间规模不等、形式多样的饥民暴动仍起伏不断，土匪活动也极为猖獗，以致统治者在救荒的过程中，往往要一手拿粮，一手拿刀，软硬兼施，才有可能保持灾区社会的稳定。

当然，并不是说自然灾害一定会引发农民起义，关键是在自然灾害造成的危机面前，各级衙府和官吏是不是能妥善地应对，负起救灾救荒的职责，及时、有效地救济和安置灾民，使他们能够维持基本生活，继续从事生产。不能不说，自然灾害也是对国家政权的稳定程度、行政效率、财力、物力、吏治好坏等诸方面因素的一个综合考验。

开元三四年（公元 715、716 年），同样是在河南和河北地区，同样发生了严重的旱灾和蝗灾，由于救治得力，灭蝗及时，成效显著，“田有收获，民不甚饥”。之所以能有这样的成效，是因为主持朝政的宰相姚崇坚持灭蝗工作。在朝野上下普遍认为“蝗乃天灾，非人力所及，当修德以禳之”，反对灭蝗的声浪甚高，唐玄宗也犹豫不定时，姚崇说服了唐玄宗，其关键理由是八个字，即：灭蝗“事系安危，不可胶柱”。因为武则天之后，唐朝朝廷政局不稳，动荡了十几年，唐玄宗刚刚上台，这时朝廷倚重的经济区域山东地区如果由于灾荒发生动乱，就会直接危及政权的安定。正因为看到灭蝗“事系安危”，所以，唐玄宗转而坚定支持灭蝗，使灭蝗工作取得成效，从而稳定了政局，为“开元盛世”奠定了基础。

实事求是地说，在自然灾害面前，绝大多数皇帝及其统治集团中的官员，都不会坐视不管。因为，社会局势的稳定，封建政权的长治久安，是以皇帝为首的统治集团的根本利益所在，当封建王朝风雨飘摇的时候，哪个皇帝都不会完全不当回事，只管吃喝玩乐，糊里糊涂地等待农民起义军攻入京城。只要不是傻瓜，都会明白这一点。

从汉代开始，为了应对自然灾害，中国的“荒政”制度日臻完备，其主要标志就是粮食储备制度趋向多元化。汉代以后，“常平仓”制度历朝多数效仿，但兴废无常。到唐初恢复常平仓，并修“常平法”。

自元至清，仓储制度更加完备，不仅有官府的“常平仓”，而且有民间的“社仓”、“义仓”。“常平仓”作为清代最重要的官仓主要承担着国家救济灾害，平抑粮价的作用，储积量很大。而“义仓”为富者救济贫民之机构，而“社仓”为农民自己未雨绸缪的举措。“社仓”一般由官府动员，农民参与建设。清代康乾之际是仓储状况最好的时期。全国各省、府、州、县均设立了官办的“常平仓”，并根据各地的情况定额存储。据清乾隆《太原府志》记载：“太原府的常平仓叫大盈仓，共有四十三廒，其中十六廒为府廒。全太原府属常平仓，定额储谷一十万石。其余各县都有予备仓、社仓和义仓，比如太谷县，予备仓在县城南，定额储谷一万三千石，又有社仓六座。”在乾隆年间，全国粮食的储备量很大，可以基本保障当时的粮食安全。据清乾隆《孝义县志》载：“乾隆二十四年，孝义全县有人口 6.23 万人，而全县常平仓、社仓、义仓等各类仓储共积谷位 3.3 万石”，大约平均每人存储仓粮为 5 斗（约 150 斤左右）。这么大的储量，是具有很高的粮食安全保障的，如果遇上大一点的水旱灾害，官粮与农民自己的仓储可以保证粮食无忧。

但是，遇上了长时间的大天灾，在恐怖的饥荒面前，谁也没有办法了。流民们等待着官府开仓放粮，等待着皇帝和官府大发慈悲。可流民们只是一厢情愿，哪里知道官府早已存粮无几，皇帝也已无计可施。

等啊等啊，等不下去的时候，造反的想法就像一只怪兽窜出了笼子，谁有吃的，就抢谁家；哪有吃的，就抢哪里。于是，抢大户、劫府库，就成为他们唯一的选择。

就这样，一群被饥饿逼上绝路的流民，自然而然地演变成为一支对封建政权构成严重威胁的农民起义队伍，像一个巨浪，一下子就冲垮了封建秩序的堤坝。

“天怒”岂是巧合

贾谊的一篇《过秦论》给秦帝国贴上暴政的道德标签已有两千余年。难道事情真如传闻中的那样，秦帝国完全亡于暴政？似乎事情又不那么简单。必须看到，秦始皇执政12年里没有发生过农民起义。

也许是历史的巧合，每当每个封建王朝谢幕之际，几乎都会出现一个奇怪的现象：天灾都较集中，并且持续时间很长，似乎老天爷也发怒了，有意给那些活不下去的农民兄弟们呐喊助威。

再往前说，“天怒”的景象在历史上屡见不鲜，并有史载如下。

夏朝末年，发生过两次大地震。《竹书纪年》有载：“帝癸十五年，夜，中星陨如雨；地震，伊、洛竭”，“帝癸三十年，瞿山崩。”

商朝末年，发生了一次大地震，“帝辛四十三年春，峣山崩”。另据《淮南子》载：“殷纣时，峣山崩，三川涸。”

西周末年，都城和附近泾水、渭水、洛水三条河的地区都发生了地震，而且还出现了一些异常的气候和自然现象。《竹书纪年》载：“幽王三年冬，大震电。四年夏六月，陨霜。”这里所记述的，实际上是一种冬暖夏寒的异常气候。冬暖则害虫多，夏寒则伤庄稼。

秦朝末年，出现了罕见的水灾。当时山东、安徽等地方因久雨成灾，成了水乡泽国。

西汉后期，从元帝起，灾祸就连年不断，一直持续到西汉灭亡，灾祸包括水灾、旱灾、虫灾等。

东汉后期，更是多次爆发大疫。而东汉末年，即公元217年，全国发生了一次非常严重的疫情，当时“家家有僵尸之痛，室室有号泣之哀。或阖门而殪，或复族而丧”，疫病危害之惨烈难以想象。许多地方连棺材都卖空了，悲泣声弥漫四周，不管你是富人还是穷人都会传染疫病，贫苦百姓无钱来埋葬家人，所以处处都呈现出“出门无所见，白骨蔽平原”，“白骨露于野，千里无鸡鸣”的景象。

处于急剧动荡时期的三国两晋，共发生旱灾60次、水灾56次、风灾54次、地震53次、雨雹之灾35次、疫灾17次、蝗灾14次、歉收饥荒13次、霜雪和地沸各2次。据《晋书·五行志》记载，晋朝末年不仅四川发生了大地震，而且“秦、雍二州大旱，疾疫，关中饥，米斛万钱”，“青、徐、幽、并四州旱。十二月，又郡国十二旱”，另有暴风、霜降、大水等灾害发生。

隋朝后期，山东、河南发大水，淹没40多个郡，而且不久出现疾疫。其中山东地区疫情尤为严重，“人多死”。隋朝末年，关中地区疾疫流行，“炎旱伤稼”。唐朝后期到灭亡，也出现了大疫。江淮地区疫病流行的情况是“近者江淮数道，因之以水旱，加之以疾疠，流亡转徙，十室九空”。

唐朝末年的自然灾害更加严重，公元874年，黄河以北发生旱灾，小麦只收成一半，秋季作物颗粒无收，人们只能用草籽树叶充饥，无数百姓饿死。另外，淮南出现疫情，造成军队人员和百姓的大量死亡。

南宋末年，浙江永嘉地区大疫，死者众多。这一疫情持续时间很长。在南宋王朝被灭之际，瘟疫再次降临，杭州城内“疫气蒸蒸，人之病死者不可以数计”。

元朝最后一个皇帝顺帝时，是元朝历史上疫病流行最多的时期，史书载有12次之多。平均每3年就有一次瘟疫发生，死人无数。一次，京师出现大疫，时间长达两年之久。

明朝末年，各地的瘟疫是一场连一场。崇祯十四年（公元1641年），京津地区、江苏吴江都遭到大疫袭击，《吴江志》称：“阖门相枕借，死无遗类者。”崇祯十六、十七两年是山西流行瘟疫的高峰。崇祯十六年浑源县大疫，“甚有死灭门者”。崇祯十七年大同府“瘟疫又作”，而灵邱县“瘟疫盛作，死者过半”。南部的潞安大疫，“病者生一核，或吐痰血，不敢吊问，有阖家死绝不敢葬者”。崇祯十七年春，吴江再次瘟疫大流行，并持续了一个多月，夺走了大量吴江人的性命。同年，京师鼠疫大作，造成“十室九空，甚至户丁尽绝，无人收敛者”的惨状。

清朝末年似乎也没能摆脱这种厄运，疫病流行十分频繁。光绪帝在位34年中19年有疫病，宣统帝在位3年中2年有疫病。当时主要的疾病是霍乱、鼠疫和疟疾。公元1902年，京津地区霍乱流行，死人无数，“有以顷刻死者，有半日死者”。这年，黑龙江瑷珲也出现严重的霍乱传染，半个月后，“市断人稀，街面几无人迹”，每日死亡有七八百人。公元1901年，鼠疫在东北流行，关内一些地区也被传染到，死亡的人数非常多。

除了天灾以外，王朝末年往往还会天生异象。据史书记载，崇祯帝刚即位登基大典上，空中有声而来，如金鼓鸣。当时，钦天监私下里说：“天鼓鸣，主兵戈，天下将乱，明祚将亡也。”

至崇祯十六年(公元1643年)，当时的天变人异现象较多。如日食、地震、太白昼现、荧惑逆行诸类，还算是比较寻常的异变现象，毕竟人类见识过这些天象。有关史籍还记载着当时这样的奇怪现象：太原静县的李良雨忽变为女；上海松江有个老妇人忽化为男；一些地方的草木变成了士兵和军马竟然披甲持矛上阵。宣城出血，京师城门哭，声如女子啼。炮空鸣，鬼夜号；

蕲州有鬼，白日成阵，行墙屋上揶揄居人；奉先殿上，鸱吻落地，变为一鬼，披发出宫。

那年正月，京营巡捕军，衩宿棋盘街。二更之鼓刚敲过，忽来一老人，嘱咐巡卒道：“夜半子分，有妇缟素泣涕，自西至东，慎勿使过，若过了此地，为祸不浅，鸡鸣乃免。我系土神，故而相告。”老人刚说完，就不见他的身影了。巡卒非常诧异，待至半夜，果见一妇人穿着孝服来前，巡卒心里顿时发怵，但还是严格遵守警卫工作纪律，立即拦住其前行。那个妇人二话没说，自觉地返回而去。到了五鼓的时候，巡卒换岗刚刚睡着，妇人又过来了，并将其踢醒，嘴里还说道：“我乃丧门神也，奉上帝命，降罚此方，汝如何误听老人，在此阻我，现有大灾，汝当首受。”说完便自去，行数步化气而去。这个巡卒立即狂奔回家，准备将这种怪事告诉家人，但刚启口，便倒地而死。

从那以后，瘟疫开始蔓延了起来，死人无数，到处人哭鬼嚎，弄得每到傍晚，人们不敢出门行走夜路，许多商家在那里想“开门大吉”，尽量多化些冥币来孝敬那些野鬼们，以图个心理上的安慰。

朝代末年，往往天灾与人祸交织叠加，很多人对此有很多的说法，是否老天爷发怒而致，谁也说不清楚，只能作为一种自然与人文的巧合吧，有的则是后人编撰演绎而为。

不过，早在西汉时期，董仲舒就有一个“灾异说”，这个理论在中国古代影响极大。他认为，如果皇帝举止失当，政策错误，或者统治集团骄奢淫逸，剥削过度，引起民众的不满，就会产生怨气。这些怨气聚集得多了，将充塞于天地之间，阻隔阴阳二气的正常运行。于是，阴气应来，天该下雨了，可阴气过不来，阳气一直赖着不走，整日骄阳似火，旱魃肆虐；或者阳气不至，阴气弥漫，就会暴雨连绵，积水成灾；或者阳气应在上而被压在下，当其奋起冲出之时，就发生地震。无论旱灾、水灾、火灾、风灾、雪灾、雹灾、地震……一切自然灾害，都是阴阳二气流转不畅造成的，而阴阳二气流转不畅，又是人祸引起的怨气阻隔所致。如果发生了什么天灾，就说明皇上惹怒了老天，以此让帝王反思自己的错误。

早在春秋时，太阳里有黑子就暗示着君主犯下了错误，皇帝就要穿上素净的衣服，在一个安静的房间里反思自己。如果出现了地震，那就更不得了，是上天来警告了。如果天文官没有提前预报日食，那是要被撤职的。

当然，以我们现在的科学知识来分析，董仲舒的这个理论是根本站不住脚的。也许，董老夫子是有意识地把两种不同的"气"，相提并论，是有他的目的的，教育引导帝王将相多多地实施仁政，别惹怒了老天，让它老人家发起火来，要不然你们大家都没有好果子吃。

也许老天爷是长着眼睛的，一直在怜悯着苍生，发怒的对象不全部是帝王将相，只要谁跟老百姓过不去，他就会"龙颜发怒"。乾符六年（公元 879 年），黄巢在广州屠城，几天内杀了 12 万人，当时广州整个城市才 20 万人。正当黄巢的士兵继续杀下去的时候，天谴降临到他的头上。时值春夏之交，由于黄巢的部队都是北方人，不习惯岭南的气候，很多人染上了瘟疫。到了这年的冬天，三四成的士兵染病而死。本想在广州养老下去的黄巢这时觉得这个地方没有什么好的，最后"其徒劝之北还以图大事，（黄）巢从之"。要不是这场瘟疫迫使黄巢到中原去继续"革命"的话，广州的老百姓不知还有多少人要成为"刀下鬼"了。

可见，农民要想改朝换代，仅仅只有力量还不够，还得要有"天命"的眷顾。天灾，对于那些组织起义的农民领袖来说，是老天的帮忙，是天赐良机；而对封建统治者而言，是老天不够意思，雪上加霜，简直就是在帮倒忙。这在封建时代，已经形成一种思维定式，几乎所有的人，都认可这一说法。

从概率上来说，每年发生灾害的概率都一样，没有任何理由可以认为每个王朝的前一百年的自然灾害比后一百年更多更大，但我们并未发现在王朝初、中期阶段自然灾害引起的小规模民变会酿成黄巢似的全国性大动乱。

大自然赋予人以生命，使人能享受人生，同时也赋予人以灾难。我们从农民起义产生的原因、结局和后果来说明农民起义是历史的悲哀，首先在于人和人类社会没有与大自然处理好关系。“老天是长眼的”，这是一句人们随口而出的自慰式的话，但一些人真正干坏事时，绝对不会想到“老天”的那双“眼”正瞅着他呢！

第五章
还是基因惹的祸

封建专制：畸形的文化基因

几千年了，为什么中国的农民起义一拨又一拨？说到底，还是封建帝国专制文化的基因惹的祸！

中国封建专制文化是如何产生的，还没有统一的结论。就像地理环境决定文化，还是文化塑造环境，似“鸡生蛋，蛋生鸡”的问题，答案怕就没有这么简单。德国人魏特夫认为治水导致东方专制。他的主要依据是古代人在黄河流域主要从事农业，且旱情常作，靠天是无法满足对水的需求的，必须兴修水利，于是产生专制。他强调的理由是，民族选择的最初道路是客观环境所决定的。这似乎有一定的道理，但他的结论并没有得到中国学者的认可，中国学者也没有给出满意的解释。

的确，单尽一说，难以服众，一个国家、一个时代体制的形成是个综合因素共同作用的结果。体制，本身就是由这多种因素的“木杆”撑起的，如果少了一两根关键“木杆”的支撑，体制自然就会坍塌。

任何一个国家的文化，都是这个国家、这个民族心灵之树的果实。

中国传统文化只有“集体”，没有“个人”，只有“义务”，没有“权利”。“君君臣臣、父父子子”的礼制思想中，人纯粹是作为“君”、“臣”、“父”、“子”的角色而存在，而独没有真正的“我”！ 皇帝变成一个没有任何约束的怪兽，横冲直撞到无人能阻拦。衍至后来的礼教，更充斥着“三从四德”的义务信条。人们从来就不曾以社会主体的角色，以主人的意识看待个人同国家、社会的关系。这些规则体系通过整合不同的社会关系，实现了家庭伦理、政治伦理、法律制度基本原理的合一，全方位地维护专制制度，并形成了有效率的制度方式。

一切专制和强权都排斥个人存在和个人思考，甚至包括君王自己都不是作为具体人而存在，都是专制的附庸与影子。

封建专制体制在中国得以长期存在，垂而不死，除了统治当局畏惧于一次次的农民起义而迫使对封建体制进行“补麻袋式”的修理外，最要命的是国人对专制主义由衷地认同，对专制主义政权也由衷地认可。西方国家的农民起义大部分是为“自由”而战，中国的农民起义则是为“饭碗”而战，起义胜利后的农民领袖立即脱下布衣换上龙袍，继承前朝君王的权力继续专制统治。正如鲁迅先生在《灯下漫笔》中所说，中国人只有“想做奴隶而不得的时代”与“暂时做稳了奴隶的时代”。

百姓们所希望的是仁君、救世主的出现，一劳永逸地解决平等问题，使他们的灵魂得以长久地寄系在巴掌大的一片土地上，日出而作、日落而归，有衣有食、安居乐业。也就是说，在儒家文化的影响下，人们普遍认同于专制政治，渴求继续小农经济的劳动方式。缺乏独立精神与主体意识，消极地对待政治统治，使人们满足于小农经济而无法从苦难中觉醒。

历史上，那些迂腐酸锈的文人不时地以“汤武革命”的思想传统大力证明新朝换旧代是如何应天顺人，是如何具有道德性、合理性与合法性。有些史官更是以名造实，把政治流氓的历史学写得神乎其神，即便是中国古代最伟大的史家司马迁，不也把刘邦之母与大蛟交媾而生刘邦的传说煞有其事地写进正史吗？其目的不外乎证明宝座上的皇帝是君权神授。

在这样的情况下，统治者以神自居，要求绝对服从的心理与民众奴性心理自然交织在一起。儒家思想在专制权力的参与下的实施与推广，使老百姓在自我意识中，也同样渴望一个“仁”政的君主，渴望“德治”的实现。由此，儒家思想得以大众化、世俗化，与中国一般民众的思想保持了一致。

难怪明朝灭亡以后，李自成就在京开科取士，考试题目便为《天下归仁焉》、《天与之人归之》、《若大旱之望云霓》等一类的东西，其意在把自己打扮成救苦救难的大圣人。

特别是到了封建社会的后期，封建专制程度之高即使不算绝无仅有，至少也是空前的，专制文化就像一股阴柔、世俗、庸常之风逐渐弥漫开来，残酷地侵蚀了民族健康的肌体。

不知有多少人喊过“打倒封建主义”，可封建与专制的基因在我们这个民族的肌体上偏偏能顽强地生存下来。尽管地主阶级的政治家、思想家一次次总结历史的经验教训，绞尽脑汁寻求医治良方，但是，历代封建王朝都没能逃脱历史为他们安排好的命运。其根本原因是由于中国封建社会中没有出现新的生产力，因而没有形成动摇专制政治的经济力量和阶级力量。虽然王朝走马灯似地在换，但封建政治文化这个基因却始终没有改变，只能在周期性的危机中承受着它自己带来的一次次灾难，农民兄弟只能用暴力一次次把社会从危机中解救出来。

接连不断的灾难与可歌可泣的斗争同样不可避免，历史的必然性显示出它不可抗拒的力量。

世上没有劣等的民族，而只有劣等的制度。劣等的制度运行必然会让每一个心灵在皮鞭和饥饿的恐惧中颤抖，让每一个日子都在血雨腥风中飘摇。当这种体制的因素惹得“上层不能照旧统治，下层不能照旧生活”的时候，一个新的“救世主”便开始出现了。

这是专制体制造成农民起义的历史必然性。中国的封建体制在世界文明史上应该说是最古老的，可悲的是，它又是年轻的，因为它有着极强的生命力，历经封建社会的数次改朝换代依然不死。

毒藤上长出的“歪瓜”

封建体制犹如一根长藤，从它诞生的那天起，就是一个“怪胎”，就是一根毒藤，至少可以说是基因严重不良的藤。随着土壤、气候、雨水的变化，那根毒滕会长出“病瓜”、“歪瓜”，于是也就有了王朝“革命”的循环往复。这些“歪瓜”主要有以下几种。

“歪瓜”之一：让人没法说话

历史好像早有这样的定数：三流的统治者，使天下不敢言而敢怒，如秦二世、崇祯；二流的统治者，使天下不敢怒而敢言，如宋代的多数皇帝；一流的统治者，使天下既不敢言又不敢怒，如汉武帝、康熙、乾隆等。忠实的太监和奴才们常常活跃或忙碌在一流统治者的时代，文人们会选择二流统治者的时代，只有农民起义者会感谢三流统治者的时代。为什么？机会来了！

中国历代的末代皇帝，十有八九是三流的最高统治者。

在那个年代,他们让人每天过着愚人节,使人头麻木得成了“木头”、“蒜头”。不仅如此，一大帮聪明极顶的才子们却把精力和才华投在了皇帝的大院中。那里,既没有自然科学,也没有社会科学,有的只是强权的“盗理”。哪里像西方的思想启蒙者，即使在黑暗的中世纪，也坚定地为真理而牺牲。那时所谓的“天下归心”就是政治家们自作多情的政治臆想，也是他们对民意的强奸。

通过钳制及奴化思想，扼杀人的精神活动，泯灭人的思想自由，从而达到维护专制统治的目的，是中国古代封建体制内惯用的手法。这方面，封建专制思想的老祖宗早就教诲在先：“禁其言”、“禁其心”。比起军队、警察、监狱等“显暴力”，这些属于隐性的思想和文化暴力，更能泯灭人性。他们钳制思想的方式各有不同，常见的是加强学术专制，垄断学术思想。汉代儒学经过董仲舒改造成为阴阳五行化的，符合统治者需要的经学。经学被立为官学，受到官方的大力支持，成为两汉时期的主流思想学说，将一切不利于专制统治的思想学说视为“异端邪说”，加以严厉禁止和排斥。

古语说，“有理走遍天下”。可是在中国古代，人们不跟你讲理，就像“秀才遇到兵，有理说不清”。所以，有理没用，有武力倒是有用的。政府有最多最强的武力，历代皇帝还有个出色的手艺，就是“杀头”。另外，黑社会有武力，力气大的人有武力，弱小的人就很难活了。中国封建王朝的特点是政府不讲理，政府不主持正义。

对于社会草根阶层来说，言论禁忌是封建帝王统一思想、维护专制统治的方式之一。在儒家经典《周礼·地官·大司徒》中就有“造言之刑”，造言即“讹言惑众”，制裁以言惑众者。专制主义中央集权体制建立后，统治者为了束缚思想、剥夺言论自由的权利和抑制创造力，不惜一切代价制造文字狱，谏谤之祸、禁书焚书等不计其数。

秦朝建立，独夫秦始皇有了余闲，便管起天下人的思想来了。这倒不是空穴来风，而是当时有许多人批评秦始皇无道、性情残暴。这些人还引经据典，说古时候是怎样的，说孔子、墨子是怎样讲的，于是秦始皇大怒，放了一把火，除了医药、种树等纯技术类的书以外，把天下的书全都烧了，来了个下马威，看看你们还能引什么经论什么据来批评我。谁知，一些儒生与方士等“愣头青”看不清形势，居然还坚持自己的思想，凭着自己记忆中的先圣的话语又来批评秦始皇，惹得他大怒，于是来个斩草除根，把这些儒生与方士全都活埋了。这一下，天下果真是鸦雀无声了。至此，秦始皇非常高兴，自以为江山稳固，可以传递万世了，可惜的是，十多年后，不仅秦始皇本人，连他所有的亲族都被天下人杀光了，中国的天下从此再不姓嬴了。

为了加强对士人的控制，自武则天那个时候起，君主还通过殿试亲自主持考试。政府对科举考试的教材也作严格限定，甚至钦定教科书，连考试的文体也有统一标准。士人只能按官方规定及标准去读书及应试，不得随意发挥。科场垄断决定了中国古代知识分子思考问题时只能以君主的是非为是非，不能有独立的思想和人格，只能成为政治的附庸。在君主的眼里，人不能把自己当成一个独立的人，一般不能以自己的需要为出发点进行思维，而是要服从所谓的天的意志和君子的权威。

大清是一个“拣来的”王朝。这样“合法性”不是很强，使历代帝王一直以铁腕来封住大家的嘴巴，不许中原百姓讲话，更不许中原的文人讲话。乾隆一朝，制造的文字狱案件总数在 140 次以上，连疯人说疯话都不放过。乾隆期间因疯人说疯话被处死的有六起，如刘三元案。刘三元本一向疯癫，自称梦见“神道对我说，我乃汉朝后裔，要天下官员扶持”，并把这些话写了下来。后来这事传到了乾隆耳里，乾隆才不管他有没有疯，马上通过督抚下令把刘三元以“大逆罪”凌迟处死。更可恶的是，乾隆还热衷于查禁各类图书，明令全国查办有“违碍”之书，还把查书力度与官员政绩挂钩起来，经过 19 年的查禁，乾隆终于成功地销毁了十几万部图书。到了乾隆后期，文字狱造得差不多了，书也查光了，终于成功地把神州 4 亿人民变得鸦雀无声，真正达到了“万马齐喑”的高境界。不可想象，在中国已经经历了唐宋成熟期的封建文明之后，还有这样一位精神残暴的最高统治者。

从此，国人被打入地狱，由春秋战国时期的百家争鸣变为万马齐喑，成为一群沉默的可怜的羔羊。相对于肉体消灭、精神阉割的后果更为严重。

人类是需要理由的动物。百姓没有武力，希望政府能够讲理，否则百姓会越来越倾向于暴力。而事实上，那时政府与一些百姓都养成了不讲理、比武力的思维习惯了，根源就是有些官员自以为有武力。

从理论上讲，思想是最自由的，最不受拘束的。但事实上，思想上很难得到真正的自由。不但经常要受到各种各样的限制、干涉，有时甚至还会被严重地禁锢起来，使得有生之灵的人们陷入不死不活的状况之中。不过，封建统治者忽略了一个最基本的常识，这个世界上什么东西都好控制，就是思想最难控制，因为它的一个本质特征，就是自由性。想要真正扼杀人的精神活动，限制人的思想自由，就像拔着自己的头发离开大地一样，是绝不可能的。中国的知识分子最想发表自己的治国理政的方略，老百姓有话、有事、有理，总想找个地方表达一下。早在尧舜之时，便已出现了“进善旌”、“诽谤木”以及“敢谏鼓”等直诉形式。

只要社会肌体健康，民情上达的渠道是畅通无阻的，政府就会保障百姓说话的基本权利。一个社会，有人发声并不可怕，可怕的是万籁俱寂。

当一代王朝走向灭亡的时候，也是各种社会矛盾空前激化的时候。到了这个时候，这个王朝已经没有任何能力来缓解紧张的社会情绪，更不可能为社会提供正常的秩序，但是他们还会竭尽全力不让人说话，哪怕老百姓正常的利益诉求渠道也给堵得死死的，使天下之人敢怒而不敢言。

思想越被钳制，言论越没有自由，有话没有地方去说，那就迫使百姓越想着法子找地方去说，并且说的内容并不是统治者所倡导的，或者是统治者最不爱听的。许多农民起义者“反了”的想法，就是这样一步步地积聚起来的。何况，中国封建社会的各个政府面对民众的政治诉求和抗争，习惯于采用政治高压态势摆平社会反抗。由于百姓没有正常的沟通思想与发泄不满的渠道，一旦出现暴力冲突，平常这些在高压统治下被驯化得像羔羊们一样温顺的人骤然变成凶恶的狼，陷入以暴抗暴的怪圈，发展到最后就只有天下大乱一条路，不惜铤而走险，寻求一线生机，社会秩序便被这些人群的暴力冲垮了。

强奸民意是最高境界的色情。不让百姓讲话，以谋得天下太平，可事情恰好是背道而驰。

"歪瓜"之二："逆淘汰"和"身份固化"遍行于整个社会

利益的天平直接决定着人们的择业取向。在权力荷尔蒙的刺激下，一大批一大批的"有志之士"走上仕途，这几乎形成了全民共识。大家盯着一个官位不放，有如食腐动物集中在腐尸上一样。同样，官员的升迁制度的设计对社会精英的导向作用也是很大的。那时候，肚子里稍装点墨水的人，要想出人头地的唯一渠道便是做官。在他们的眼里，人生在世，除了此事，就没有第二件事可以帮他们出头了。

但是，善良的人们哪里知道，中国的封建官场并不全靠本事吃饭，政客很多时候听从着政治掌权者、垄断者的号令，官场上的"逆淘汰"和社会成员身份固化渐成常态。

往往一个王朝刚开始登场的时候，官员们基本都是从行伍和谋士中选拔出来的，这些人都是历经风雨的佼佼者，都是有才能的人。加之当时社会刚从一个混乱的状态中恢复过来，上上下下的官员们都处在一个崭新的环境中，彼此之间很少有沾亲带故的，大家彼此都还不熟悉，官和官之间都还不了解，很难做到以心交心，触心沟通。

不过，随着时间的推移，官与官之间熟悉了，有的结成了亲家，成了世交，门生故吏也多了起来，整个社会，从上到下，从京城到农村，都逐渐形成了一个有着共同利益的官僚阶层，因而，在政治关系网外围还分布着以权力为中心的“蜂窝状”的社会关系网。这种以亲情和关系结合在一起的官僚士族利益集团，在选拔人才上，自然是以远近亲疏为标准，从而产生了一个十分适合中国古代官僚政治生态的绝招——层层任命制。官吏不是经由百姓选举产生的，而是由上级指定、任命的。官吏不是为事业服务，而是为长官或上级服务。在官场上，中国最大的法不是“宪法”而是看法。官帽子只是有些人口袋里的光洋，想赏给谁就赏给谁，关键是看你顺眼不顺眼。

当官员无法从制度的正常运行中得到升迁的预期时，就会容易寻找其他途径。于是，要做官，不做人；要做人，莫做官。要想人官两不误，除非你是个阴阳人。趋炎附势、阿谀奉承、攀龙附凤、望风希指，成了一种通病，官场“逆淘汰”注定要在这样的非常竞争状态下发生，并且比之市井流氓，“逆淘汰”这条游戏规则似乎更适合于“仕途流氓”。“任人唯亲”和“任人唯贤”的命题，永远都不可能得到正确而完美的诠释。宋代的苏辙形象地将其称之为“君子斗不过小人”规律。由此，很多高俅式的人物便呼之欲出了。

官场“逆淘汰”，对于过关的草包，都是美不胜收的人生喜剧；对于被废的人才，则为彻头彻尾的毁人的游戏。

在这“利出一孔”的社会，淘汰精英就是最大的政治。一口口埋葬人才的陷阱，一个个光怪陆离的用人迷局，在中国古代官场上，自然不足为奇了。在人治社会里，在各种“生产关系”中，“关系”是决定因素。

鼓励奴才的体制必然意味着对英才的排斥。那些有独立思想或独特见解的人才们往往会因为自己的优秀而在生存竞争中首先被淘汰出局，对于他们来说，要以人格的代价来换取升迁的机会，这种选择无疑是无比痛苦的。而一些缺乏能力、没有独立思想的庸人，反而会因为善于钻营附会而成为“适者”，顽强地生存下来。

任何一种良性的社会制度最需要的是健全两个功能：一个是约束权贵们的为所欲为，另一个是为草根阶层进入上流社会搭建梯子，而中国封建专制体制就先天缺乏这样的功能。比如，一个家族如果在王朝初期没有赶上利益的班车，那么到了后期，随着官位挤满了，资源分光了，那就只有被边缘化的份，身份基本上被固化了。于是，这个家族在经济上处于弱势地位，政治和社会地位也得不到很好的保障，经常遭受权力和资本拥有者的侵害。

“逆淘汰”和“身份固化”盛行于整个社会，使一些无背景、无财富、无机会的“三无牌”们，一直被固定在“草根”阶层里面。要想出人头地，就只能指望世道了。

陈胜、黄巢、宋江、李自成、洪秀全这样有鸿鹄之志的人，他们本想为其认可的政治体制效力，成为“体制中人”，但是原有的社会制度里没有他们施展才华的舞台，所向往的体制始终拒绝他们的加入，而正常社会环境又无法为他们实现自己的抱负提供可能，现实驱使他们铤而走险，打破旧制度，实现自己的人生理想。

当年黄巢参加过科举考试，据说还不止一次，可惜都没有及第。这不能完全怨黄巢自己。他既不是陇西李、清河崔、太原王、荥阳郑等世家的子弟，又没有贺知章、白居易、韩昌黎之类的大人物愿意帮他四处拉关系，名气好像也没大到可以吓得主考官让他来评卷子、顺手把自己排第一的地步。就算想作弊，他也没结交上温庭筠这样急公好义的大侠。他的朋友倒也不少，只不过都是王仙芝、尚君长之类的私盐贩子。考进士玩的是斯文，他总不能请王仙芝拎上两柄菜刀，蹲到考场门口去吓唬人吧？

一个政府最重要的资源是人才，如果政府内部不能持续吸纳新的优秀人才，这个政府是无法长久持续运作下去的。“逆淘汰”的统治权术和用人制度就像身份固化的“篱笆”，直接困死了社会的创造活力，以至于到了“板荡”之际，整个朝廷连一名力挽狂澜的皇室成员和忠良大臣都找不到了。尤其使一些优秀分子无法与既得利益者公平竞争，使他们产生了不平感，便用自己的才能与知识来反抗政府。

一个专注于“逆淘汰”研究的民族是无望的。中国两千多年的封建史，之所以主调呈灰色，这是原因之一。

“歪瓜”之三：贪官满大街在跑

历览中国的官场史，贪官一般有三个层次：低层次的腐败是雁过拔毛，是赤裸裸的；中层次的腐败是权力寻租，具有很强的隐匿性；高层次的腐败是出售委托权，那是一种体制或机制的腐败。老百姓接触的贪官基本上是低层次的，对中层次特别是高层次的贪官老百姓不可能接触得上。低层次的贪官似乎是个强盗，老百姓不仅对他们的行为有切肤之痛，而且恨得牙根痒痒的。

官本位的基础是权力的通吃性，而权力通吃又是赢家通吃的一个变种。通观古代中国，因大一统而自足，不依赖市场，反而成为最大的市场；而权力支配经济，以反市场原则来运作市场，反而能在市场上占上风。一方面，统治者要获得“靠得住”的官员的效忠，就要给予他们特权；另一方面，官员们为了获取特权则向上级统治者输诚效忠，竭力扮演成为一个“靠得住”的人并争取提升，从而形成专制社会独有的统治体系。凡是官僚，差不多都是为了"升官发财"，而所谓"升官"，最终目的还是为了"发财"。因为官升得愈高,发财的机会就愈多,财也就发得愈大。当官既然是为了发财，于是自然而然地要尽量贪婪、尽量纳贿、尽量进行搜刮了。

利益既是一代王朝得以建立的理由，也是一代王朝被推翻的理由。历朝历代，官吏利用职权假公济私、鱼肉百姓的现象非常普遍。明、清时期有谚语云："三年清知府，十万雪花银。"

贪官满大街在跑，在封建社会里是极为普遍的现象。

不可否认，中国封建史上也曾出现过一些清官，但仅仅是个别的，要与当时官员的总数相比较，不知道是小数点后面的几位数了，用凤毛麟角来作比喻可能也有过而为之的嫌疑。在贪赃枉法、贿赂公行的朝代，谁想当清官，上下左右的贪官就会联合起来把他"参"掉。清官是皇帝叫谁当才能当的。清官们的"先进事迹"如此感人,往往是被其身后的统治者"树典型"树立起来,以资教育,更多的则是被人们当作神话来传播的。把"清官"当作"传奇"，这就足够证明中国官僚之贪污腐败是达到如何普遍化的程度了。

政坛越是腐败，想当官的人也就越多，这几乎成了规律。因为一些心术不正的人可以通过当官来获取非分的名利。据《通典》、《续通典》记载，各个封建王朝有品级的官，少者数千，多者数万，加上属吏多达十几万，三四十万。唐太宗贞观时进行了一次精兵简政。他对宰相房玄龄说："官在得人，不在员多。"那时，留文武总 634 人。可是在 20 年后，高宗显庆时发展到 13465 人。宪宗元和时增到 18800 多人，加上属吏是 368668 人。当时的纳税户为 144 万,每 7 户供养 2 名官吏。宰相李吉哀叹说：自汉以来，冗官"未有多于今者"。宋真宗在咸平四年一次裁减冗官冗吏 19 万 5 千多人，未减的数字就更大，官僚机构膨胀之速是惊人的。

《元史·百官志》载，元代朝廷除中书省、枢密院、御史台三个主要官署以外，计有六部、十五院、十寺、三司、四府、十四监。其常设机构的数量和名目，超过唐、宋以降的任何朝代。再看地方官府的发展。秦汉以降的地方官府，多为二三级。如秦汉为郡、县二级，唐为道、州、县三级，宋金为路、州、县三级。元代则扩展为行省、宣慰司、路、府、州、县五六级。由于层级增加，地方官府的数量随之变多，仅路、府、州、县的数目最多时达2038个。上述地方官府的层级数和官署总数都超过了两宋。

官署数量增加自然会带来官员数的上升。世祖至元三十年（公元1293年），全国官员为16425人。大约在仁宗延祐年间，全国官员总数为26690人。元末官员数比至元年间大约多了三倍。

谋求高官厚禄是历代官僚的一致欲望，这不足为奇。如果没有最高统治者实施把官爵当作一般赏赐物的政策，官员索要官阶、竞相攀升的企图不仅不能得逞，反而应该受到压制或责罚。遗憾的是，元朝皇帝中很少有人懂得“名爵岂赏人物”的道理。因为，这直接关乎蒙古皇室贵族及怯薛近侍等特权和既得利益，体制和政策层面的东西就有了与之相呼应的社会势力和根基。

在这种情况下，底层民众就难免不会产生强烈的剥夺感，“仇官”、“仇富”等不满情绪自然蔓延。本来，历朝历代，有富有穷，本属正常，就看谁富谁穷。如果商人合法经营，富得流油，无可厚非，像美国的比尔·盖茨，基本上没有人在他的背后戳脊梁骨；如果官员都先富起来，而且大富特富，那就问题大了，深究下去，必然是贪字当头。

清朝有两个世界首富，即和珅、伍秉鉴，一官一商，两人间财富差别很大。差别有多大呢？和珅的财产数以亿计，折合成银子少说有2亿多，多说有11亿，这些数字是根据抄家清单估算出来的。如此巨额，即使他转世投胎一千次也吃不完。而伍秉鉴的身家仅有2000多万两白银。他们两人，一个是为官敛财，一个是经商致富，各自登峰造极。然相比之下，天壤之别。

贪官无处不在，使得人心涣散、官民对立，一次次把王朝推向深渊。明太祖来自民间，知道贪官的危害，称帝后，严惩贪官污吏，规定凡贪污钞银60两以上者，剥皮枭首示众。他之所以这样严厉得不近人情，因为他的亲身经历一直让他心有余悸，故而他常指出："百姓暴动，根系贫穷；民穷之故，在于官贪。"洪武二年，朱元璋曾经对他的大臣们说过这样一番动感情的话："从前我当老百姓时，见到贪官污吏对民间疾苦丝毫不理，心里恨透他们，今后要立法严禁，遇到有贪官敢于危害百姓的，绝不宽恕！"朱元璋是说到做到的，他颁布了有史以来最为严厉的肃贪法令。

整个官僚集团的腐败和整个社会的世风日下，使当权者逐渐丧失统治效率，失去了对群体事件迅速作出处理的底气，没有能力把群体性事件控制在萌芽状态。由于时间的流逝，现在能进入我们这些后人眼里的农民起义规模都是非常大的，小规模的民变很少会被历史记载，因此可以说农民起义本身就证明官僚集团已经腐朽了。

当一个社会贪官到处都是的时候，民众"仇官"、"仇富"的心理自然会越来越重，起义的农民首先拿他们开刀。新建立的王朝有鉴于此，通常也比较注意整顿吏治。汉光武帝刘秀长于民间，知稼穑艰难、百姓病害，又亲自参加了新莽末年的农民大起义。他即帝位以后，"广求民瘼，观纳风谣"，"勤约之风，行于上下"，"自临宰邦邑者，竞能其官"。东汉初年的吏治比西汉和新莽较为清明，出现了一批颇为百姓爱戴的"循吏"。朱元璋自幼痛恨"贪吏剥民"，他当上皇帝后，下令把贪官污吏押送京城筑城，或谪凤阳屯田。"凡守令贪酷者，许民赴京陈诉，赃至六十四两以上者，枭首示众，仍剥皮实草"。又在各府州县卫的公堂悬一剥皮实草之袋，以警戒贪官污吏。

“歪瓜”之四：老百姓小命不值钱

农民这个占中国绝大多数人口的阶层，是国家的基石。但是，虽然是基石，可他们却没有任何地位，是任人宰割的群体。中国的历代统治者从来就没有把农民当作“人”来看待。他们除了是统治阶级用来维持政权或是推翻旧的体制的御用工具外，好像没有什么功用和价值。

人治是统治秩序的核心。封建专制政权要实现少数人统治多数人，靠的是国家机器，依赖的是自上而下的“靠得住”的官僚团队。老百姓最害怕的是皇帝重用一群“虎狼”来管理国家,鱼肉百姓,那就比天灾还要恐怖。因为天灾的周期性短，一年两年，三年五年，也就过去了，而人祸的周期是一辈子的，必须等到那个灾难制造者去见上帝时才告终止，有时弄不好还会出现延续一阵的情况。

当然，有时候统治者为了稳定人心，不愿意与老百姓搞得太僵，必要的社情民意还是要听的。比如，西周设立了“路鼓”和“肺石”，秦汉时设有公车司马,专门负责接待直诉事务。从魏晋开始,正式设置了“登闻鼓”制度，使直诉制度渐趋制度化和正规化。所谓“登闻鼓”，是取“登时上闻”之意，源自西周的路鼓，魏晋时期形成制度，一直沿用至清末民初。杨三姐告状就是用的这种形式。登闻鼓可以说是沿用了两千多年的诉讼形式，自从有了登闻鼓，“击鼓鸣冤”——老百姓告状可就方便多了。闻鼓升堂，是对衙门官员的起码要求，如果敲到点子上，被皇帝听到，冤案可能立刻解决。

这种富于戏剧性的故事至今被人们津津乐道，是因为“事稀为贵”，同时寄托着百姓们的良好愿望。如果这是一个社会常态，那就没有什么艺术亮点了。

从本质上讲，专制政治的最大特征是对生命的漠视，把老百姓完全置于“法网恢恢，疏而不漏”的统治之下，使老百姓根本没有生命尊严可言，都匍匐在权威的脚下，永远为奴为婢。生命，在地主老财的钱袋面前，在官员的乌纱帽面前，却是那样的微不足道，仅仅是一堆数字。“朕即法”，中国封建极权专制——皇帝集三权于一身，一人可以任意杀人，杀人比杀鸡、踩死蚂蚁还容易。鲁迅读中国历史，慨叹只看到“吃人”二字，让人毛骨悚然。

不错，中国封建专制历史就是一部血淋淋的吃人历史。这种对人生命视如草芥的态度，在国人的文化中有着长期的传统。代表中国文学最高成就的四大古典文学名著中，就到处充满着杀戮的血腥气，无不体现着生命之轻。

脍炙人口、妇孺皆知的《水浒传》取材于北宋宋江起义，是中国古典文学四大名著之一。作为中国传统文化的巅峰之作，《水浒传》不但记录了封建社会的生活，而且真实地描写了封建社会政治和司法制度的黑暗，以及官逼民反的史实。它表面上称皇帝圣明，只是奸臣当道、谗佞专权、陷害忠良、残害百姓，实则反映出从一人之下万人之上的宰相蔡京到当朝重臣高俅、童贯、杨戬等人，直至地方官吏，都将法律视为玩物，而他们背后的总后台——皇帝徽宗更是如此。

那些梁山泊的好汉们为何会被逼上梁山？他们多半是被不公正的司法审判给逼上去的。《水浒传》所描写的是中国几千年封建社会司法不公状态的一个缩影。因此，中国人最希望出现的是官场出现一位刚正不阿的包青天，这正反映了中国司法史上大多数时间是没有晴天，乌云密布是常态的日子，确实让人痛苦不堪。可以说，《水浒传》朴素地揭示了一个真理：只要权大于法，老百姓的小命就休想值钱了。

另一部名著《窦娥冤》是我国古代悲剧的代表作，深刻而真实地反映了元蒙统治下汉人的生存状况。这一悲剧在元蒙时代出现是不足为怪的，元蒙时，蒙古人把帝国臣民划分为四个等级，为他们提供全部税源的中国人被列为第三等和第四等国民。那种就算想掩饰都掩饰不了的“优越感”，想克制都克制不了的蔑视的心理，使得在他们的眼中，老百姓除了供给他们固定的田赋外，没有别的用处，生命财产没有任何保障，杀死一个汉人只需要缴纳一头毛驴的价钱。那时的中国，从基层起就有严密而彻底的控制。每二十家编为一“甲”，首长称“甲主”，由政府委派蒙古人充当。“甲主”就是这二十家的奴隶总管，这二十家就是蒙古总管的奴隶，衣服饮食他可以随心索取，女人、财产更可以随意霸占。除此之外，元政府对民间还严厉规定：禁止打猎，禁止学习拳击武术，禁止持有兵器，禁止集会拜神，禁止赶集做买卖，禁止夜间走路。总之，老百姓在帝国境内简直就不被当人看，待遇连负重的牲口都不如。

古代很多文学家能写出这些不朽的作品，而不敢再去碰那根上的东西，原因就是权力被滥用必然会导致滥捕、滥伐、滥杀，而权力滥用的源头则是统治者对于权力的垄断。在奉行丛林法则的时代，老百姓所需要的也不仅仅是恩赐意义上的善政，除去物质生活条件的改善以外，他们更需要的是生命受到尊重，而这恰恰是历代统治者所不能给予的。

当一个王朝透支了老百姓太多的耐心的时候，它的命运自然也没有多少挣扎的空间。中国老百姓大多是没有多少文化的，有的时候除了能掌握一些时令、节气等与农业息息相关的知识外，其他的知识几乎是一无所知。然而，他们头脑再无知、命运再“下贱”，要知道，求生与自卫乃是人类的本能天性，一旦他们的小命还不如蚂蚁时，必然会揭竿而起，战乱从此而起。

比如，李自成的起义还有这样一个“人权”版本。他曾向姓艾的乡绅借过钱，限期到时，他却无力偿还。艾家通知米脂县政府把李自成逮捕，拷打后戴上重枷，押到市面上，在毒烈的太阳下示众。艾家还叫他们的仆人们在一旁监视，不准李自成的家人给他送饭，目的是要李自成在刑具下活活饿死或晒死，以此威吓其他欠债的穷人。艾家的算盘打得很如意，但他们选错了对象，此办法只能用来对付真正本分的乡民，却不能用来对付李自成那样貌似本分的睡狮。看守李自成的狱卒（很可能是李自成的江湖哥们，因为狱卒是最没有同情心的一个群体）于心不忍，把李自成移到有树荫的地方，给他一点饮食，艾家仆人们咆哮着上前阻止。李自成悲愤地说："我就是被太阳晒死，也没有关系"，踉跄地仍爬到烈日之下，拒绝吃狱卒给的东西。在旁边围观的李自成的江湖朋友不胜愤怒，在呐喊声中拥上去把重枷打碎，一齐逃到城外一带的树林中，商议如何善后。

一直到这时候，他们仍没有跟政府对抗的意思，但县衙已出动军队围剿。李自成等人知道一旦被捕后的结果是什么，肯定必死无疑。于是，他拿着树枝木棍从树木中一拥而出，领头的那个军官大吃一惊，从马背上跌下来摔死，军队溃散，弓箭刀枪全被李自成部众掳获。他们有了杀人武器，干脆一不做二不休，造起反来。

别碰农民的"命根子"

对一般的老百姓来说，要么不想去提什么意见，搞"参政议政"；要么不想"进步"，去弄个什么官当当；要么闭上眼睛，不去"眼红"贪官的有钱有势；只是甘愿彻底地当个"良民"，不去惹上什么官司，那么，当局就是再不让人说话，"逆淘汰"再盛行，官员再大捞特捞，人的小命再不值钱，也能苟且偷生，凑凑合合地活着，只要不割掉他们的“命根子”：仅仅能够养活自己的那块土地。

在农业时代，土地是决定性的生产资料。中国有句俗语：土地是命根子。

农民对土地的感情实在太深了，就像一个人对自己的父母和子女一样，感情是天然的。如果把人类诞生以来的300多万年比作一天，那么前面23个多小时，人类都处在颠沛流离的状态中，依靠采集植物和狩猎动物来维生。直到23点55分时，才开始种植粮食和饲养家畜。然而，人类对这5分钟的感情，远远超过了对过去23小时55分钟的感情。农业的诞生与发展，使农民对土地的认识越来越深刻，感情越来越深沉。于是，便有了“大地是母亲”的说法。

然而，历代封建王朝都偏偏去碰农民兄弟的这个“命根子”，为了满足自我利益的最大化需求，体制内的那些人管你什么命根子不命根子的，想兼并就兼并。在他们看来，本来就是“普天之下，莫非王土”嘛。

通常，一个王朝的初期，拥有小额土地的自耕农占农民的大部分。但好景不长，土地很快又开始集中，到王朝中期，土地集中度就很高了，一般3%～4%的大地主占有土地的30%，5%～6%的中小地主和富农占有土地的40%～50%，其余90%以上农民占有20%～30%的耕地。集中度高的时期，90%的贫农只占10%的土地。

西汉末年，全国共有耕地8270500余顷，但是全国的人口却只有5600万之数，平均下来每个人能够分到0.15公顷的土地，这样面积的土地哪怕是在现代也足以养活一家十几口人了。但是历代王朝是以重农抑商作为国家的根本经济政策，不管是在朝为官之人还是出外经商的人，都把囤积土地作为自己以及自己整个家族生存的方式。绑在土地上的普通农民既不能在当地做小买卖，又不能去跑运输，很难和这些非富即贵的特权阶层进行竞争，其直接结果就是导致原来属于农民的土地被这些特权阶层所侵占，土地日益集中到少数人的手中。农民手上哪怕有一点土地也会由于水利技术以及耕作技术的不发达导致歉收，根本就无法养活自己和家人。

皇帝带头掠夺地产，大量设置皇庄，是封建时期土地兼并的突出特点。明朝中后期宪宗朱见深即位时，没收太监曹吉祥在顺义县的土地，作为宫中庄田。此后皇庄日益增多。武宗朱厚照在继位后的一个月内，就设立皇庄7处，继而又扩展至30余处。明代皇庄之多，超过了以往任何一个朝代。

洪熙、宣德以后，亲王庄田逐渐增多。他们占田多通过钦赐、奏讨、纳献、夺买和直接劫夺等手段。诸王都是明代大地主，如四川蜀王府，明中叶富冠宗藩，其庄田自灌县至彭山县，占据了成都平原十分之七的沃壤。楚王府的庄田不仅布满湖广，还远置到陕西平凉府固原州。明嘉靖时，景王戴圳“越界夺民产为庄田”占地竟达数万顷之多。

此外，外戚如景泰时都督汪泉，庄田也有16300余顷。宦官同样夺民业为庄田，如正德时的谷大用便强占民田至万顷。官僚和缙绅也通过各种手段兼并大量土地。如扬州地主赵穆一次就强夺民田3000余亩作为自己的产业。特别是乡宦，如首辅徐阶在苏松地区占田24万亩，拥有佃户几万人。阁臣严嵩“广市良田，遍于江西数郡”，又“广置良田美宅于南京、扬州，无虑数十所”。在北方，“畿内八府良田，半属势家”。

土地兼并是封建社会一个难以治愈的顽疾，难以阻止这一切的发生，因为它的身后是一个王朝的制度。尤其重要的是，政治权力的分配在社会成员中是不平等的，当某些人居于支配他人的地位时，他们倾向于利用所掌握的权力来强化自己的地位。政治竞争的结果是“赢家通吃”，对于当事者来说，或者是全得，或者是全失，没有其他选择。

元朝更是这样。与明朝时设立所谓的“皇庄”和清军入关时曾大肆进行圈地相比，元朝时土地兼并现象最为严重，许多蒙古贵族、僧侣都占有大量的土地，他们成为当时的特权阶层。那时的寺庙实质上是一种享有特权的经济实体，他们占有大量的土地和劳动力，其土地的主要来源就是皇帝的“赐田”，而皇帝的赐田则来源于对贫苦农民土地的掠夺。

元朝统治者骄奢侈靡在后期愈演愈烈，每一位新皇帝即位都会对贵族大臣肆意赏赐，其中最主要的是赏赐土地，每次赏赐土地动辄上千顷。元泰定帝也孙铁木儿在其即位以前，曾献给朝廷7000顷土地。元顺帝时，公主奴伦陪嫁的土地由朝廷转拨给大臣伯颜的也有五千顷。献纳和拨给的土地尚如此之多，占田的实际数量当然更多。元朝皇帝为了笼络蒙古王公，一登帝位，就把金银和田土分赐给他们。起初赐田多在北方，后来更转向江南如苏州等膏腴之区了。

蒙古贵族把从农民那里收夺来的土地再以苛刻的条件租给农民，用租佃的方法进行剥削。元武宗时，“近幸”为人请田1230顷，每年收租五十万石，平均每亩要收四石，这样苛重的剥削，必然要陷农民于死地。淮南王的家人也在扬州广占田土，时常派人纵骑至各乡“索债征租，驱迫农民，剽掠麦禾”。元文宗时，大臣燕铁木儿请求皇帝把苏州一带的官田包租给他的兄弟和女婿，再由他们转租给农民。

汉族地主兼并之风也与日俱增。福建崇安县有田税人户共450家，纳粮6000石，其中五十大家即纳粮5000石，占全县纳税户九分之一的地主大户，竟占有六分之五的土地。在江南地区，田主除向佃户征租外，还随意向佃户征收丝料，勒派附加粮，甚至迫使佃户代服差徭。有的地主还用飞洒、诡寄等办法躲避差役，赋役不均的现象非常严重，其结果是“大家收谷岁至数百万斛，而小民皆无蓋藏”。

没有土地的农民肯定会“铤而走险”，历代帝王都懂得这个道理，为了保证所谓的“国泰民安”、“长治久安”，也都曾实行过一系列抑制兼并的政策。例如，西汉末年王莽实行“王田制”，北魏隋唐实行“均田制”，王安石变法实行“方田均税法”等，这些措施对于抑制土地兼并和促进社会经济发展起过一定的作用，但是王莽的“王田制”违背了社会发展规律，“均田制”是建立在国家掌握大量荒田的基础上的，王安石的“方田均税法”损害了大官僚和大地主的利益，遭到他们的反对，最后也走向失败。

土地兼并之所以贯穿于封建社会的始终，国家的任何抵抗政策都不可使之逆转，其根本原因在于土地私有制和土地自由买卖制度的存在。在这种制度下，人们可以自由购买土地，而人们之所以热衷于购买土地，又是由于在封建时代只有土地才是“不忧水火，不忧盗贼”的财富之本，只有土地才是各种形态财富的最后归宿。而封建国家往往是在不触动地主土地所有权的条件下，去争取延缓土地兼并的形势，但它只能缓和这种形势，是无法从根本上解决这一问题的。

土地一天天在失去，不堪忍受之下，农民终于举起了起义的大旗。

土地的日益兼并，增加了封建社会特有的相对“过剩”劳动力。这些失去土地的大量“过剩”劳动力，常年在饥饿线上挣扎。这时，他们一定会觉得在这个世界上，并没有什么“救世主”，一切都要靠自己。这个世上，不能乞望谁会怜惜你，也不能想着依靠谁过一辈子。父母给予你的是生命，活下去、活得好全是靠你自己。靠自己，能靠什么呢？靠身子骨里还有几斤蛮力来揭竿而起。

西汉末年的绿林、赤眉起义，东汉末年的黄巾军起义则基本上是因土地引起。两汉时期土地兼并十分严重，穷人几无活路，很多人被迫流亡或成为大官僚、大地主家的“客奴”，过着牛马不如的生活。宋代的几次农民起义，如王小波、李顺、王则、王均及方腊、宋江起义，其原因既有官吏相逼，又有贫困农民因土地问题而生活无着的原因。明末李自成起义和清朝太平天国起义最直接的原因是天灾，但最本质的原因还是土地问题，贫苦农民连年歉收，食不果腹，却还要负担附着在土地上的赋税和苛捐、劳役，不反才怪呢？！

第六章

风云际会中的精英与草根

农民起义好像一挂鞭炮，一头被点着，全都挨个儿炸响，此起彼伏。面对即将倾倒的帝国大厦，面对土崩瓦解的政权体系，起义这档子惊天动地的大事好像一根隐秘的红线，紧紧地扯着社会上各式各样的人，自然牵动着不同职业、不同阶层、不同追求的人的敏感神经。

当时，那些被卷入和没有被卷入，涉及和未曾涉及的政治精英、文化精英、经济精英和底层的平民百姓对那一场场“狂风暴雨”是咋看的呢？又是咋办的呢？

政治精英：首鼠两端

官员并不等于政治精英，但政治精英绝大多数是官员，而且掌握着相当大的权力，有的本身就是一个彻头彻尾的政客。

历史上，一些地方官员、朝廷重臣在应对农民战争的过程中，心态非常复杂。作为朝廷命官，他们理应维护王朝统治，守土有责，为其平“乱”，但由于中央政权一蹶不振，朝廷内部、朝廷与地方之间矛盾重重，而有的农民起义军发展非常迅速，这就使他们瞻前顾后、顾虑重重，往往采取见风使舵的态度，镇压起义对他们有利，他们就积极出兵，否则，就握兵自保，观望待机，有的甚至干脆投入起义队伍。“识时务者为俊杰”这一古训，成了他们行为选择的“遮羞布”。

中国封建官场上历来充斥着各种各样的政客。他们是政治投机家、钻营者，来到这个世上的目的就是为了不择手段地攫取权力，以满足自己的虚荣心和占有欲。他们掂量每一件事情孰轻孰重，首先是看自己在政治上能不能占到更大的便宜。这些政客平时身不正、心不正，说着一套、做着一套，更别说在农民起义如火如荼展开之际，心里还有什么“忠君”观念，早就被他们抛到九霄云外了。他们盘算的是自己的生存之道、发展之道、发财之道。

当年，绿林、赤眉两支起义大军分别在南方和东方打败王莽军的消息一传开，许多地方的贵族、豪强和官吏都活跃起来，顿时，黄河两岸的千里大平原上，大大小小的起义军有几十路，都趁机起兵反对王莽。

南阳郡舂陵（今湖南宁远北）乡的豪强刘縯、刘秀兄弟两人发动族人和宾客七八千人在舂陵乡起兵。他们和绿林军三路人马联合起来，接连打败了几名王莽的大将，声势就强大起来了。从那时候起，绿林军又自称为汉军。

像刘氏兄弟这样的政治精英，平时行为取向的最大特征就是：首鼠两端。他们把做官看得高于一切，而王莽改革偏偏废除汉朝宗室的封号，不许刘姓人做官，使他们心里怨恨不已，在他们的眼里，政治信仰是一个虚无缥缈的东西。

不光刘縯、刘秀这些既得利益者是这样，很多臣子更是如此。这里，先说说魏征。在后人的眼里，他是一个以性格刚直、才识超卓、敢于犯颜直谏而著称的诤臣。他身上能亮出这样的政治光环，并且长久地闪烁着，原因是多方面的，最为关键的是他运气好，碰上了一个好领导，那就是千古一帝唐太宗。

其实，翻开魏征的政治履历，可以清晰地看到，在那农民起义风起云涌的年代里，他一直在观察和判断着政治风向，在“只要于我有利”的行动准则指导下，先后 5 次跳槽，不断投靠新的主人。

隋末，天下大乱，农民起义纷纷而起。大业十三年（公元 617 年），魏征先一头投入当时随李密举兵反隋的武阳郡丞元宝藏的怀抱，并担任掌管文书的职位。当年战事频繁，起义队伍中战报、命令、指示等公文来往很多，李密每次得到元宝藏的书信，总是称赞写得好，事后听说是魏征写的，马上把他召来接见。后来，魏征参加瓦岗农民起义，仍然注意发挥自己的特长，积极参与谋划，上书向李密献策，提出“西取魏郡（今河北临漳），南取黎阳仓（在今河南浚县西南）”的主张。李密按照他的建议，很快夺取了黎阳仓，连同以前夺取的洛口仓、回洛仓，大隋帝国在中原的三大粮仓全部被瓦岗军控制，魏征对此是功不可没的。

再后来，魏征随李密降唐效力于李渊，不久因被俘开始效命于另一个义军首领窦建德。窦兵败后，魏征开始作为职业谋士奔走于李建成的鞍前马后。在此期间，他曾为李建成献出了及早动手除掉李世民的毒计。“玄武门事变”后，他看到了李世民已经彻底坐稳，帝王地位不可撼动，于是死心塌地跟定这位主子了。至于他冒死直谏，当面敢“削”唐太宗，很大程度上是基于自己几易其主的经验，娴熟地于夹缝中谋求生存的绝招了。

像魏征这样的封建政客起初辛苦了几十年，连个稳定的靠山都没有找到，每一次押宝都押错了地方的投机者在当时还有很多，他们一生几易其主、数次跳槽。我们无法想象，他们当时是如何面对世人、面对新主子的。

不过，政客们心里很明白，身在乱世之际，感情是最不需要的东西。他们学会隐藏，隐藏起自己内心最为细小的波动，便下了乱世中最大的赌注，赌的是江山，筹码是自己的心，若是赢了，自己能够成为新封建王朝中的“开国元勋”，以保住或是恢复自己过去的政治、经济地位。若是输了，便是他们政治生涯的终点，或身首异处，或流亡归隐。运气好的，也许有人赏识，改投别主。

首鼠两端的本性，驱使着许多政客在对待农民起义问题上要起了双簧戏。《新唐书·黄巢传》记载说，黄巢由江陵北进，在荆门战役中被唐将刘巨容的伏兵所败，损失 17 万人，有人劝刘巨容穷追黄巢，他却说："国家多负人，危难不吝赏，事平则得罪，不如留'贼'冀后福"，于是"止不追"。还有，咸通九年（公元 868 年）爆发庞勋起义，庞勋率军经浙西入淮南时，有人向淮南节度副大使令狐陶建议出兵邀击，令狐陶却说："长淮以南，他不为暴。从他过去，余非吾事也。"

在这方面，晚唐时期后历任天平、西川、荆南、镇海、淮南等五镇节度使的高骈，可谓是一个典型的代表人物了，两《唐书》皆有传。他曾是个诗人，《全唐诗》编入诗作有一卷，共计 49 首。在与农民军的战斗中，高骈的心态有一个发展变化的过程，可分三个阶段：

第一阶段是建功立业。高骈是个功名心很重的人，其《言怀》诗曰：

恨乏平戎策，惭登拜将坛。

手持金钺冷，身挂铁衣寒。

主圣扶持易，恩深报效难。

三边犹未静，何敢便休官。

当初，王仙芝、黄巢攻陷荆襄后，朝廷先授高骈京口节钺，不久又授其诸道兵马都统、江淮盐铁转运使等。其时，高骈即令他的手下大将张璘、梁缵分兵讨伐农民军，打了几个胜仗，降服首领数十人，迫使起义军退居岭南。为此，朝廷嘉赏高骈，于乾符六年（公元 879 年）冬，加任高骈检校司徒、扬州大都督府长史、淮南节度副大使知节度事，以前所任兵马都统、盐铁转运使两个肥差继续留任。此时的高骈可谓春风得意，尝到了镇压农民起义军的甜头，干活更为卖力，野心也随之膨胀。广明元年（公元 880 年）五月，黄巢军屯扎信州，遇到疾疫蔓延，士兵患病的很多，死亡的也很多，高骈便乘机出兵进击，昭义、武宁、义武等地的兵马数以万计奔赴淮南，弄得黄巢魂不附体，致书高骈求其向皇帝保奏官职而招安。高骈欲贪天功为己有，就上奏皇帝说“贼”已破，不再派大兵了，朝廷下诏班师。不过，黄巢侦知高骈已奏准分遣诸道兵马，便突然变卦了，使起义队伍一时摆脱了困境。

第二阶段是静守洞观。在黄巢军势复振以后，高骈心态就发生很大变化，不想再主动出兵而想保存自己的军事实力，观望待机。这当然也有一定的客观原因，朝廷中大臣矛盾重重，“朝议异同”，高骈“心颇不平”。加之，高骈部将吕用之曾劝说：“相公勋业高矣，妖贼未殄，朝廷已有间言。贼若荡平，则威望震主，功居不赏，公安税驾耶？为公良画，莫若观衅，自求多福。”后来，高骈在《太公庙》诗中有曰：

青山长在境长新，寂寞持竿一水滨。

及得王师身已老，不知辛苦为何人。

此诗之中，高骈叹惋姜太公“及得王师身已老，不知辛苦为何人”，正表现了他不愿为他人“做嫁衣”的衷曲。

第三阶段是干脆单干。当黄巢宣布建立“大齐”政权后，高骈想唐王朝大势已去，更不会再为其卖力，但又不能投靠黄巢政权，于是便想割据称雄，“大阅军师，欲兼并两浙，为孙策三分之计”。

最后，高骈的结局也非常悲惨。朝廷见他不肯卖力了，便剥夺了他的兵权和“盐铁转运使”的肥差，其权柄既失，“威望顿减”。没有想到，后来黄巢被唐军镇压了，兵败如山倒。长安被唐军收复后，他悔恨万分，那些跟随他的诸多部下怕因他曾经的背叛而连累了自己，纷纷出走，回到唐军之中。此时，高骈万念俱灰，托求神仙，建迎仙楼、延和阁，日以神仙为事。最后，被自己的部下斩首，被史书列为“叛臣”。

其实，在天下大乱之时，拥有像高骈这种政治精英的心态和表现的人何止只是“一小撮”呢？在政客们看来，国家的概念是个空壳，只有集团的利益是充实的，既然国家是空的，谁还为这个空壳殚精竭虑地找寻栋梁之材呢？

文化精英：内心矛盾

在中国的历史上有种特殊现象，就是作为文化精英的知识分子与“官”有着割不断的牵扯。

《汉书》的作者班固说诸子百家中儒家出于司徒之官，道家出于史官，阴阳家出于历官，法家出于理官，名家出于礼官，墨家出于清庙之官，纵横家出于行人之官，杂家出于议官，小说家出于稗官。可见，中国古代知识分子一开始，就很少把自己看成仅仅是一个文化人，而是常以官来自视的。长期浸泡在封建体制里，他们的骨子里就有一种欲望，就是去当官。在他们的逻辑学里，知识必须转化为权力，要不然怎能得到崇拜呢？

中国知识分子作为一个精英群体，不仅活在平常鲜活的日子里，更是活在自己的人生哲学里，既具有官员身上的人身依附性的共性，又比一般官员具有更为忧国忧民、刚健自强的个性，加之他们个体的出身、经历、所受教育、所处地位和具体环境等不同，其思想境界、价值取向和行为方式也就不同，一旦社会上大的风暴到来，各种心态、各种人生选择也就具有了“合理性”。

从客观上来讲，他们与当时的社会底层有着千丝万缕的联系，与当时社会现实和农民起义密切相关。相对来说，生逢盛世或生逢乱世，知识分子的人生道路并不难选择，难以选择的是，生于相对安定的社会环境，但社会逐渐出现衰败甚至大的变故。

当大规模的农民起义爆发之初，知识分子一般站在封建正统的立场上表示反对，有的还十分仇视，进行口诛笔伐；当农民起义军不断发展壮大的时候，他们便采取一种逃避现实明哲保身的态度，“躲进小楼成一统，管他冬夏与春秋”；而当封建旧政权的崩溃已是大势所趋时，他们经过了一段内心的煎熬，感到无力回天，便明确了方向，积极主动地投靠农民起义军。哪头力量大就往哪头靠，很符合相当一部分知识分子的秉性。

知识分子这种忽东忽西、忽左忽右的态度，不像纯粹的官员不能避免自身的功利性，而是出自一种本能的反映，内心还是十分矛盾的：在“兼济天下”还是“独善其身”的两者中间徘徊；在“热心济世”和“冷漠政治”的两种态度之间摇摆。毕竟，中国古代的知识分子是不乏独立思考和批判精神的一个群体。

黄巢起义爆发之前，晚唐王朝虽然政治黑暗，社会矛盾尖锐，但国家机器依然正常运转，僖宗等皇帝虽然幼弱昏庸，但并不像秦二世、隋炀帝那样暴虐荒淫，完全离谱，彻底失去了民心，所以这时爆发的黄巢起义与秦末、隋末的农民起义时的社会环境比较，有个明显的不同之处，这就是知识分子无所适从，但他们又必须作出选择，于是便有坚决抵制的，如周朴；有跟着干的，如皮日休；有避祸全身的，如司空图。

再从黄巢起义的过程和结果来看，时而波澜壮阔，时而艰难困窘，王仙芝与黄巢或真或假、或虚或实的几降几战，起义前期起义军体恤百姓，上下一致，起义后期则杀人如麻，“官兵”离心，以致以失败而告终，这些无不影响了知识分子的心态和行为方式的选择。心态不同，思想上的选择决定其行为方式，在某种程度上也就决定了自己的命运，这是两层因果关系。这也说明在农民起义中知识分子的行为方式可以选择，但一些人的命运是自己无法选择的。

说到这里，不得不要说说具有典型意义的唐末农民起义中的韦庄和皮日休了。

在黄巢起义爆发时，韦庄正在长安准备考进士。考进士就是想做官，效命朝廷。他当时反对黄巢起义是毋庸置疑的。《贼中与萧韦二秀才同卧重疾二君寻愈余独加焉恍惚之中因有题》，诗题中的“贼”即指黄巢起义军，《中渡晚眺》“妖气欲昏唐社稷”，即指黄巢起义军攻占京城长安，《辛丑年》“但有羸兵填渭水，更无奇士出商山”，《喻东军》“独把一尊和泪酒，隔云遥奠武侯祠”，慨叹唐王朝没有平“乱”的“奇士”和精忠报国的诸葛武侯一类的人物，他流落江南在镇海军节度使周宝幕下还曾奉命前往陈仓迎驾，这均可看出他对唐王朝的忠心和反黄巢起义的决心。但他的《立春日作》“九重天子去蒙尘，御柳无情依旧春。今日不关妃妾事，始知辜负马嵬人”一诗，借“安史之乱”比照，委婉地指出黄巢起义爆发并非简单的“女人祸国”，实质上是晚唐王朝政治黑暗的结果，这是对皇帝无情地讥讽。其长诗《秦妇吟》对官军“罄室倾囊如卷土”抢掠民财的揭露和批判深刻而犀利。时而狠批农民起义，时而抨击当朝“圣上”，可见韦庄的内心是很矛盾的。

然而，他既不像皮日休直接参加起义军，也没周朴的遭遇，他手无寸铁更不可能像高骈一样去镇压起义军又握兵自保，也没走司空图等诗人隐居不仕的道路。他从长安逃出后流落到江南，后来又考中进士，先做唐王朝的补阙，后做前蜀政权王建的开国宰相。他在自己的岗位上，不仅政治上比较晚达，而且挖掘了自己的创作资源，写出了不少反映晚唐战乱的诗篇，特别是《秦妇吟》一诗，深刻地揭示了战争的悲剧，内容丰富，体制宏大，不仅为晚唐诗坛而且为中国叙事诗的发展作出了重要的贡献，由此成为晚唐著名诗人。这真是“国家不幸诗家幸”！

而皮日休呢，他直接参加黄巢起义，多部史籍均有载。《南部新书》癸卷：“皮日休，历太常博士，后从巢寇。”《唐诗纪事》载，皮日休“遭乱，归吴中，黄巢寇江浙，劫以从军，至京师，以为翰林学士”。《郡斋读书志》载，日休“乾符丧乱，东出关，为毗陵副使，陷巢贼中”。《旧唐书·僖宗纪》：“黄巢据大内，僭号大齐，称年号金统。悉陈文物，据丹凤门伪赦。以太常博士皮日休、进士沈云翔为学士。”《新唐书·黄巢传》：“巢斋太清宫，卜日舍含元殿，僭即位，号大齐……皮日休、沈云翔、裴渥翰林学士。”《资治通鉴》卷二五四僖宗广明元年：“巢即皇帝位于含元殿……以太常博士皮日休为翰林学士。”

不管皮日休最初参加起义军是主动还是被动，他接受了黄巢政权的“翰林学士”一职则是无可怀疑的事实。既然接受了黄巢政权的高官，就是加入了起义军的队伍。虽然皮日休参加起义后没有留下只言片语，但从此前他的诗文中完全可以看出他参加起义军的思想基础，甚至公然为农民起义作理论辩护，大胆地批判皇权，斥责最高统治者。在《鹿门隐书》中，这类愤激之言尚有不少，如在《论灾异》中，他说：

夫山鸣鬼哭，天裂地坼，怪甚也。圣人谓一君之暴，灾延天地，故讳耳。然后世之君，犹有穷凶以召灾极暴以市异者矣……当仲尼之时，苟语怪力乱神也，吾恐后世之君，怪者不在于妖祥，而在于政教也；力者不在于角触，而在于侵凌也；乱者不在于衽席，而在于天下也；神者不在于机鬼，而在于宗庙也。

这简直是对暴君的猛烈抨击。其《读司马法》一文，对这种观点又进一步有所发挥，他写道：

古之取天下也，以民心；今之取天下也，以民命。唐、虞尚仁，天下之民从而帝之，不曰取天下以民心者乎？汉魏尚权，取赤子于利刃之下，争寸土于百战之内。由士为诸侯，由诸侯为天子，非兵不能威，非战不能服，不曰取天下以民命者乎？由是编之为术，术愈精而杀人愈多，法益切而害物益甚。呜呼！其亦不仁矣！

皮日休在这里借题发挥，旨在批判那些玩弄权术、戕贼民命的阴谋家，其锋芒直指封建最高统治者。

诚哉斯言，中国的文人基本上是奔着当官这条“独木桥”而宁愿闻鸡起舞、卧冰求鱼的。自隋唐开设科举制度以来的一千多年间，对那些文人们来说，状元是脑海中最鲜亮的一个名词，有着挡不住的诱惑。但很多莘莘学子通过多年的学习，推崇积极入世的思想、济世的抱负，因科举无门，入朝为官的希望变得遥不可及。每当朝代末年，中央的控制力、执行力下降了，而地方的藩镇强大起来了，幕府之门打开。由此，作为入仕旁路的幕府之路在科举几乎封闭之时对广大寒士敞开大门，热烈欢迎广大寒士进入幕府。

在幕府里混碗饭吃的文人不像在衙门里坐堂的学者型官员，他们游离于体制以外，思想与行动都相对比较自由，有时比较激进。面对着浩荡的农民起义，他们的心态表现更加复杂。从主观上讲，他们这种自治与政治干预的矛盾纠结，既塑造了文人自身的特性，又导致了其角色践履方面的摇摆。特别是在幕府与统治集团处于尖锐矛盾之中，再也看不下去或活不下去时，往往会义无反顾地投入农民起义的队伍之中。既然参加了，也就意味着是把自己绑在对封建旧政权“造反”的战车上了。如果“造反”失败，自当诛灭九族。因此，他们只有尽力发挥自己的特长，运用丰富的知识，为农民起义军献计献策，帮助农民起义取得较大的“成功”。

黄巢的“檄文”与“章奏”等皆出自这些知识分子之手。《资治通鉴》有载，咸通元年(公元860年)五月,裘甫起义时,农民军中有“王辂等进士数人”。知识分子参加农民起义此前此后不乏其例。秦末农民起义,山东孔甲乃一儒生,且为孔子后裔。张良、萧何也应算是知识分子。隋末农民起义中的李密是知识分子。清末太平天国运动中的洪仁玕是喝过洋墨水的知识分子。

经济精英:进退两难

在经济结构比较单一的封建时代,地主、土豪作为财富较多的中产阶层,是当时的经济精英。后人常常把他们统统划入统治阶级范围内,这可能有点太“抬举”他们了,中国古代绝大多数地主、土豪并没有什么政治特权。他们生活的处境具有双重性,既有在经济上剥削农民,与统治王朝的利益一致的一面,又有受官僚的剥夺和欺压的一面。在有些地方,有些时候,地主、土豪受官僚剥夺的程度远远超过了他们自己对农民的剥削。

当本地发生农民起义,或者起义从外地波及过来时,整个社会乱得像戏台上唱“六国大封相”。那时候的地主、土豪是进退两难的:一方面担心农民起义军强行分了他们的浮财,甚至被镇压了,另一方面也想借机发泄对官僚阶层剥夺和欺压他们行为的憎恨。在这大风大浪面前,他们一直在考量着是进还是退。

是进是退?在绝大多数地主、土豪脑子里,是用“赚”还是“蚀”的多少来考量的。

他们没有更多地去看农民起义军的旗帜上写着什么,而是看他们实实在在地干着什么。中国古代无论是什么具体原因引发的农民武装暴动,利剑总是首先指向基层衙门和地主、土豪的宅院。凶猛的农民起义军的到来,仿佛一群探胜觅宝者进入了宝地一般，一般是绝对不会空着手回去的，要么要钱,要么要地,要么要女人,有的甚至三者兼要。面对着这些要命的事，一些地主、土豪二话没话，出钱出粮，支持政府镇压他们，有的动用私家武装直接参与殊死搏斗。

北宋宣和三年(公元1121年)二月，宋江率部攻取淮阳郡(治下邳，今江苏省睢宁西北古邳镇东)，继由沭阳(今属江苏)乘船进抵海州(今江苏省连云港西南海州镇)。知州张叔的地主武装连夜派人探察起义军的行动方向，了解到宋江以十余只钜舟径趋海滨，便立即募集敢死士千余人设伏进城，以轻兵踞海设法诱战。五月间，宋江率众登岸后遭伏击，船只亦被焚，退路断绝，战败被俘，只有招安一条路了。

地主、土豪支持政府镇压农民起义是出于维护其利益的本能，他们宁愿在太平年景里被官府多剥夺些，也不愿被那帮“泥腿子”抢光、分光。但一旦皇权腐败，加重摊派，土地规模越大，受害程度越大的地主阶层就会产生改朝换代的想法。客观上讲，起义爆发之前，一般是社会最黑暗、百姓生活最困苦的时期，许多地主、土豪并没跻身统治集团，生活也会相应地受到前所未有的困顿，没有办法再走寻常仕途，只能另想办法，有的干脆直接加入其中。

当初，陈胜、吴广起义的浪涛汹涌澎湃，席卷大地，迅速改变了当时的政治形势和阶级力量对比，使秦朝陷于风雨飘摇之中。在农民起义这种强大威力的冲击下，地主阶级内部加速政治分化，从而形成了地主阶层的反秦派，有些财产较少的小地主也先后被卷入起义激流，很快站到了反秦的队伍里来了。如陈馀到达陈县这个地方后，便召集三老、豪杰商议反秦的军政要事，这些应邀的三老、豪杰不仅“皆来会计事”，而且还建议陈馀尽快称王。陈胜“乃立为王，号为张楚”，又如陈馀向陈馀提出：“臣尝游赵，知其豪杰及地形，愿请奇兵北略赵地。”于是陈馀以其故交武臣为将军，同陈馀等北至赵。武臣到赵后，号召诸县“豪杰”共同反秦，豪杰们“皆然其言”，纷纷起兵，武臣汇集这支力量，很快“得数万人”，“下赵十城”。

项梁、项羽和刘邦在反秦斗争中，也曾得到过“三老”、“豪杰”的配合和支持。这些“三老”、“豪杰”是些什么人呢？都是当时的大地主、大土豪，也是当地的意见领袖，往往是有着独立想法和领导能力以及自己的信息体系。还有，历史上的王莽新朝、隋末、元末都有这种境况发生。参加起义、领导起义的人有农民，有地主甚至是大地主。有人统计，在反对新莽的各路起义大军首领中，普通百姓出身的占 29%，而地方豪强出身的占 71%。地主阶层与农民结合而成的起义，壮大了反起义的声势与力量，使这场正义斗争具有了更为广泛的社会基础。

农民与地主尽管阶级出身不同，斗争的目的迥异，但现实让他们走上了反抗的共同道路，“不谋而俱起，不约而同会”。

还有，隋王朝起义成员，除广大关东破产农民外，也有众多的关东地主。如刘霸道为平原富豪，窦建德为“二百人长”，朱燮为昆山博士，翟让是东都法曹，徐世勣、魏征等人均为关东地主。他们极端仇视隋廷，是在“同苦隋政，各兴大义”的基础上与破产农民走到一起的，并成为起义领袖。他们还招引更多的关东地主参加起义，如窦建德“每获士人，必加恩遇”，杜伏威也“进用士人”。在农民起义军之外，还有一批关东地主单独组织地主武装加入反隋行列，如幽州之罗艺，山东豪族徐圆朗，山西校尉刘武周，巴陵校尉董景珍、雷世猛及罗川县令萧铣，吴兴太守沈法兴等。

利益的迷宫总会让那些经济精英们的头脑胀得发昏，起义军的厮杀声又总是令人颤抖。

草根阶层：先热后冷

这里说的“草根”乃中国最为庞大的普通民众阶层。把民众阶层比喻成草根，不是中国人发明的，而是始于19世纪的美国。那时美国正浸于淘金狂潮，盛传山脉土壤表层草根生长茂盛的地方下面就蕴藏着黄金。后来“草根”一说被引入社会学领域，就被赋予了“基层民众”的内涵。

封建时代的中国，人数最多的是农民，最底层的也是农民。他们像野草一样平凡而具有顽强的生命力，散漫无羁，生生息息，虽然永远不会长成参天大树，但因植根于大地而获得永生。在对待农民起义的大是大非问题上，农民阶层的态度与政治、文化和经济精英恰恰相反：先热后冷。

每一次的起义，就像以石击水漾起的一圈圈水波，由内及外地不断扩散下去。由于广大民众与起义的农民有着相同的遭遇，相同的处境，当听到或目睹哪里有人造反了，从内心里是十分赞成支持的，基本上无不拍手称快。现在，我们还可以从一些熟悉的歌谣中体会民众对起义的热盼。隋末的《隋大业长白山谣》唱道：

长白山前知世郎，纯着红罗锦背裆。
长槊侵天半，轮刀耀日光。
上山吃獐鹿，下山吃牛羊。
忽闻官兵至，提刀向前荡。
譬如辽东死，斩头何所伤。

明代瑶族起义歌谣：

撞石鼓，官家为我虏；

吹牛角，我兵齐宰割。

还有直接歌颂农民起义领袖或农民起义军的正义行动的。如据传是皮日休所作的《黄巢诫》：

欲知圣人姓，田八二十一。

欲知圣人名，果头三屈律。

用拆字的办法，公然把唐末农民起义军的领袖黄巢（“田八二十一”即“黄”字，“果头三屈律”即“巢”字）称之为“圣人”，这在当时是十分大胆的举动。在封建社会里，只有三皇五帝、孔子以及皇帝们才可以称为“圣人”，现在，歌谣把反对这些“圣人”的人称为“圣人”，虽只是一个称呼问题，却表现了截然不同的鲜明立场。

《金佗续编》记有一首歌颂钟相、杨么起义军给人民带来幸福生活的歌谣，可以作为上面一首歌谣中所希望的“太平盛世”的注脚：

乡村有酒坊，家家有猪羊。

鸡鸭满地跑，处处稻米香。

它所描绘的农民起义军治下的洞庭湖区，是多么富饶繁荣，这幅“桃花源”式的太平景象图也许有夸张之处，但它至少反映了对起义军的向往。

太平天国起义开始时，义军所到之处，更是倍受人民群众的欢迎。当时有歌谣唱道：

洪杨到，百姓笑。

白发公公放鞭炮，

三岁孩童扶马鞍，

乡里大哥吹号角。

农民起义方面的歌谣，形成的方式大致有两种情况：一种是起义军有意识地以歌谣的形式编写和传播，借以鼓舞、教育起义战士，并号召和发动广大群众；另一种则是出于广大民众对起义军的拥护，自发地编唱并流传开来的。后一种歌谣数量最多，构成了农民起义歌谣的主体，并大多流行于起义的早期。

广大民众不仅以喜闻乐见的形式歌颂起义，而且直接加入起义队伍。那些在短时间内迅速发展为数万人、几十万人的队伍，云集而来的基本都是农民。这其中,既有“逼上梁山”的,也有热心于这场伟大的“革命事业”的人。

由于农民起义队伍是流动发展，并且拒绝负担维护社会秩序的责任，这种等同于流寇的特质，决定了其获取经济保障的方式必然是涸泽而渔。换个角度说，农民起义队伍对所经过地区中的社会及经济秩序带来的破坏几乎是毁灭性的，导致了一些民众为自我保护而产生本能的反抗。

比如，当时也有被民众用歌谣赞颂的绿林军，起初攻打长安时，关中地区一些民众出于对王莽的仇恨，也曾给予一定的协助，但是很快便改变态度，“更思莽朝”，“郡县大姓各拥兵众”，纷纷结寨自守，坚壁清野，与关东起义军对抗。

赤眉军的成败就是当时民众对起义军前后心态的缩影。这支队伍的领头人叫樊崇，原来是个农民，没钱上学也申请不了助学贷款，但他脑子还算灵光，想不出什么有创意的口号，可“拿来主义”这一套还是懂的，把汉高祖刘邦的“约法三章”搬过来改了改，整出了一个“杀人者死，伤人者偿创”的行动指南。

本身，“杀人者死，伤人者偿创”的口号在当时来说是很有吸引力的，可樊崇领导的是一支文盲大军，口号都只是在嘴上说说，反正没有白纸黑字作为凭据，干不干是另外一回事了。

刚开始的时候，樊崇手下的小弟们还都挺自觉，严格执行领导的话，纪律相当严明，老百姓还编成歌来唱：

宁遇赤眉，不遇太师。

太师尚可，更始杀我。

可后来队伍越来越多，樊崇逐渐就养活不起这么多的弟兄们了，几十万张嘴巴要吃饭，天上总不可能每天掉下馒头、包子来吧，樊崇也只好睁只眼闭只眼，随他们去抢吧。

这一抢就“坏菜”了。那个岁月，地主家也没多少余粮了，哪够赤眉军填饱肚子的。结果到后来，这赤眉军也就彻底堕落腐化了，抢完地主还不够，接着抢老百姓，不光是抢，只要你敢反抗，就一律脑袋搬家，活脱脱成了一抢匪大军了。

樊崇心里也很郁闷，怎么说这口号都是自己提出来的，手下人这么干摆明了是不给他面子啊，可真要照他喊的那样兑现“杀人者死，伤人者偿创”，这支队伍挨个砍有冤枉的，隔一个砍有漏网的，这赤眉军恐怕也剩不了几个人了。

起义领袖这种穷人乍富的作风，最快感染了全军将士，成了政治上的“骑墙派”。后来，老百姓终于都明白了，原来“杀人者死，伤人者偿创”还有最终解释权这么一说，怎么说都是你樊崇有道理，咱也别信他的狗屁口号了，惹不起还躲不起么，只要一听说樊崇快来了，惹不起你，我还躲不起吗？干脆就拖儿带女，卷起家当，一走了之。

黄巢农民起义军攻占长安以后如同强盗，他们的形象和声望就像遇冷的汞柱，一落到底，使长安的民众凉透了心，随即从支持起义转变为支持围剿。

戏剧的高潮部分也就是临近结尾之处，历史上很多轰轰烈烈的农民起义大都落入这样的困局。百姓心热，伸出的是起义大幕徐徐拉开的无形之手；百姓心凉，伸出的却是起义大幕骤然合拢的无形之手。

在政权腐败、危机四伏的王朝末年，民间“草根”被逼出来的力量是巨大的。

第七章
喊破嗓子，甩开膀子

林林总总的口号

起义农民有没有自己的思想武器？如果说有，他们的思想武器是什么？

史学界不少人认为，“平等”、“平均”等思想，是农民起义的重要思想武器，用口号的形式提出来，能充分表达出他们的心志。具体一点说，表达了他们对压迫自己的阶级、政权、制度甚至异族的反抗决心，同时也是当时一种主流民意的反映。这些用“竿”做的笔尖，是专门用来书写起义军意志的。

当一句口号代表民心走向的时候，它常常会产生这样的功能，开始如同雨水弥漫，然后积蓄成大海，就能摧毁和淹没一切东西，包括一个王朝的大厦。

客观上，在中央高度集权的政治体制下，中国农民平时很分散，而且互相封闭，当他们的命运捆在一起，面临的问题却是基本相同时，有人振臂一呼，就会“天下云集响应”，迅速形成大规模的，甚至全国性的农民起义。一个聪明的农民起义领袖通过平时的了解，知道兄弟们内心深处的无奈苦楚与隐隐欲望，所以在关键时刻，常常是一个切中时弊的政治口号，就能很快得到各地农民的认同，显示出巨大的号召力，调动起他们为改变自身的命运而奋战的激情与斗志。

历史上许多农民起义领袖提出的口号，已成了中国历史上的千古绝唱，其口气之坦率、坚定，甚至暴虐、血腥，都是中国人自从学会说话以及仓颉造字以来很少有的。这些口号的每一个字都像战鼓的鼓点，当时起义士兵和老百姓听后高兴得心脏几乎都停止了跳动。

现在，让我们一起来罗列出中国古代农民起义提出的林林总总的政治口号。

“伐无道，诛暴秦”

这是秦末农民起义领袖陈胜、吴广的政治口号，意思是要讨伐无道社会，诛杀施政残暴的秦王。当然，为了实现这一政治目标，他们在动员组织力量时喊出了“王侯将相，宁有种乎？”秦汉之交，政出豪门，权力世袭，能够当官发财的依然主要是王公贵胄，权力是靠DNA传袭。除此之外，任何人都不能胡生乱想。可是，陈胜、吴广就是不信这个邪！这也是中国人第一次要求政治上平等，意义可不一般。如果大胆推测，也许这是“枪杆子里面出政权”的思想与风气之先。

“刘氏复起，李氏复辅”，“杀人者死，伤人者偿创”

这是绿林、赤眉农民起义的政治口号，前一句的意思是刘邦的后代要恢复帝位，咱姓李的又要辅助刘家治理天下了。后一句的意思大概是杀人者必须用命抵罪，伤人的必须赔偿损失。绿林起义军的这一口号并不是起义领袖王匡、王凤亲口提出的，而是由一个被称为“半仙”的李通提出的。汉朝时期迷信盛行，图谶、纬书流传，预言性的东西很时髦。李通给起义领袖们这句打气的话，既符合当时的权贵、豪强的胃口，又同样受到农民兄弟们的欢迎。赤眉起义军领袖樊崇是个农民，没什么文化，想不出什么有创意的口号，便把汉高祖刘邦“约法三章”那一套搬过来改了改，整出了一个“杀人者死，伤人者偿创”的行动指南。

“苍天已死，黄天当立；岁在甲子，天下大吉”

这是黄巾起义的政治口号，意思是汉王朝理当灭亡，黄巾起义军应该取代它，并且就在中平六年（起义的那一年），天下就会太平了。这是中国古代农民起义中第一次提出带有宗教色彩的政治口号，虽然没有多少正面的意义，但在当时却造成了不小的影响。

“天下无复事矣，当与诸君朝服至建康”，“我割浙江以东，不失作勾践”

这是东晋年间孙恩、卢循起义的政治口号，严格地说，应该是他们的政治主张。口号意思是当局势大好时，与各位起义的同事建都晋朝的首都建康，也就是今天的南京，共同坐天下；当形势失利时，愿与大家割据江东，也就是现在的江浙一带，学当年的勾践，卧薪尝胆，以图东山再起。这一主张，反映了孙恩、卢循起义队伍发展过程艰难曲折的状况，也证明了他们头脑里已经有了战略机动的游击战思想的雏形。

《无向辽东浪死歌》：“长白山前知世郎，纯着红罗锦背裆。长槊侵天半，轮刀耀日光。上山吃獐鹿，下山吃牛羊。忽闻官兵至，提刀向前荡。譬如辽东死，斩头何所伤。”

这是隋末农民起义早期领袖王薄所作的口号，用诗的形式告诉民众：大家已经没有活路了！隋炀帝剥削残酷，大兴土木，巡幸游乐，徭役、兵役甚为繁重，民不聊生，不得不要拉开起义的序幕了。尤其是李密讨伐炀帝的檄文有道："罄南山之竹，书罪无穷；决东海之波，流恶难尽"，充分说明这个隋炀帝确实该到了大限的时候了。

"天补均平"

这是唐末黄巢起义的政治口号，意思是要求老天爷给人们各方面的东西应该是均等的。这在中国农民战争史上第一次直接提出了"均平"的纲领，使农民战争由以前仅仅单纯反对封建暴政、徭役、赋税和人身隶属关系，上升到了明确地反对豪强兼并，要求平均财富的高度。这种"均平"思想，对唐代以后的农民起义具有很强的导向意义。

"吾疾贫富不均，今为汝等均之"

这是北宋王小波、李顺起义提出的政治口号，意思是我平时最痛恨贫富差距极大，现如今由我来为各位把财富平均分配。当时社会发展不平衡，社会两极分化严重，一部分人先富起来了，而且富得流油，而另一部分人却是穷得叮当响，用杜老先生的一句诗来表达，就是"朱门酒肉臭，路有冻死骨"。所以王小波们打出了这样一句深入人心的口号，较之以往的农民起义的政治口号，迷信色彩逐渐淡化，所提的问题逐渐指向封建制度本身，而且越来越明确、具体和系统。

"法分贵贱，非善法；我行法，当等贵贱，均贫富"

这是南宋初钟相、杨么起义提出的政治口号，意思是就是要废除"贵贱有等”的“非善法”,推行“贵贱”无“等”、“贫富”有“均”的“善法”。南宋偏安江南，没有根本上汲取北宋覆灭的教训，社会还是处于两极分化的发展状态，让穷者越穷，富者越富。所以，钟相、杨么提出这个口号，不光在贫富上提出了“均”的观点，同时在政治上，也提出了等贵贱的平等思想。应该说，他们是中国历史上提出了财富上平均和政治上平等思想的第一人。

“莫道石人一只眼，此物一出天下反”

这是元末农民韩山童、刘福通红巾军起义的政治口号，也是一个跳大神的口号，希望通过迷信来反压迫。元末农民起义的口号迷信性很强，但是借助外来“明教”的力量，加上本来就激烈的民族矛盾，所以最后由朱元璋取得成功。

“荡平中土，剪除贪官污吏”

这是明朝张献忠起义提出的政治口号，意思非常明确，矛头针对性强，较之以往，没有涉及更深层次的问题。

“等贵贱，免粮”，“均田免粮”

这是明末李自成起义的政治口号，意思是一目了然了。李自成起义的条件也是和当时社会发展两极分化有关，所以他提出政治上平等、经济上平均的主张。“均田免粮”口号的提出，已触及封建土地所有制，标志着当时农民起义达到了一个新的水平。

“有田同耕，有饭同食，有衣同穿，有钱同使，无处不均匀，无处不保暖”

这是太平天国洪秀全起义提出的政治口号，要旨是追求绝对的平均主义。这个口号继承了先前“等贵贱，均贫富”的具体内容，又用基督教的形式为人们描绘了一个理想世界的蓝图，确实是进步了。

“扶清灭洋”

这是清末义和团起义提出的政治口号，意思是要通过扶持满清政府，赶走外国佬，甚至要剿灭这些洋人。这可能是农民起义史上最糊涂的口号，也是最失败的口号。

综上口号，从形态上可分为 5 类：一是激励型，如陈胜、吴广的“王侯将相，宁有种乎”，“伐无道，诛暴秦”，王薄的“无向辽东浪死歌”。二是政策型，如赤眉军的“杀人者死，伤人者偿创”，黄巢的“天补均平”，钟相、杨么的“等贵贱，均贫富”，义和团的“扶清灭洋”。三是迷惑型，如李通“刘氏复起，李氏为辅”，黄巾军的“苍天已死，黄天当立；岁在甲子，天下大吉”。四是声讨型，如李密的“罄南山之竹，书罪无穷；决东海之波，流恶难尽”。五是迷信型，如韩山童、刘福通的“石人一只眼，挑动黄河天下反”。

口号里的“干货”

这些由农民起义军提出的口号，是在政治与战争这两爿大磨间磨出的豆浆汁液，听了之后，也许松杉为之挺翠，群山俯首肃立，但其所强调的原则、精神，所采取的组织形式都适应了小生产劳动者的政治需要和心理情感。让我们看看这些口号背后深藏的价值元素和功用之处，也就是它的“干货”。

“均富”是口号的核心

黄巢自称“天补均平大将军”，主张“天补均平”；王小波、李顺对起义民众讲：“吾疾贫富不均，今为汝等均之”，主张“均贫富”；邓茂七自称“铲平王”，表示要铲平不公平的社会；李自成的起义军提出了“等贵贱，均田免粮”的口号；太平天国提出“一律平均”、“有田同耕，有饭同食，有钱同使，无处不均匀，无人不饱暖”的口号。从中折射出当时的社会是一个极不公平的社会，尤其是对被压迫的农民兄弟而言，他们感到社会是最不公平的。要不怎么提出这么多的追求公平的口号呢？而且，这些口号越来越具体，反映了农民起义者对人格平等的追求，经济生活上要求起码的生存条件，政治上反对贪官污吏的倾向。

黄巢起义第一次明确提出了“均平”的政治口号，这是中国农民战争发展到一个历史新阶段的重要标志。早期农民起义的政治口号，深深地烙下了“以血还血，以牙还牙，以恶制恶”的印迹，并且具有直截了当、内涵简单的特征，如赤眉军提出“杀人者死，伤人者偿创”的要求。后来，黄巾农民起义也要求建立“黄天太平”的理想社会，汉中张鲁权对“太平”的理想进行的一些初步实践，都是平均主义思想在农民战争中的反映，但还不明显，处于朦胧状态。唐末农民起义的领袖王仙芝自称“天外平均大将军”，黄巢自号“天补均平”，要求实行赋役负担上的“平均”，都是农民的平均主义思想较明显的表现。

王小波、李顺的口号虽然表述得很简单，但如此鲜明地被写上农民战争的旗帜，把农民的斗争目标明确地概括为反对经济上的贫富不均，是农民平均主义思想的一大飞跃，表明农民不仅仅要求维持生存，而且明确要求平均财产，反对封建剥削。

简短有力的字句能吸引社会群体的注意力，激发公众情感，引导公众指向特定的目标并实现既定的价值取向。这些口号以价值传播、价值宣扬和价值认同为主，其内容多围绕着精神层面的思考和主旨性目的为主。农民作为小生产劳动者，与生俱来地有种朴素的想法：彼人也，吾亦人也，为何贫富不均？贫者无立锥之地，富者奢侈荒淫。“富人一餐饭，穷人十年粮”的社会不平等的现实，刺激和加剧了小生产劳动者固有的要求均财、均富的平等观念。所以，农民战争的矛头首先总是直指贵贱贫富不公平的社会现实。绝对平均主义是农民起义所具有的一种共同的社会理想，也是吸引广大小农和小生产者最具魅力的口号。

“均平”的口号得以认同并产生强大的凝聚力，在中国并非是无源之水，多少带有墨子思想的印记。墨子提出了“官无常贵，民无终贱”，“有能则举之，无能则下之”的政治、人格平等的主张，这种主张是一种使人能各从事其事，不废耕稼之时、纺线之事，使饥者得食，寒者得衣，保证百姓起码的生产和生活条件，使其能生存下去的天下同利的思想；墨子提倡尚同，认为贤者、圣人能一同天下之义，达到社会大同。同时，他忽视了自己所代表的小生产者本身的物质力量，而小生产劳动者由于本身力量的分散，往往希望一个至高无上的权威力量来保护他们的利益等。墨子的这些理论学说和农民起义所表现出来的政治、思想倾向十分相似。

“动员”是口号的目的

农民起义提出的政治口号，作为出现在当时人们生活中的一种信息载体，是引导教化农民的一种手段和方法。它以正面宣传引导的方式，以实实在在的承诺，向社会提供一种未来生活的描绘，一种触及广大民众内心深处的渴望，以引领社会成员自觉融入其中。因为，近乎文盲的农民起义军对各种主义和信仰的理解要远远低于对老婆、土地的渴望。因而，对于有关土地的承诺，乃发动农民揭竿而起的必要条件。

这一招，在古代中国基层社会中还是比较管用的，口号一经提出，便使一些群体极易激情冲动，随大流并且相互感染着。

瓦岗军起义领袖翟让原是衙门法曹小吏，因出于不平，放走无辜“罪犯”，被判死刑，入狱待毙。法主黄君汉看翟让气度不凡，将其放出，劝他举大事。于是，他带领大家杀贼官，开仓放粮，赈济贫民，民众大悦。民歌曰：“扶着爷，搀着娘，携着儿女去瓦岗，瓦岗寨上吃义粮。”不久，农民纷纷加入义军，起义军很快发展至数万人。

在具有浓厚小国寡民色彩的国度里，要将相当分散的小生产者联合起来，就像一根绳子要捆住一堆土豆一样，确实是一个相当困难的任务。所以，历代农民起义往往不得不通过政治口号来动员民众、吸引民众、组织民众。

拥有正义和赢得人心，最大限度地凝聚起国内民心，瓦解对方的军心以及争取更多人的支持，成了起义领袖不能回避的问题。农民起义亮出的口号都比较注意在“正义”和“人心”上下功夫，使起义徒增许多的合法性。

当国家出现败亡的迹象时，与物质上的匮乏相对应，民众在精神上也会出现信仰危机，这些闪烁着“正义”光芒的政治口号能快速有力地抓住人心，激发民众的精神潜能，形成巨大的凝聚力，对心怀不满的平民有着很强的号召力。冲着口号描绘的理想世界，各种不同阶层纷至沓来，采取军事的、政治的、经济的、文化的、道义的方式和手段支持农民起义，从而最大限度地激发民众的力量，为取得战争的胜利提供政治与精神的力量源泉。要不，还真的没有其他的终南捷径。

“应世”是口号的特征

从陈胜吴广起义中使用一些神秘手段，提出“大楚兴，陈胜王”，绿林军提出“刘氏复起，李氏为辅”，黄巾军提出“苍天已死，黄天当立；岁在甲子，天下大吉”，隋末农民起义领袖王薄的《无向辽东浪死歌》，到元末流传的“石人一只眼，挑动黄河天下反”，这些口号或多或少都充满了神权思想，现在听来似乎有点可笑，犹如痴人说梦，反映了当时农民起义军的阶级水平和反抗心理。在中国古代，百姓文化偏低，普遍素质不高，迷信思想盛行，宗教氛围浓厚，没有多少主见，因而凡儒、释、道、天主、基督、伊斯兰等在这片贫瘠落后的土壤上，都能找到自己茁壮生长的空间。

在“王侯将相，宁有种乎”叫响了一千年以后，成不了王侯将相的人们，比如：落第秀才黄巢，便把“平均”拿出来说事；再后来，那些有可能成为王侯将相的人也拿“平均”来号召农民这些个成不了王侯将相也就不可能享受锦衣玉食生活的人。我们都知道，既然自然资源和社会资源都有限，你是靠占有这些资源而“富”，而我由于不占有这些资源永远也不可能“富”，那么，我一定会“仇富”，一定会希望“平均”。这现世现报的渴望和要求，往往使农民起义的口号有了极强的现实功利性。

明清时期，随着生产力与生产关系的矛盾运动，中国封建社会走上了缓慢解体的过程。封建社会的母体中孕育着资本主义的萌芽，与此相联系的农民起义战争也发展到一个新的阶段，其突出特点是农民起义军朝着封建社会生产关系的各个方面进行冲击，其主要表现为：一是反对封建土地所有制；二是反对封建社会的分配关系，进行减租抗租斗争；三是反对封建社会的人身依附关系，要求人身解放。比如，明末李自成起义就提出了“均田免粮”、“割富济贫”、“平买平卖”等口号。

清朝后期，洪秀全领导的太平天国农民起义战争，把历史上农民战争“等贵贱、均贫富”的口号发展为完整的土地革命纲领——《天朝田亩制度》，即废除封建土地所有制，实行土地公有，建立“有田同耕，有饭同食，有衣同穿，有钱同使，无处不均匀，无人不饱暖”的理想社会，更加丰富地为人们描绘了一个理想世界的蓝图，把农民的现世渴望高度集中了起来，随后找处小的决口，让其奔泻而下，一发不可收拾。从而，对社会造成冲击，对政权构成危害。

农民起义军口号的与时俱进，说明他们为自己命运的改变一直在斗争和探索，斗争思想逐渐在进步，对统治集团的残酷性的认识逐步清楚，其奋斗目标从理想性向现实性在转化，奋斗目标越来越明确和具体，越来越有号召力和吸引力。特别是到了封建社会的后期，他们已经认识到，用造反起义来推翻旧政权，仅仅从上层建筑上下手是不行的，要从经济基础上入手来革前朝的命。这些思想，在农民起义军的口号里都有体现。

口号不应是肥皂泡

任何集政治学、心理学、社会学、语言学等相关学科于一体的政治口号要有生命力，应当具备起码两个条件：一是口号的主张必须切合实际，二是倡导者首先是践行者。否则，讲得再动听的政治口号，在进行社会动员，营造社会氛围，重组或配置社会资源过程中，只能糊弄得了一时，而糊弄不了一世的。

可叹可惜的是，中国历代农民起义领袖所提的政治口号基本都是写在墙上，印在旗上，就是没有刻在心上。有的口号本身就如沸腾的大海里冒出的美丽水泡而已，看看可以，一碰即破。正因为如此，有些农民起义的口号，不仅“忽悠”了那些“抛头颅、洒热血”的百姓，也“忽视”了起义军领袖自己的小命。

“平均”、“公平”的口号，几乎所有的农民起义军都是打着这面旗帜的，有的虽然没有直接道出，但整个起义的动员和发展过程中，都用这个思想来凝聚农民兄弟。口号喊得是很响亮，但提出口号的人却没有一以贯之地去这样做。有些起义领袖早期是与大家同甘共苦的，如隋末窦建德的简朴生活，唐末黄巢的质朴作风，南宋钟相、杨么提倡“拜爷儿”和明末李自成的简朴生活，但到后来他们去干什么呢？在深宫里过糜烂的生活，尽情在享受着美酒与美女，可谓是“朝夕饮乐于府幕之中，日夜歌舞升平”，还给自己加了许多封号，以彰显尊贵身份，哪有工夫去管兄弟们“等贵贱，均贫富”的这等闲事了。

当初，钟相向群众宣传说，“法分贵贱贫富，非善法也。我行法，当等贵贱，均贫富”。这对当时的贫苦百姓无疑有着巨大的吸引力，故而钟相的起义队伍迅速扩大到40万人。正如重复一万遍的谎言还是具有相当的氧化作用，“等贵贱”俨然已是“内外有别”，“均贫富”又是否实现了呢？钟相曾许诺“凡入法者”，必“田蚕兴旺，生理丰富”，给广大的贫苦百姓描绘出理想国的美好蓝图。实际上，就在他揭竿而起后不久便自封楚王，改年号为“天战”，立妻尹氏为皇后，子钟昂为太子，仿宋王发布圣旨。大楚政权建立仅40余天钟相被杀，继任者杨么又建立了新的大圣天王政权。杨么自称大圣天王，还把这四个字写在大旗上以示身份。钟相的幼子钟义被立为太子，自杨么以下，所有人都要对他俯首称臣。杨么政权还设立职官，官员的名称、服饰、仪仗规格都与南宋朝廷一样。杨么和钟义的居所也像宋朝皇宫一样称“内”，还设有三衙大军。钟太子为显示高贵，还在龙舟上摆设龙床、龙簟和金交椅。

王莽政权被消灭之后，更始政权很快就迁入长安。刘玄到了长安之后，马上就被糜烂的宫廷生活所陶醉，彻底暴露出他的本性，他“日夜与妇人饮酒后庭”，不问政事，农民将领要会见他，他竟用侍者坐在帷幕里来顶替。

历史上大多数农民起义军在取得了一定的业绩后，其领导人往往开始头脑发晕起来了，连所举的大旗上写什么也弄不清楚了，忙于争权夺利，沉迷于财物及美色，甚至常常争风吃醋。他们通过政治主张凝聚老百姓打江山，到最后帝王思想、享乐主义等腐朽的东西在他们短暂的胜利以后立刻体现了出来，终至人心尽失，道义尽丧，而他们所建立的农民政权也注定是短命的。

所谓“同甘共苦”，出于忠诚践行者口中，是一句聚众的口号，但出于口是心非者口中，那就是自欺欺人的诳语，是一块“遮羞布”而已。反过来说，一个民族总为那些听起来气壮山河，分析起来毫无理性的话语而普遍感动不已，也是非常幼稚和悲哀的。

也许有些是领导腐败的个案，不带有一定的普遍性，因为起义军领导人未必人人都是色狼、财迷、权奴，不过起义军提出的政治口号的主张与内容，注定了是失败的。只顾政治口号吸引人、动员人，没有考虑还要建立在正确的政策的基础上，并掌握好分寸。只图一时的痛快，终而带来永久的遗恨。

自从占领洛阳后开始，李自成渐将过去的流动作战改为每得一城分兵据守的军事战略，崇祯十六年正月克承天（今湖北钟祥），打出“剿兵安民”旗号，散发“三年不征”传单。起义军起义过程中，针对明朝地权集中与赋税繁重的情况，提出“均田免粮”口号。攻占西安后，又以“贵贱均田”及“五年不征”相号召。这些与其说是政治主张和政治手段，还不如说是大嘴吹牛皮。有趣的是，这个李闯王还为自己的“聪明”而沾沾自喜，请参加起义军的秀才李岩创作了许多歌谣教给孩子们四处传唱，歌词很有针对性，又通俗易懂，所以很有号召力。

政治口号一经歌谣的广泛流传，产生的号召力和吸引力是很大的。然而，政治动员发挥战争功能必须建立在一定的物质实力基础之上，没有强大的物质基础来支撑，政治动员将会陷入无源之水、无本之木的尴尬境地。

李自成的“不纳粮”政策并没有因此翻开历史美丽的一页，反给起义军带来了极大的财政困难。不要农民纳粮，庞大的起义军只能靠占领地原明政府仓库中有限的存粮和打劫地方老财来维持，坐吃山空，很快就出现了难以为继的尴尬局面。在撤出北京前，连李自成的大本营的给养也成了问题，“日给米止数解，马豆日数升，老本（即“老营兵”）颇怨之”。“大本营”如此，其他部队的给养问题肯定更为严重了。打劫富户的政策虽然得到了粮食，但也引出了新的问题，加剧了地主阶级的对立情绪和拼死抵抗，也引起了起义军内部一批与“富户”有着千丝万缕关系的将领因成分问题而惊慌万分。这些直接导致了起义军的失败，但这个闯王仍然沿用过去的策略，坚持流动作战，靠掠夺过日子。因为，掠夺是暂时的，且能招致坚强的抵抗；征税则是长期的，只要税负合理，抵抗情绪很轻甚至没有。流动作战容易产生流寇主义思想，没有建立稳固的根据地，即使攻下一些大城市，仍然未能巩固。

还有，捻军歌谣中有些歌颂捻军首领张老乐的内容，与李自成起义军“不纳粮”的歌谣一样，有着同样的片面性。所谓“杀尽官兵杀财主，不完银子不完课”，作为被压迫人民的激愤之辞是可以理解的，但把它当作口号来号召，就不妥当了。一方面扩大了打击面，另一方面又断绝了自己的财政来源，这对起义军来说都是致命的命门。起义初期能得到群众的拥护，开始轰轰烈烈，而后期往往脱离群众，不久便矛盾丛生，政策的偏颇恐怕也是一个重要的原因。

他们的失败证明：一个政治人物，如果对人的基本属性与利益缺乏根本了解，对绝大多数俗人抱有可以将其改造为圣人的期望，他们就不是一个成熟的政治人物。

在一个道德浑浊的世道中，被忽悠的那些农民兄弟们把起义口号当成真理，只能一梦不醒，成为彻头彻尾的愚人。

那些农民起义的领袖们“忽悠”别人的同时，不可避免地也“忽悠”了自己，无论“忽悠”的天赋如何过人，占去了他人生其他方面的空间，又岂能跳出这一古今“忽悠”者的宿命呢？

第八章 神明也不是救世主

战争，难让宗教走开

中国古代这么多的“揭竿而起”从来没有一起是为宗教而战的起义，但以宗教式的把戏进行暴动倒是不少，即用鬼神来挑动大家。这真是耐人寻味。当年的陈胜、吴广“鱼腹丹书”、“篝火狐鸣”等活动，就是借助天命迷信思想向人们说明秦朝封建统治天运已终，陈胜当王是天的授意，他是让大家誓死跟随、舍命相辅的新君。

同样是造反起家的汉高祖刘邦，也用宗教式的手段来乔装打扮自己，自诩为“真龙天子”。司马迁在《史记》中对他的出身记载为：“父曰刘公，母曰刘媪。其先刘媪尝息大泽之陂，梦与神遇。是时雷电晦冥，太公往视，则见蛟龙于其上。已而有身，遂产高祖。”刘邦是其母亲和蛟龙媾和所生，为名副其实的龙种，故高祖“隆准而龙颜，美须髯，左股有七十二黑子”。他醉后夜径泽中斩白蛇，意味着汉兴秦灭。所有这些，目的只有一个，将编造出这些古怪之事演绎成让人敬畏的神话，为塑造者之政治目标服务。

我们推想，生活在汉武帝时的司马迁也是凡人，他拿的是汉朝的工资，当然要替汉家的开国皇帝吹牛。再说，他不吹也不行啊！

上古时代，人们往往通过神话来解说世界，逐渐形成一定的宇宙观和有关的思维模式。其中传达出来的文化内涵成了民族历史的先导性诠释，构成了民族文化精神的基本组成部分。

著名的历史学家黄仁宇说过：“中国的民变，通常在开始时，带有几分离奇和神秘的色彩。其原因则是一般农民安土重迁，除非有剧烈的天灾人祸，很少有机会能促使大量的人口铤而走险。并且纵使他们被投入变乱的大熔炉，也仍要通俗的宗教思想，有如苍天代黄天、弥勒再生等传说与观念，发动精神上的力量，去支持其大规模的暴动。”

张角起义时，也给自己编了这样一则离奇的故事。一次入山采药，遇到一位碧眼童颜、手执藜杖的老人，授给他天书三卷。老人说：“此名《太平要术》，汝得之，当代天宣化，普救世人；若萌异心，毕获恶报。”张角拜问老人姓名，老人说：“吴乃南华老仙也。”说完，化作一阵清风走了。所谓“南华老仙”，就是战国时期道家代表人物庄子，《庄子》一书被后世的道教徒称作《南华真经》，他被称作“南华真人”，民间叫他“南华老仙”。

宗教信仰是人们对某种无法实现的社会愿望的寄托，有着非常强的凝聚力。在封建社会的中国，宗教常常作为组织农民起义的一面旗帜。细检中国历史，在古代发生的大大小小的几千起起义或者说是民变中，以宗教名义散播谣言、拉拢群众的几乎占了一半。他们以神的名义，以神的语言，以类似民谣、乡谚等直接表述民众理想社会的神学预言，唤起相当多人的热情，从而掀起声势浩大的农民起义。其中著名的有：

秦末农陈胜、吴广农民起义；

西汉末年绿林、赤眉农民起义，吕母起义；

东汉末年黄巾起义；

两晋杜、孙恩、卢循起义；

南北朝时期赵广，盖吴，破六韩拔陵，莫折大提起，杜洛周，鲜于修礼，葛荣起义；

隋末瓦岗山，窦建德，杜伏威起义；

唐朝陈硕贞、西原人民起义，袁晁起义，方清、陈庄起义，裘甫起义，庞勋起义，王仙芝、黄巢起义，阡能起义；

北宋王小波、李顺起义，方腊起义，宋江起义；

南宋钟相、杨么起义；

元末刘福通白莲教起义，朱元璋起义，张士诚起义；

明朝贵州、湖广各族人民大起义，刘六、刘七起义，李自成、张献忠起义；

清朝古州苗民起义，捻军起义，白莲教起义，天理教暴动，太平天国运动，陕甘回民起义。

人类自有思考活动以来，宗教就一直以重要的影响力相随左右，建构出广阔的精神文明殿堂。在教堂里，人们领略到了俗世中难以感受到的清凉与圣洁之气。宗教影响所及之处甚广，从自然环境的投射、人类社会的解释，到社会体制的建立及维系。文明的历程中，宗教都不曾缺席，何况改朝换代之际呢？

不过，这里面有一个现象很有意思，就是农民起义者运用的宗教并非是当时的正规的宗教，而是他们以“古为今用”或“洋为中用”的方式创造出来的五花八门的教义、教派。

黄巾起义的“黄天”指的是他们自己，“弥勒佛”也不是真的弥勒佛，而是转世的，还是他们自己。也就是说，他们所炮制的谣言都是为自己服务的，宗教里的神仙不过被他们拿来当作一面大旗，举着这面大旗的还是他们自己。

特别是几乎天天都面对着流血、残废和死亡的农民起义士兵，越是在恐惧的时候,越指望有一种超自然的力量来呵护自己,平衡心理。这也难怪，在生产力低下、科学不发达、认识水平低的情况下，人们在对自然界的盲目崇拜和社会上的异己力量的双重压迫下，幻想以一种超自然的力量来解除痛苦，得到幸福。消除人对于死亡的恐惧，就是人在精神上的终极关怀需求，而宗教就是提供一种方法来满足人的精神上的终极关怀需求的。

中国这个封建文化深厚、崇神媚上、习惯一统的国度，总是喜欢有一个权威来简化行动的程序，省却思考的痛苦。平民百姓进庙就烧香，见神就磕头，有时甚至根本不知庙是道家还是佛家所建，所供神像是谁、有什么职司。但是，他们有着底蕴深厚的宗教情结，企望心中敬畏的神明保佑着自己，保佑自己的来世。

农民起义军的领袖们也深诣大伙的心理，利用宗教来发动、壮大队伍、实现目标，这便成了中国封建社会中农民起义的又一种特色。

从一定意义上讲，宗教是政治的核心，而政治则是宗教的外展。政治从来不是空泛的权力之争，乃涉及政治哲学和政治理想。宗教涉及一定的价值观念和尺度，农民起义就是把这些价值观念和尺度施行出来。古代农民起义作为当时社会最重大的社会群体性事件，宗教自然是不会缺席的，那些血染战袍的农民起义军将领与那些可想不可见的“神明”们，在残酷的战场上紧紧地拥抱着。

农民起义军对宗教有浓厚的兴趣，归根结底，是他们非常注意和统治集团争夺意识形态的控制权，因而娴熟地运用迷信思想、神秘预言和宗教崇拜手段，以自身的神性，向皇家“君权神授”挑战，宣传自己造反称王的合理性，笼络人心。这样，往往能瞬间壮大实力，攻城拔寨，最后成为旧时代的掘墓者、新朝代的奠基人，实现自己的政治目的和理想。

宗教也是个幌子

农民借用宗教起事，不是为了维护某一教的教义，也不是为了某一教派的利益。尽管每次总要托出一个神来，但由于没有天地情怀，没有宗教的情致，没有对于生命的虔诚和关爱，没有人性深度的透视和剖析，也就难以达到高尚神圣的境界和品位。说白了，对于发动起义的农民领袖而言，所利用的宗教只是一面旗帜，一种工具，而不是目的。

他们不知，所有的宗教是一把双刃剑，如果利用得好的话，可以促进起义的发展，甚至是获得改朝换代的巨大推动力；如果将宗教比作神丹妙药，就会导致起义队伍陷入死潭。

许多农民起义利用宗教的牌子，他们知道这块牌子会为其做大事业发挥一定的积极作用。

在起义前，一些起义的组织者和发动者，利用宗教思想作为聚集力量的工具。假托天命、天意，传播自己的反封建的主张，制造谶语和种种神秘形式的活动，吸引群众、争取群众，从而把深受封建天命思想影响、处在水深火热之中感到绝望的贫苦百姓，团结在自己的周围，为发动起义做好舆论准备和组织准备。

起义后，随着斗争形势的发展，起义领袖不断加强对宗教思想的宣传。一方面利用宗教痛斥当时封建王朝的残暴与黑暗，论证它的末日来临，“大数已尽”，否定封建皇帝的“君权神授”。另一方面借助宗教思想，宣传自己的主张，解释自己的各项政策和行动，宣称自己的主张是出于“天命”，杀富济贫是“奉天倡义”、“替天行道”，宣布自己称王称帝是“承天应运”，“恭承天眷”，“天命有在”。宣传自己所建立的政权是应运龙兴，顺天应人，永膺天命。这种宣传鼓动，对于分化瓦解当时的封建统治的营垒，对于加强义军内部的团结和增加农民的斗争信心，是起着一定积极作用的。

张角利用太平道为旗帜，又派弟子们去各地传教，为起义做舆论准备，并用符水治病以进行传教，借此吸引和联络农民。他们把适于参加战斗的道徒编为三十六方，大方一万多人，小方有六七千人，组成三十多万“天兵天将”，决定于公元184年农历三月初五“内外俱发，八州三十六方并起”，举行大暴动。张角起义军提出了“苍天已死，黄天当立；岁在甲子，天下大吉”的响亮口号，起义军很快成为燎原之势。

在张角起义的鼓舞下，各族人民相继奋起，随之发生了黑山起义军暴动、西北各族人民起义和张修领导的天师道徒起义。天师道是西南流行的由张陵创立的早期道教的一个流派，因为初入道的人要交五斗米，故俗你五斗米道。天师道起初在巴蜀设二十四治（治：教区组织的名称），张修是巴郡一个教区的首领，在黄巾起义后也于同年七月率众起义。他们北上攻取汉中，为后来张鲁在汉中建立天师道政权开辟了道路。

起义与宗教结合得如此之好，两者自有内在的需求，真可谓“互通有无”。

一是，以神学的语言宣扬平等思想，正对起义发动者的“胃口”。尽管宗教中讲的平等是虚幻的，不能实现的，例如，佛教主张的“众生平等”，初期基督教所讲的“原罪的平等”、“上帝的选民的平等”，以后基督教中常说的“上帝面前人人平等”，都是如烟似云的缥缈之物，在货币交换的社会里无法实现。处在残酷野蛮的封建压榨下的贫苦农民盼望出现一个政治上、经济上平等的社会。起义农民有自发的平等要求，经过改造的宗教平等思想一经提出，就有可能打动千千万万农民的心。

二是，提倡苦行和过简朴生活的主张，正是起义军领袖们需要的“利剑”。这在农民看来，是对统治阶级所过的骄奢淫逸生活的否定、抗议。另外，在物质条件低劣，作战频繁的农民起义军中，也需要用这方面的有关教义和宗教感情来增强斗志，以利于获得军事上的胜利和起义军队的管理。例如：方腊领导的起义军中就规定实行素食、裸葬；太平天国起义军中建有圣库，规定从上到下不得私蓄财产，实行男女分营制等。

三是，强调绝对服从宗教首领的命令，正是起义领袖求之不得的“法宝”。有的起义领袖为了便于管理比较散漫的农民起义队伍，利用此类教义来约束部队，维持军中纪律，而参加农民起义的，习惯于小生产、家长制的农民，往往推出具有皇权主义思想的人作为起义领袖，在中国历史上的农民起义中，真正由农民自己作领袖的并不多。

但是，历史上扛着宗教牌子的农民起义毕竟不是“宗教战争”。所谓宗教战争，就是以宗教为名义而发动的战争，或者是信仰一种宗教的势力向信仰另一种宗教的势力发动战争，或者是信仰同一宗教的某一派系向另一派系发动战争。这些宗教战争都是以维护本教教义或者本教利益而向“异教徒”发难，多少带有为信仰而战的意思。而在农民起义军的脑子里，可能对宗教的教义、教派、教利等根本不感兴趣。他们关注的是什么呢？就像蒙元军队曾坦荡地解释的那样：银子和女人是他们的铁骑的战利品，改变异族的信仰不是那么重要。

无知的崇拜只是一种迷信，立足在科学上的崇拜才是一种伟大的信仰。

也许一些农民起义军的领袖尝到了宗教的“甜头”，一味地陶醉其中，假戏真唱，错把工具当真谛，结果把自己活生生地玩完了。

太平天国就是一个低级的宗教迷信。拜上帝教中，中西文化的结合极为复杂。拜上帝教渊源于西方的基督教，洪秀全接触的是传入中国的基督教文本《劝世良言》。他接纳基督教只是为了创立自己的宗教，绝不是为了虔诚信奉、钻研教义。再说明白一点，为使基督教能为其所用对之进行改造，通过异梦将上帝上天形体化，减少对上帝的陌生感，增加对上帝的可信度，减少虚幻性，扩大威慑力。他们在基督教基本概念的解释上，也多次进行了改造，而所谓的“改造”其实是对基督教极大的扭曲。

拜上帝教对中国传统文化的吸取是在束缚于宗教的大框架之内，一切以上帝的名义、视上帝的好恶进行取舍，给中国传统文化带上了一副沉重的宗教枷锁。根本的目的是为了组建绝对的暴力集团，神权、极权、愚昧的统治只为满足自己的无限欲望，丝毫不顾及大众的福利，所造成的是遍野的白骨、满地的荆棘，丧失的生命最少为2000万～5000万。公元1864年3月，天京合围后，城内断粮。残酷的斗争和饥饿使太平天国领袖洪秀全卧病不起。1864年6月1日，洪秀全病逝南京，在“天国”绚烂的梦境中划出了一条血道的巨痕。

我们现在还是无法判断洪秀全的行为含有多大的信仰成分，但可以见证他为建设“天国”所做的一份努力，是以宗教的大悲咒对抗衡人生的悲哀，对抗世道的悲咒。

谶言，实在是中国历史上一个老而不死且为贼作伥的妖怪。

一些农民起义“成也宗教，败也宗教”。失败的原因在于自我陶醉于宗教、迷信之中，危难中等待神灵解救，最后落空而失败。有时，起义农民和宗教信仰在严酷现实面前碰得粉碎时，顷刻热情消退，队伍受挫。有时，农民对宗教中所说的平等抱有不切实际的幻想，在起义过程中当他们发现反掉一个不平等社会，又用自己的双手建立起一个新的不平等社会时，就心灰意冷，于是起义深深陷入难以解脱的自相矛盾。特别是在农民起义的后期，具有严重小农经济思想的起义领袖，封建宗法意识膨胀，逐渐信奉皇权主义，起义所利用的宗教当中的消极因素日益突出，甚至像太平天国后期那样，表现为神学世界观，狂热崇拜领袖人物，企图依靠神权绝对命令控制局面等。

天下大义的力量是建立在利益的基础上的。如果没有利益作为后盾，任何所谓的信仰只是一句空洞的口号。

玩火的邪教

历史上利用宗教发动的农民起义，绝大多数失败了，有的败得很彻底，有的死得很悲壮，而被利用的那些宗教也难逃厄运，随之遭到镇压或铲除。就是个别成功的农民起义也将这个原来的“思想武器”抛之于地，甚至还会踩上一脚。

原因很简单，那些从战火中走出的宗教已经变味了，有的成为地地道道的邪教。

历史上，中国统治阶级所说的邪教是指对当时的政治、社会造成一定危害或威胁，特别是影响国家政权稳定的一种组织。据不完全统计，从汉代道教创立以来，被历代统治者打成邪教的民间秘密宗教组织约有 200 个，其中 90% 是明代后出现的。邪教徒一般都有很强的教主崇拜心理，教主让信徒去死，就会跟随他去死；坚信末世论，认为只要这个世界是魔鬼当道，社会腐败，末日马上来临，只有加入他们的组织才能得救。此外，这些宗教组织具有明显的反社会、反传统道德、反人性的表现，有些教派私自囤积武器，要与反对他们的人决一死战；还有着严密的组织，信徒一旦加入了某种教会后，再想退出来就会受到种种威胁。

起义领导者利用农民的愚昧、迷信、贫困，创造一个又一个迷人的神话，让追随者抓狂不已，被洗脑后痴迷地为教主勇于献身。追随教主打天下，一个又一个王朝更迭变换，让人眼花缭乱，不变的是江山定鼎，教主们开始撕下伪装的面孔，杀掉一个个走狗，为子孙万代的天下巩固创造条件。若干年过去了，又一个教主诞生，再创造一个美丽的神话，又一段历史被复制。

中国古代，民间邪教绵延不绝。暴乱作恶，残忍血腥，为害社会，祸乱中华，实乃文明社会之毒瘤。

五斗米道又称正一道、天师道、正一盟威之道，是道教最早的一个派别。据史载，在东汉顺帝时期，由张道陵在蜀郡鹤鸣山（今四川成都市大邑县北）创立，规定凡入道者需出五斗米，用作相互帮助的基金，故得此名，同时又称为“米巫”、“米贼”、“米道”。另外，也有人认为，这个名称也可能和崇拜五方星斗（南斗、北斗等）和斗姆有关，五斗米就是“五斗姆”（另一说法是五斗崇拜和蜀地的弥教结合而成，即“五斗弥”教）。因教徒尊张道陵为天师，又称“天师道”。孙恩一家世世代代信奉五斗米道。

东晋末年，浙东一带的农民被剥削得贫困不堪，信教的群众越来越多。隆安三年（公元 399 年）十月，孙恩乘朝廷强征“乐属”，引起浙东社会骚乱之机，登陆攻克上虞（今属浙江），袭会稽（今浙江绍兴）；十一月，俘杀会稽内史王凝之，自称征东将军。一时间，会稽、吴郡、吴兴、义兴、临海、永嘉、东阳、新安八郡（今江苏、浙江境）纷起响应，只有十多天的时间，起义军发展至数十万。

从北宋开始在东南沿海地区流传着一种教义，就是明教。看过金庸的小说的人都会对明教有很深刻的印象，教徒食素，拜明王。到了元朝末期的时候，明教得以大规模的传播，并与白莲教相汇合，同尊明王，势力与影响已达到难以控制的地步。正好这时在北方发生了连年的旱灾，于是各地相继爆发起义，韩山童与刘福通发动治河民工首先起义。韩山童死后，各地的起义军由于他们的骨干人员都基本上是明教教徒，而韩山童的祖父又是白莲教教主，所以他们共同以韩山童的儿子韩林儿为名义上的领袖。这时全国有十几支规模较大的起义军，小的起义军更是不计其数，他们一边与元军作战，一边互相蚕食，那时全国的形势如同五代十国或者春秋战国时期一样混乱。

清代邪教的大量滋生和广泛蔓延主要是在乾隆中期以后，现由中国第一历史档案馆收藏的有关“邪教”档案记载的百余个名目，也主要是这个时期出现的。当时，“康雍乾盛世”逐渐走向结束，落日的辉煌背后潜伏着危机。咸丰七年（公元1857年），刘仪顺在思南籍农民秦魁榜的引导下来到思南，在思南的广大乡村传播灯花教，广收教徒，组织了一场规模浩大的农民起义——号军起义。

其实，邪教听似玄乎，其蛊惑人的手段也比较简单，只是被骗的人太好骗了。刘仪顺利用部分农民无知又贪婪的心理特点，用糯米粑做成佛像，里面装进用水浸泡过的黄豆，在神像面前设四盏高脚佛灯，灯芯用特殊药水浸泡，点燃佛灯后集中教徒于神像前跪拜。时间一长，黄豆渐渐发胀，佛像也就慢慢变大起来，浸过药水的灯芯也逐渐结成一朵大灯花。教徒们以为神灵显圣，称刘仪顺为“老祖祖”。刘仪顺成了人们信奉的活佛，越来越多的农民加入灯花教。

太平天国起义领袖洪秀全的做法更为彻底、更为全面。他吸收并改造了大量的基督教传统材料，同时又把中国自古以来以宗法观念为中心的封建思想和宗教迷信资料，包括托梦启示、谶纬祥瑞、巫术、星占等融入自己的新宗教——拜上帝会。拜上帝会与基督教最大的差别在于：基督教主张教徒要顺服，而拜上帝主张抗争；基督教号召人们等候救世主的降临，把幸福的希望寄托于来世的“天堂”，而拜上帝会要通过斩邪留正的暴力手段，实现今世的小天堂。别看洪秀全这个落榜生，但他的聪明才智是不亚于榜上有名者，并终于在造反之后得到了充分证明。“洋为中用”被他用得炉火纯青。他居然不顾“洋上帝”的籍贯，宣称自己是上帝的另一个儿子，开辟了一条“外来天父”好念经的仕途大道。如此看来，人才们走上造反之路，也是逼出来的“才艺表演”。

清末义和团运动起于山东和直隶，原名义和拳，有白莲教背景，为民间秘密会社，号称“刀枪不入”。他们在天津府北乡开河时，据说还挖出个石碑，上面写：“这苦不算苦，二四加一五，满街红灯照，那时才算苦。”原来拳民中有一种技艺叫红灯照，说什么能上天放火云云，各种神仙和流行于民间的小说人物和戏曲角色粉墨登场，成为义和团的保护神。红灯照因系女性组织，保护神则是观音、樊梨花、刘金定之类。教门首领搞降神附体、撒豆成兵、呼风唤雨、画符咒水等，拳师们则搞刀枪不入、喝符念咒、治病除灾等。

他们手握刀矛，面对快枪大炮武装的帝国主义者，把克敌制胜的希望寄托于冥冥中的神仙上帝，请神咒语为：“天灵灵，地灵灵，奉请祖师来显灵。一请唐僧猪八戒，二请沙僧孙悟空，三请二郎来显圣，四请马超黄汉升，五请济颠我佛祖，六请江湖柳树精，七请飞标黄三太，八请前朝冷于冰，九请华佗来治病，十请托塔天王金吒木吒哪吒三太子，率领天上十万神兵。”但流血的战场毕竟不是戏剧舞台，使用洋枪洋炮的“鬼子”们不是阴曹地府里的真鬼子，也不是西天路上可以用佛法扫除的妖魔，义和团的团员们用自己的血肉之躯证明了一个神话的破灭。

真正积极的宗教，都是提倡拯救世人，弘扬的是真善美，爱人与爱己。但是，宗教卷入了战争，无论是原本的宗教还是被改造过的宗教，无论是被利用的宗教还是主动投入的宗教，对宗教本身来说都是很危险的，甚至有玩火似的灭顶之灾。

佛教和摩尼教以及教义源于它们的白莲教都劝人慈悲为怀，规定不可杀生，不可杀人。但是以白莲教为旗帜组织和发动起义的红巾军却与白莲教的教义相违，主张无情地屠杀官吏、豪绅地主和作恶僧尼，认为只有杀尽不平才能实现太平。

北宋的方腊起义时，以摩尼教作为旗帜，汇集了成千上万摩尼教教徒。在他的宣传鼓动中，既反对维护统治阶级利益的“三纲五常”，主张官兵平等，男女无别，也反对摩尼教中原有的不杀生等信条，竟然提出“只有杀人，才能度人”、“只有杀人，才能成佛”，“见官吏，公使人，皆杀之”。除此之外，还把摩尼教的教祖和某些经典都改变了。本来摩尼教是崇拜最高神摩尼光佛，而方腊改为崇拜东汉末黄巾起义领导人，太平道首领张角，尊张角为教祖。这一改造倾向性是很明确的，甚至在一定程度上改变了摩尼教的原来性质。

对于农民起义所利用的宗教，在农民没有暴动前，朝廷和当地的官员没表态，有的甚至还接受，如东晋的五斗米道就颇受统治集团中某些人的信奉。只是到了后来，统治者发现发动农民起义的那些人，早年常常利用某些宗教作为外衣，遮挡自己的视线，在自己的眼皮底下活动了很多年居然都不知道。还有的借用宗教来发展信徒，组织人力，壮大队伍。这些都严重危害了自己的统治，于是下令封禁，使不少宗教被迫转入地下，有的直至被封杀。

黄巾起义失败后，太平道被封禁了；孙恩、卢循起义失败后，五斗米道被封禁了，道教被统治者做了一定的改造，成了统治者的御用工具，成了显教。后来，陈硕贞直接借用统治者推崇的道教发动起义。方腊借用摩尼教发动农民起义后，明教被统治者封禁，后来在红巾军起义中与白莲教相联结，痛击元朝，结果都遭到明朝封禁。明教开始衰落了，而白莲教成为隐教却得到了很大的发展，屡屡被农民借用、发动起义。这也说明从明朝开始，我国的封建统治者对宗教的宽容已经到了最下限，民众被逼得没有选择了，除了借用白莲教，没有其他宗教可以提供令其反抗的动力了，因为佛、道都为统治者所用。直到近代，基督教在我国得到深入传播，农民兄弟才将它改造后作为暴动的思想武器。

邪教是一种破坏的力量，农民起义为了推翻旧王朝需要并利用它，可它不是一种建设的力量，建立新王朝就用不上它。新王朝的领导人，包括从农民起义起家的帝王，在取得初步胜利之后，就会断然抛弃这些教义，重用知识分子，来建立正规的新时代，谋得长治久安。从红巾军起义的前后过程中可以看得很清楚，朱元璋得到政权之后，就下令禁止明教、白莲教。

这是为什么呢？

因为他的政治目标实现了，改造后的宗教已经不需要了，再让那些宗教活动起来，就会危害自己的统治。

第九章

起义军领袖：他是班长他的班

“班长”的档案

在那人心思乱的年代里，一些枭雄往山坡或土墩上一站，犹如一块巨大的磁石，人们像铁屑一样纷纷向他聚拢。不仅农夫、市民、商人，还有地主、文人、官吏和士卒等，纷纷汇入了起义的洪流之中。于是，出现了这样的一些景象：父母给孩子送行，妻子给丈夫送行。送他们去干什么？当然不是去淘金，而是去砸烂一个“旧世界”。

起义队伍发展了，事业做大了，各路英雄豪杰尤其是一拨一拨文化人加入其中，并在起义这个舞台上崭露头角，从而使起义队伍逐渐形成了一个比较完整的领导班子，起义军的主要领袖瞬间奇迹般地成了整支队伍崇拜的英雄、圣人和偶像，也自然就是他们这支队伍带头大哥中的“班长”。

历史总是因其神秘而充满魅力。我们从尘封的史料中走出来，不妨将农民起义军领袖们的籍贯、出身、文化程度、履职经历、起义时的年龄、最终归宿等方面作一下回顾，还原他们鲜活的人生真相。

秦末农民起义

陈胜，阳城（今河南省登封东南）人，雇农出身，当过农民、戍卒，文化程度为文盲，起兵时年龄不详，最终被平时自己最为信任的部属所杀。

吴广，阳夏（今河南省太康）人，农民出身，当过农民、戍卒，文化程度为文盲，起兵时年龄不详，最终被同一战壕的战友所杀。

刘邦，沛郡丰邑中阳里（今江苏丰县）人，平民出身，当过农民、泗水亭长，也就是农村基层干部，文化程度近乎于文盲，起兵时 47 岁，最终起义成功，成为汉朝的开国皇帝。

项羽，下相（今江苏宿迁市南郊）人，贵族出身，起义前为社会闲散人员，文化程度只能算是粗通笔墨，起兵时 24 岁，最终兵败自杀。

西汉末年绿林、赤眉起义

王匡，新市（今湖北京山）人，望族出身，起义前为职业军官，粗通笔墨，起兵时年龄不详，最终投降刘秀后被杀。

樊崇，琅琊（今山东诸城）人，贫苦农民出身，种地为业，是个地地道道的农民，是位大字不识一个的文盲。起兵时年龄不详，最终兵败后被刘秀所杀。

东汉末年黄巾起义

张角，巨鹿（今河北省平乡）人，富裕平民出身，起义前为宗教人士，以传道为业，文化程度较高，起兵时年龄不详，最终病亡于起义途中。

西晋末年流民起义

李特，巴西宕渠（今四川渠县东北）人，官宦家庭出身，起义前职业不详，文化程度较高，起兵时年龄不详，最终被官军设计所杀。

张昌，义阳（今河南省新野）人，平民出身，是个汉化了的蛮族人士，曾为县衙小吏，可能算是个机关干部吧，有些文化，但水平不高，也就是粗通笔墨而已，起兵时年龄不详，兵败后被杀。

杜弢，蜀郡（今成都）人，家庭出身不详，曾任醴陵令，是个在当时体制内吃官饭的人，文化程度较高，起兵时年龄不详，最后死于起义军溃败途中。

东晋农民起义

孙恩，琅琊（今山东胶南县境南）人，宗教家庭出身，以祖传的五斗米道为业，文化程度较高。起兵时年龄不详，最终兵败后投海自杀。

卢循，范阳（今河北省涿州）人，士族出身，传道为业，文化程度较高，起兵时年龄不详，最终败于东晋军队，投水自杀。

南北朝北魏北方各族人民大起义

破六韩拔陵，沃野镇（今内蒙古五原东北）人，牧民出身，放牧为业，蒙语基础如何，不得而知，但对汉语一窍不通，是个地地道道的文盲，起兵时年龄不详，兵败后被杀。

葛荣，怀朔镇（今内蒙古固阳西南）人，牧民出身，军官为业，粗通文字，起兵时年龄不详，最终被俘后被处死。

隋末农民起义

王薄，邹平（今山东邹平西北）人，农民出身，种田为业，是个地地道道的农民，系《无向辽东浪死歌》的作者，文化程度很高，起兵时年龄不详，后投奔李唐，被任命为齐州总管，算是实现了他“曲线为官”的愿望。

翟让，韦城（今河南滑县东南）人，农民出身，当过东郡法曹，属于基层小干部，粗通笔墨，起兵时年龄不详，最终被起义同僚李密所杀。

李密，长安（今陕西西安）人，贵族出身，读书为业，文化程度很高，起兵时 34 岁，最终因忽降忽立被李唐军队剿灭而斩。

窦建德，漳南（今山东武城漳南镇）人，农民出身，曾任当地的里长，属于农村基层小干部，粗通笔墨，起兵时 43 岁，最终被俘后被处死。

杜伏威，章丘（今山东章丘西北）人，平民出身，早年参军入伍，以军人为业，粗通笔墨，起兵时 16 岁，最终降唐后被毒杀。

唐末农民起义

裘甫，剡县（今浙江省嵊州）人，农民出身，盐商为业，大字不识一个，是个地地道道的文盲，起兵时年龄不详，最终被俘后被处死。

庞勋，籍贯不详，出身不详，只知道他曾任桂州戍军的粮料判官，大概是个后勤干部，一直以军官为业，文化程度较高，起兵造反时年龄不详，最终在起义中战死。

王仙芝，濮州（今山东鄄城北）人，平民出身，盐商为业，文化程度为粗通笔墨这个档次，起兵时年龄不详，最终在激战中阵亡。

黄巢，曹州（今山东省曹州）人，盐商家庭出身，家里较为殷实，属于体制外的富人，本人亦商亦学，以贩盐为业，文化程度较高，起兵时 54 岁，最终兵败后自杀。

北宋农民起义

王小波，青城县（今四川灌县西南）人，茶商家庭出身，以贩茶为业，粗通笔墨，起兵时年龄不详，最终在起义中战死。

宋江，郓城（今山东省郓城）人，富农出身，县衙小吏，属于机关干部，文化程度较高，起兵时 33 岁，最终战败后被招安。

方腊，歙州(今安徽歙县)人，后迁至睦州青溪(今浙江淳安)，贫农出身，种地为业，是大字不识一个的文盲，起兵时年龄不详，最终被俘处死。

南宋农民起义

钟相，武陵（今湖南常德）人，商人家庭出身，商贩为业，粗通笔墨，起兵时年龄不详，最终被俘处死。

元末农民起义

刘福通，颍州（今安徽阜阳）人，出身于富豪家庭，起义前系白莲教最早的一批信徒，大概是以传教为业的，文化程度较高，起兵时 30 岁，最终兵败后战死。

韩山童，栾城（今河北栾城）人，出身于农民家庭，地地道道的农民，起义前一直在家务农，但文化程度较高，起兵时年龄不详，最终被俘后被处死。

朱元璋，祖籍为江苏沛县，其祖父后定居濠州钟离（今安徽凤阳），应当算是濠州（凤阳）人，出身于贫苦农民家庭，起义前是个和尚，是大字不识一个的文盲，后来在皇帝的岗位上展示出的文才，完全是自学成才的结果，起兵时 25 岁，最终取得成功，当上了明朝的开国皇帝。

明末农民起义

高迎祥，陕西安塞人，出身于贫苦家庭，起义前贩马为业，是个活跃在流通领域的商人，文化水平大概属于粗通笔墨这个档次，起兵时 40 岁，最终战败后被俘处死。

李自成，陕西米脂人，出身于正趋没落的富裕家庭，先后干过佣工、铁匠，曾在银川做过驿卒，是个军人，粗通笔墨，起兵时 23 岁，兵败后遇害。

张献忠，陕西省定边人，出身于农民家庭，曾当过延安府捕快，其身份不是军人就是警察，粗通笔墨，起兵 27 岁，最终在起义中战死。

清朝

石柳邓，贵州省松桃厅（今松桃苗族自治县）人，出身于苗族农民家庭，起义前主要是种地和做小买卖为业，属于亦农亦商，粗通笔墨，起兵时 56 岁，最终去向不详。

王聪儿，湖北襄阳（今湖北襄樊）人，出身于失地农民家庭，江湖卖艺为业，同时也是个教士，传扬白莲教，粗通笔墨，起兵时 19 岁，最终兵败后自杀。

刘丽川（小刀会起义），广东香山（中山）人，出身于农民家庭，以草药治伤为业，粗通笔墨，起兵时 35 岁，最终在起义中兵败战死。

陈开（天地会起义），佛山（今佛山市）人，水手出身，做过木匠，后来改行做放排、撑船工作，粗通笔墨，起兵时年龄不详，最终被俘处死。

张乐行（捻军起义），安徽涡阳（今属安徽省亳州市）人，豪绅地主出身，少时略读诗书，后在家务农，兼与他人合开作坊，经营杂货，文化程度较高，起兵时41岁，最终因叛徒出卖，被俘处死。

张秀眉（苗民起义），贵州台拱厅（今台江）仰冈寨人，出身于贫苦农民家庭，打工为生，文盲一个，起兵时32岁，最终被俘处死。

太平天国起义

洪秀全，原籍广东嘉应州，生于广东花县（今广州花都区）福源水村，出身于农民家庭，读过村塾，科考专业户，但就是屡试不第，文化程度较高，起兵时37岁，最终因病死亡。

中国历史上的农民起义的领袖远不止这些，绝大多数已经无踪无形，就是在他们的家谱里也已经很难找到他们的名字了。用现在流行的一句话说：有作为，才有地位。能够不时地浮出历史水面的农民起义的领袖，在当时的确是干出了一番大事的。他们人生的跌宕起伏，历史的沉浮兴衰，那代人特殊的政治色彩，那种理想与空想、激情与煽情、献身与狂热、真诚与欺骗、信仰与空白、追求与失落、极端与平庸、跳动与盲目的强烈碰撞，统统在起义这件大事上体现了。

从某些方面讲，他们中一些人与历史上其他杰出人物相比并不逊色。如果不是这一次次历史震荡，我们简直不会相信一些出身低微的农民起义军领袖竟有这样的政治、军事和舆论制造能力，要不，是很难组织起民众推翻旧王朝这个庞然大物的。

当然，时势造英雄。一个亭长和一个和尚坐上皇帝的宝座，的确有很多的偶然因素，但不可否定有其历史的必然性，通常有政治和经济那双看不见的“手”在背后操控的痕迹。

从“班长”们的籍贯或出生地看，可查询到的39人中，在秦岭山与淮河这条我国南北方分界线周边地区的相对较多，山东省的位列第一，共有8人，河南、陕西、安徽三省各有4人，这四个省的占了总数的52.6%。其他依次分别是：河北省3人，广东省3人，四川省3人，江苏、湖北、内蒙古、贵州各2人，浙江、湖南各一人。

从“班长”们的家庭出身情况看，可以查询到的38人中，其祖辈是地地道道农牧民或者贫雇农的较多，共有20人，占总数的52.6%。其他依次是：贵族或富豪家庭的6人，占总数的15.7%；地主或富裕农民家庭的5人，占总数的13.1%。商人、城镇平民、官宦和传教人士家庭的分别是3人、2人、1人、1人。

从“班长”们曾从事的职业看，可以查询到的39人中，干过买卖和舞枪弄棒的人比较多，商人和官军的分别是10人和8人，占总数的47.3%，种地和放牧的6人，占总数的16%，以传教为业的也是6人，同样占总数的16%，在衙门里当小吏的6人，混迹于社会的闲散人员有3人。

从“班长”们的文化程度看，这40人中，以文化程度较高、粗通文墨和文盲三个档次来衡量，呈现出了一个橄榄型的状态，文化水平较高的和文盲的分别是13人和10人，两者分别占总数的30.7%和25.6%，而粗通文墨者就有17人，占了总数的43.6%。

从“班长”们起兵的年龄来看，可以查询到的17人中，20岁之前的有3人，21～30岁的有4人，31～40岁有6人，41～50岁有2人，51岁以上的有2人。其中，31～40岁的占35.2%，是个大头。年龄最大的是石柳邓，起兵时56岁。年龄最小的是杜伏威，起兵时只有16岁。

从“班长”们的结局看，可以查询到的39人中，在战场上阵亡的有10人，被俘后被处死的有11人，兵败自杀的有6人，投降后被杀的有2人，被内部将士所杀的有3人，因病死亡的有2人，登上皇帝宝座的有2人，被招安后去当官的有3人。

这里需要特别说明一下，对于历代农民起义中“班长”们的结局，历史上也有许多不同的版本，有些“谜题”至今尚未解开。比如，黄巢逃入狼虎谷后，见大势已去，遂对外甥林言道：“我本想为国家讨奸臣，革新朝政，但功成而不退，以致失败。我的脑袋不能便宜了别人，你拿去献给天子吧，还能图个富贵！”林言不忍下手，黄巢毅然拔剑自刎，但可能用力不够，没有当场死去，林言不忍看着舅舅不死不活的痛苦劲，只得砍下他的头来。然后，他把黄巢的兄弟、妻子等人都杀掉，准备去投降唐军。在投奔唐军的路上，林言偏偏遇到了野蛮的博野沙陀军，当他们闻知有这个“大礼”后，沙陀军的头头们顿时眼里放光，毫不犹豫地将林言杀掉，把这几袋子人头送给了时溥。

另一个版本说黄巢后来出家为僧，还做过著名寺院的主持，临死时，抬起右脚底给人看，只见脚底上有黄巢两字。

还有人说五代的高僧翠微禅师就是黄巢，并煞有介事地传说洛阳的张全义将军见过一个僧人，长得很像他。但张将军是个厚道人，还曾经是黄巢的老部下，一直保守这个秘密。这样一来，谁也不知道这僧是真是假了。人们一定熟悉这首诗：

记得当年草上飞，

铁衣著尽著僧衣。

天津桥上无人识，

独倚栏干看落晖。

据说这首诗是当了僧人之后的黄巢写的，这只是传说而已。不管怎么说，自此以后，眼里“遍地尽是黄金甲”的黄巢已经没有了，更不可能再影响或改变历史了。

古往今来，无数次的重大变革时期，都会出现一位或数位英雄人物，他们成为了时代的弄潮儿，站在了时代的最前端。每一起后来被历史学家认定为重大事件的起义几乎都是由小人物揭幕的。他们的经历在大致成型的人格中投下两道随其一生的底色——草根特性和赌徒性格。在这特定的时代背景下，是他们顺应了历史的潮流，还是他们以自身的实力决定了历史的走向呢？是偶然的，还是必然的？一个难以拉直的僵硬的问号，在人们的脑中定格。

历史总是裹着时代的浪潮，汹涌而来又激荡而去。说实在的，他们的成功是一个个草根的神话，而他们的失败是一个个赌徒式农民的悲剧。在封建体制的祭坛上，他们注定不是唯一的牺牲品，也不是最大的牺牲品。

“千秋万岁名，寂寞身后事。”曾经何等风光的农民起义的领袖们只留下了一堆荒冢，连墓碑也没有。衰草丛丛，长风习习，斜晖脉脉，有的只能永远把自己起义中的情感与业绩沉埋在非议的泥沙之下，实在令人感慨不已。

班子成员众生相

无论在电视荧屏上，还是在史书描绘的画面里，那些农民起义领袖的身边，除了生性鲁莽、力大无边的武臣之外，都有一个或几个摇扇子的军师级人物。公元1356年，朱元璋在攻克集庆后，宣布："贤人君子有能相从立功业者，吾礼用之。"夏煜、孙炎等十几位儒士前来求见，全被录用。此后命将出征，经常要求将领在攻取的地方寻访、推荐名儒硕士。胡大海攻下处州前后，向朱元璋推荐宋濂、刘基、章溢、叶琛四位名儒。朱元璋立即派宣使樊观赍币往聘。当四大名儒来到应天，朱元璋热情接待他们，明确表示："我为天下屈四先生。"随后专门建了个"礼贤馆"，以表收录天下儒士之心。这些军师级人物本身不是破产农民，或者可以说还算是小资，由于种种原因，无法实现自己的抱负，从而走上反对现政权的道路的。

文化，往往在乱世中产生了一种特殊的魅力。

由于农民起义军队伍文臣武将的历史资料不像他们的"班长"那样丰富，对于大多数人从何而来、起义前从事的什么职业、在什么情况下加入起义队伍、有何特长本领、为起义事业作出了哪些贡献、命运最终如何等情况，很难从史书中找到较多的文字，只能选取相对有据可查的几个"班子"的"档案"进行概述性地梳理。在孤灯下品读这些弥足珍贵的史料不乏妙趣，会看到某些久已沉入史海深处的人物重新浮出"众生相"。

陈胜、吴广的班子是临时拼凑起来的，总体上是一盘散沙

大泽乡起义时，在这900多戍卒中，就有葛婴、周文、张耳、陈馀、武臣等骨干，后来都成为统领千军万马的将领。至于他们的生平史籍很少载入，只有一些零星的"简要事迹"。例如，当年周文不负厚望，所率大军斩关夺隘，势如破竹，一直打到离秦都咸阳仅百余里的戏地（今陕西临潼境内）。进军途中，百姓奋起响应，队伍不断扩大，当时已拥有战车千乘，士兵数十万人。可见，周文这个当初的戍卒，还真有些军事天分呢！

不过，陈胜这个农民起义的老祖宗所带领的领导班子，从一开始就没有开好头。从客观上讲，这900戍卒从老家出发时，谁也没有造反的打算，只是想顺顺当当地服完这几年苦役，回去与父母、老婆、孩子好好过日子的。现在，虽然“天降大任于斯人”，但毕竟没有“心往一处想，劲往一处使”的精神纽带所系，也没有严密的组织纪律约束。起义不久，武臣进入邯郸城，就得到了葛婴被陈胜所杀的消息，还听说不少老朋友被人谗毁而杀，心里也开始惶恐起来。张耳、陈馀二人借机劝武臣自立为王。于是，武臣在邯郸自立为赵王，与陈胜分庭抗礼，导致了起义队伍很快彻底失败。他们聚集得那么迅速，散场得也那么迅速，仿佛似浩瀚沙漠上的沙聚沙散。

刘邦的班子基本上是个想干事能干事的团队

《史记·高祖本纪》记载，刘邦在总结夺取天下的经验时说：“夫运筹帷幄之中，决胜千里之外，吾不如子房；镇国家，抚百姓，给馈饷，不绝粮道，吾不如萧何；连百万之军，战必胜，攻必取，吾不如韩信。此三人，皆人杰也，吾能用之，此吾所以取天下也。”这是一席能晕倒两千年历史的用人经典。

刘邦年少“不事家人生产作业”，到了壮年才混了个泗水亭长这个芝麻似的小吏，在“秦失其鹿天下共逐之”的大洗牌中，居然力挫群雄，一枝独秀建立起西汉王朝，他所凭借的是什么？他的这段关于三杰的著名论述，说明了张良、萧何、韩信等班子成员起到了关键性作用。正如刘邦所言“此三人，皆人杰，吾能用之，此吾所以取天下也”。的确，汉王朝建立的整个过程，张良在辅佐刘邦建立汉朝中起到了“参谋长”的作用，萧何输送士卒粮饷，支援前线作战，起到了“后勤部长”的作用。韩信用兵如神，屡建奇功，在垓下大败项羽，一战定乾坤，起到了“方面军司令”的作用。

其实，在刘邦的领导班子里，还有许多文臣武将，并且大多来自不同的社会阶层。曹参是沛县的区区小吏，樊哙是宰狗的屠夫，夏侯婴是马车夫，周勃以编席为业兼当吹鼓手，灌婴是布贩，娄敬是车夫，郦食其是穷书生，彭越、黥布是强盗。至于陈平，原是魏王咎的太仆，后从项羽入关，投归刘邦以后，被任以护军中尉之职。在他个人的简历中，尽写着那些诸如家里贫穷，做小官时贪污受贿，和嫂子关系暧昧的"鉴定"，素有"盗嫂受金"之讥。就是这些看来出身不好的人，有的甚至称得上"鸡鸣狗盗"之徒，"负污辱之名，有见笑之耻"，但都能为刘邦所用，"卒能成就王业，声著千载"。

刘邦的精明之处在于用人如使器，取其所长，避其所短。古人云："不知人之短，不知人之长，不知人之长中之短，不知人之短中之长，则不可以用人，不可以教人。"

从刘邦的选才、用才之道可以看出，他是深谙用人之道的，也正是这难能可贵的一点，造成了他手下谋臣如雨、猛士如云，一时蔚为壮观。同时，这也是由于良禽择木而栖，贤臣择主而事的结果。

项羽的班子是个大杂烩式的既得利益集团

项羽的领导集团相比刘邦来说就复杂了，可以追溯到项梁时代。项梁、项羽起兵靠的是家族势力和吴中子弟，经过几番争战和合并，项梁建立了一个以旧楚为旗号的统一战线，其中有项氏家族势力，如项羽、项伯、项它等；有旧楚故老集团，如楚怀王、宋义等；有农民起义势力，如吕青、吕臣的苍头军、英布、蒲将军等；有地方势力，如吴芮、陈婴等；有其他各类势力，如旧魏势力、越人集团等。这完全是个大杂烩的松散联盟集团。项梁身死后，旧楚集团立刻跳出来夺权。项羽班子各种势力盘根错节，矛盾重重，各个势力的利益都需要考虑，而项羽恰恰没有平衡利益，整顿好内部的政治智慧，弄得沸反盈天。

在项羽班子中，被重用的外姓将领基本都是其手头上就有大量军队的人物，如英布、蒲将军、龙且、吴芮、吕臣、陈婴等，这些人的军队最初并不比项氏少，甚至比项氏多，如陈婴最初拥有 2 万军队，远远超过项氏最初起兵的 8 千人，严格意义上来说，他们不算项羽的部属，只能算是和项氏结盟的盟友，一旦发生倒霉之事，大祸临头之际，他们跑得可能要比兔子还快。事实也是这样，上述将领中，唯独龙且致死没有离开过项羽。

项羽班子中的这些情况，被刘邦阵营中的陈平看得一清二楚，遂用金子收买分化西楚君臣之策才得以有效进行。从结局上看，除了龙且，曹咎战死，其他六位后来皆投靠了刘邦。从这点上可以看出，项羽班子内部四分五裂，各有势力，没有多少向心力、凝聚力可言。

张角班子主要是一个“家族企业”

他主要是靠两兄弟张梁、张宝一起合作经营起义这个“大买卖”的。张角封自己为“天公将军”、大弟张宝为“地公将军”、小弟张梁为“人公将军”。他们三兄弟把“天、地、人”都占全了，俨然是个家族性组织。当然，他手下还有一些著名的将领，如马元义、邓茂、唐周、程远志、张曼成、赵弘、波才、娄乌等。这些英雄好汉在张角三兄弟的指挥下，南征北战，十分卖力，后人给他们编了许多神话般的故事。

像这样的中国式的农民起义中，特定条件下产生的家族领导集团，很大一部分采用了中国式的家庭产权安排形式开展工作，随着战争环境的变化和起义队伍规模的扩张，以及指挥、管理的复杂性增大，其自身在起义事业中的局限性越来越成为其快速成长的制约因素。

黄巢班子是一个“盐帮”加“滑头”的组合

唐乾符二年(公元875年)，黄巢率领其弟黄邺、黄揆等兄弟八人率众响应王仙芝起义，从此登上历史舞台。黄巢家庭是当地曹州有名的“世代盐商”之家，而他的老领导王仙芝也是淮州私盐贩。贩盐虽然是个暴利行业，但长期与盐打交道，铸就了他们坦率偏执、宁死不屈的品质，而后来加入黄巢班子的人，脑筋就活络多了。尚让，尚君长之弟，黄巢起义军的第二号人物。唐僖宗乾符二年（公元875年），他随王仙芝起义。王仙芝在黄梅（今湖北黄梅县西北）覆灭后，他率余部投奔黄巢，还主动推荐黄巢为王。尚让的行为还算是正常，无奈之下，另认新主，虽然有点见风使舵的意思，但毕竟不算太滑头，再后来加入班子的成员就有巨大的投机性了。最为典型的是朱温，他是唐朝宋州砀山（今安徽砀山）人，最初曾参加黄巢起义军，经过5年的南征北战，三十而立的朱温成了“大齐”政权的功臣，成为起义军中的一员大将。但是，朱温并没有忠心耿耿地做“大齐”政权的功臣，在几次作战失败后，一跺脚就归顺了唐朝。但朱温就像原来没有忠于黄巢那样来忠于唐朝，后来完完全全地叛了唐朝，灭了唐朝。五代的第一个王朝后梁的创立者就是这个“老滑头”。

盐帮以贩盐为营生，虽然属于商人之列，但头脑里较少有“弯弯绕”。而滑头则不一样了，他们处世圆滑、上下周旋、左右逢源、八面玲珑，回避矛盾、推诿责任、投机钻营、不持公道、遇事不得罪人、一心只谋求个人好处。这两类性格、个性不相同的群体在一起共事，先天性的因素决定了他们是不可能团结一致的，内讧与拆台不可避免。

方腊的班子是一个精诚团结的模范群体

他麾下的骨干主要是他的“老铁杆”，一帮叫“八大天王”的名将。他们中，第一位叫尚书王寅，颇通文墨，有些谋略，被方腊加封做了文职，官爵是兵部尚书，管领兵权之事。他原本是歙州山里石匠出身，惯使一条钢枪，这条枪神出鬼没，万夫莫挡。第二位叫护国大将军司行方。《水浒》中关于方腊手下的这位五虎上将之一的猛将介绍不多，但他在德清县南门外，三十回合就斩掉了梁山的插翅虎雷横，其功夫可见一斑。可惜司行方很快就因为兵败，坠水而亡。第三位叫宝光如来国师邓元觉，歙州僧人，名号宝光如来，俗姓邓，法名元觉，使一条禅杖，乃是浑铁打就的，重达五十余斤，人皆称为护国的国师，有万夫不敌之勇。第四位叫南离大将军元帅石宝，是福州人氏，使一口宝刀，名为劈风刀，可以裁铜截铁，遮莫三层铠甲，如劈风一般过去，还惯使一个流星锤，百发百中，骑一匹瓜黄马。第五位叫皇侄方杰，惯使一支方天画戟，有万夫不当之勇。第六位叫镇国大将军厉天闰。第七位叫庞万春，人送绰号“小养由基”，是方腊阵营中第一个会射弓箭的。第八位叫枢密吕师囊，原来是歙州富户，因献钱粮与方腊，官封为东厅枢密使。他幼年曾读兵书战策，惯使一条丈八蛇矛，武艺出众，部下管领着十二个统制官，名号“江南十二神”。

方腊的班子成员的生平情况史料比较鲜见，更多的是从文艺作品中看到他们为主子方腊卖力，直至战死的“英勇事迹”。有一点可以肯定的是，这些班子成员并不像前面所述的陈胜、吴广班子和后面要说到的太平天国首领洪秀全手下的人那样内讧内耗、离心离德，可谓是一个团结的班子，英勇的群体。

在方腊起义军的内部，政治上彼此平等，不分上下尊卑，大家团结一致共同对敌；经济上凡钱财物用一概公共享受使用，没有你我之分；思想上大家都痛恨宋朝统治，追求报仇雪恨，真所谓同仇敌忾。所以，起义军具有很强的战斗力，这源于这样两点：首先，起义军的人员构成或者说起义军的组织基础是明教的教徒。其次，起义军政权在政治上和经济上的制度规定都是以明教的教义为依据制定的，实际上是明教信仰的一次社会实践。

宋江的班子是“天罡星”云集的神仙会

宋江起义队伍的实际规模到底有多大，据有关史书如《宋史·侯蒙传》、《宣和遗事》等记载，只有 36 人。据郎瑛《七修类稿》载，这 36 人为：宋江、晁盖、吴用、卢俊义、关胜、史进、柴进、阮小二、阮小五、阮小七、刘唐、张青、燕青、孙立、张顺、张横、呼延绰、李俊、花荣、秦明、李逵、雷横、戴宗、索超、杨志、杨雄、董平、解珍、解宝、朱仝、穆横、石秀、徐宁、李英、花和尚、武松。作为一次有影响的农民起义，仅此 36 人就能抵抗数万官兵，这是无论如何也不可能办到的。据此有人认为，这 36 人可能是起义军大小领袖的总数，是个核心领导班子，每个头领都统率一支部队，为了方便起见，仍以 36 人名字称呼，这种解释倒也合理。这 36 个好汉大碗喝酒、大块吃肉，个个性格鲜明，无拘无束，过着神仙般的生活。要不是那个领头的黑三郎天天闹着要招安，可能这些“天罡星”们快乐到永远，直到升天再成为“星”。

为何《水浒传》中却将宋江起义队伍的领导班子变成 108 位呢？郎瑛在《七修类稿》中说得很明白：“贯中欲成其书，以三十六为天罡，添地煞七十二人之名。”这才有了梁山 108 位好汉之说。罗贯中在写小说时有感于宋江起义有“替天行道”之言，对于当时那些“非礼之礼，非义之义，江必有之自亦异于他贼也”，才将梁山36位英雄写成108位。小说总归是小说，万不能当成历史来对待，历史的真假不是以大众的意识为转移的。

朱元璋班子基本上是文武齐全的“全能型”的领导集团

朱元璋手下有六大名将，起义成功后称为六大国公。他们分别是：徐达，位列功臣榜第一，用兵如神，多用谋略，生前封公，死后封王；常遇春，明代开国第二武将，位列功臣榜第二，勇猛异常，战无不胜，攻克北京后不久暴亡。他们俩人是朱元璋在军事上的左膀右臂。另外四个是：李文忠、冯胜、李善长、邓愈。民间通过评书所熟知的刘基（伯温）、汤和、胡大海等，因为各种原因未能进入这个行列。

这里不说那些武将们的作用与贡献了，单就文臣刘伯温所作所为来看，足以发现这个班子的优化组合。龙凤六年（公元1360年）春，江左名士刘基应聘来到应天。那时候，朱元璋已攻占浙东大部分地区，江南根据地建设取得了一定成就。可是，形势并不乐观，因为东有张士诚，西有陈友谅，两者的实力都比朱元璋大，所以朱元璋处于东西夹击的险境中。如何对付和剿灭张士诚和陈友谅是令朱元璋犯难的当务之急，他向刘基请教。《明史·刘基列传》记载，刘基建议朱元璋先打陈友谅，后灭张士诚，说：“士诚自守虏，不足虑。友谅劫主胁下，名号不正，地据上游，其心无日忘我，宜先图之。陈氏灭，张氏势孤，一举可定。然后北向中原，王业可定也。”

刘基这个鞭辟入里、要言不烦的分析，避免了朱元璋两线战斗的劳苦和危险。先图陈友谅，再除张士诚，然后北伐中原，一统天下的三部曲，不仅是对付陈友谅和张士诚的局部战略方针，而且是夺取天下的全局战略方针。从公元 1360 年陈友谅进攻应天起，经过 4 年战斗，朱元璋灭掉陈友谅。公元 1365 年 10 月，朱元璋又发动消灭张士诚的战争，到公元 1367 年 9 月灭掉张士诚；10 月，朱元璋又命徐达、常遇春率军北伐。1368 年正月，朱元璋在应天称帝，国号“明”；8 月，明军占领大都，取代元朝。

历史的进程证明，刘基为朱元璋设计的战略方针是英明的。现在许多书籍说他才智卓绝、料事如神，深富文韬武略，在历次的主要战役中出奇谋、划妙策，协助朱元璋剿灭平定各股叛乱势力，并在军政、财务等各方面为新王朝建立了完备的制度，开创了明初的第一个盛世。所以有“前朝军师诸葛亮，后朝军师刘伯温”之说。

从朱元璋组合班子的情况看，作为“班长”必须有驾驭群雄、审时度势、借力打力、合纵连横的出众才能，更要掌握一种要登堂入室、脱离草莽而必不可少的政治资源，而这些才能和政治资源在中国政治生态和社会背景下，往往能克服自身的文才武略的不足，脱颖而出。

李自成的班子是主要来自乡党却各存异心的“马帮”

崇祯十三年（公元 1640 年）秋，李自成率少数人马从被官军围困的商洛山杀出，攻入河南淅川、内乡一带，从五十骑迅速发展至数万人，并于翌年正月占领洛阳重镇。随着起义势力的复兴，一些失意的知识分子前来投奔，李自成随即任命他们充当谋士顾问。至此，以李自成为首的功能相对完整的起义军领导班子自然形成了，武将有刘宗敏、田见秀、刘芳亮、郝摇旗、高一功、李过、左光先（左光斗之弟）、刘汝魁、吴汝义、牛万才、刑十万、李双喜等，文臣谋士有李岩、宋献策、牛金星等。

李自成手下大将和文臣中，除了后来加入队伍的文臣李岩、牛金星等是河南人外，较早跟他起事的武将主要是来自陕西的老乡，“乡党色彩”比较浓。例如，田见秀也是李自成起兵的老兄弟，所谓“老八队”的人。刘宗敏就是陕西米脂人，与李自成是正宗的老乡。别看他们是老乡，但心却拢得不很紧，各打着自己的“小九九”。

当年，闯王队伍进了北京城，李自成在武英殿召集军事会议，拟派大将刘宗敏出兵山海关。刘竟顶撞说：“大家都是做贼的，凭什么你在京城享受，让我去前线卖命？”当时，李自成气得捶胸顿足，两片厚嘴唇像蜜蜂翅膀似的颤动着。无奈之下，他只好率队亲征。李自成原本不想亲征，主要是他脑子里还没有意识到如何治理江山，也没有拿出一套治国方略，想的是攫取明朝的财产，以运回老家供父老乡亲享用。而刘宗敏呢，当初为了少些拖累，竟然杀了妻子以后跟随李自成“闹革命”，以表明他们“革命”到底的决心，现在好不容易得到了陈圆圆，销魂方才开始，岂愿再去披甲卖命去呢。而牛金星进京后，整日忙于筹备登基大典，建政权，设科举，迎来拜往，希望早日过过“宰相”瘾，没有心思对时局作出正确决策，更没有帮助李自成搞“统一战线”，尤其是处理好与吴三桂的关系。这个班子各有各的打算，结果致使清军利用夹缝入关，最终使自己卷起铺盖溜出了北京。

洪秀全的班子是一个由低级迷信组成的“梦之队”

洪秀全领导班子中的骨干分子，主要有这样一些人：杨秀清、萧朝贵、冯云山、韦昌辉、石达开、洪仁玕、陈玉成、李秀成等。他们几乎都是没有上过学的，或者仅仅读过几年私塾，但个个都有梦想，希望通过上帝来拯救自己的命运，实现自己的当官梦。以洪秀全为教主的拜上帝会的创立，主要思想理论来源是梁阿发编写的通俗布道书《劝世良言》。它并没有全面、系统地介绍基督教教义，而又不时援引中国传统观点来印证《圣经》。从后来天王府前挂的那幅不伦不类的世界地图，可见洪秀全此时对西方、世界仍然几乎一无所知。他“向西方寻找的真理”，就是《劝世良言》中的若干神学知识，再以此为基础，不断按他的需要扬弃和注入一些内容，来创立以他为教主的拜上帝会。

靠梦幻支撑的军队是一支愚蠢的军队，愚蠢的军队时常会干出许多荒唐之事。公元1864年2月底，天京（今南京）被湘军围得像铁桶似的，太平军的补给官好不容易收集到了13000多公斤重的粮草。这真可谓是救命粮草啊！可是，“屋漏偏逢连阴雨，行船又遇顶头风”，这批粮草却被清军截获，这一下子天京彻底成了一座死城。当焦头烂额的李秀成来到天王府报告后勤供给形势时，天王洪秀全一点也不惊讶，反而胸有成竹地拿出了《圣经》，不紧不慢地告诉李秀成说：“神会保护太平军，并且已经为他们降下了食物，这种食物名叫甘露。”这种甘露，说俗一点，就是早晨的露水而已。

从制造迷信开始，进而逐步加紧控制迷信者，接着就发动造反，夺取政权，建立什么所谓的“天国”。从这一过程来看，洪秀全所创造的“拜上帝会”类似于一个政治性邪教。他们好像始终活在梦幻之中，为了个人或集团利益进行起义大业。这里不是国家栋梁之材的舞台，而是所有跟随者的坟墓，是梦境的破碎。

忆往昔，每个农民起义的领导班子成员，为了一个共同的目标走到一起来，尽管他们各有自己的“小九九”。从这些班子成员的结构状况看，主要有这样几个特征。

血缘相近

俗话说："打仗亲兄弟，上阵父子兵。"在起义的初始阶段，这种血缘关系确实是稳固而可靠的。因为在起义队伍里面，意志不坚定者有之，行为鲁莽者有之，投机分子亦有之。如果起义进展顺利还好说，一遇到困难队伍立刻就会土崩瓦解，树倒猢狲散。因此，起义队伍最初的领导班子成员主要来源于与起义发起人的亲缘或地缘关系最近的人。历史上第一次率领农民兄弟揭竿而起的陈胜和吴广，一个是今天的河南省登封人，另一个是而今的河南省太康人，是两地相隔并不很远的老乡。他们手下的大将葛婴、周文、张耳、陈馀、武臣等相互之间有否较近的亲缘性或地缘性关系，史料所限，不得而知，但他们都是来自于这 900 多戍卒中的，可谓是生死相依的战友。

后来，历次起义中，父子、兄弟、夫妻在一个领导班子的情况比比皆是。例如，东汉末年的黄巾起义领袖张角，其麾下的张梁、张宝两位大员，就是他的亲兄弟。唐末起义中，大将黄揆就是黄巢的弟弟。太平天国中洪仁玕，是洪秀全族弟。还有在宋江起义的领导班子里，出现阮小二、阮小五、阮小七，以及解珍、解宝，亲兄弟同坐在忠义堂里议事的情形。天朝女杰苏三娘原姓杨，是一个江湖卖艺女子，打飞镖百发百中，与苏三相识后便情投意合，结为夫妻。偶尔跟随苏三外出打仗，她能征善战，智慧非凡，威风凛凛。她的丈夫苏三乃灵山天地会首领之一，他组织了一支强大的农民起义队伍，专与清政府作对，口号是"劫富济贫，杀官放囚"，因此得到广大贫苦群众的支持。

事缘相承

纵观中国古代农民起义，规模较大且取得一定成效的，基本上不是由单一的一支队伍发展起来的，是由几支队伍逐渐合并起来的。例如，隋末农民起义爆发地点在山东长白山，山东、河北首先响应，整个关东也迅速形成燎原之势。期间，关东起义军约有130支，参加人数多达三四百万之多。以后起义到高潮，分散的起义军聚合成三支强大的主力队伍，基本控制了关东。就这样，大规模的农民起义队伍几经磨合，最终形成一个"核心领导"班子。如李自成起义就说明了这一点。公元1630年，张献忠在陕西米脂十八寨起义，自称"八大王"。李自成也杀死贪官造了反，在他舅舅高迎祥领导的起义军中当"闯将"。公元1635年，明朝派洪承畴出陕西，朱大典出山东，两面夹攻起义军。各路起义军会师于河南荥阳，共13家，72营，在一起共商对敌之策。又如，顺治元年（公元1644年），清军占领北京之后，山东西部曹州一带的榆园农民起义军在李化鲸等人的领导下坚持抗清斗争，直、鲁、豫三省交界地区的分散的农民起义队伍都汇入其中，成为抗清中心力量，以濮州、范县（今河南范县）为基地，率军四出攻击清军，并奉明宗室忠义王为号召。反清队伍发展很快，人数达数十万。顺治四年（公元1647年），榆园军还与河北数路农民起义军会合，围攻大名，直逼北京。

命缘相连

中国有句成语，叫做"逼上梁山"，讲的是《水浒传》里有宋江、林冲等人为官府所迫，上梁山造反的情节。姚雪垠《李自成》第一卷二十八章也讲道："可以说差不多的人都是逼上梁山的。"历代农民起义很多骨干分子，都是被迫走上造反这条不归之路的。大泽乡起义前夕，泗水亭长刘邦奉命押送民工去骊山服役。途中，不断有民工逃亡，刘邦想，这样下去，到骊山无法交差。他索性放走所有民工，为逃避秦朝的惩罚，隐藏在芒、砀山泽之中。陈胜起义后，沛县县吏萧何、曹参等人杀掉县令，派樊哙接回刘邦，请刘邦当沛县首领，响应陈胜。刘邦谦让地说："如今天下大乱，诸侯并起，如果推举的领袖不好，一旦失败，大家就要肝脑涂地，我能力薄弱，恐怕不能完成父老乡亲的愿望，请大家另选高明吧。"可是大家坚决推举他，经过数次推让，刘邦最终当了沛公。这说明，刘邦响应陈胜起义，是在走投无路的情况下，寻找一条活路，当时并没有取代秦朝的想法。

山东青州地区爆发了唐赛儿领导的农民起义也是这种情况。唐赛儿是蒲台县农民林三的妻子，婚后不久老公去世，伤心至极，便削发为尼。后来，她习剑术，通法术，自称"佛母"，在益都、诸州、安州、莒州、即墨、寿光诸县传习法术，有数万人跟随她。公元 1420 年 2 月，山东水旱连年，农民剥树皮掘草根作食物，老幼流移，以至卖妻鬻子以求存活。官府征求赋役，仍然不止，并且又是抓人，又是围堵。唐赛儿看到走投无路的农民实在活不下去了，感到自己哪能还有心思再习研法术呢？于是，她被迫发动了规模浩大的武装起义。

许多读书人在正常的社会秩序里，不是不想当官，而是个性不为官场所容。他改变不了官场的风气，又放不下架子而屈就于官场那套潜规则，所以"壮志未酬"，被迫转身起义，去推翻那个令他既留恋又憎恨的官场体系。正如一句西谚所说：宝贝放错了地方就是垃圾。

机缘相循

农民起义造反之初，很少有投机分子混入队伍里来，这毕竟是随时都可能丢脑袋的事儿，但是随着队伍的不断发展，一些人看到了这里的"彩头"，便纷纷加入进来，有的成为了重要领导人。不过，投机分子一般意志比较薄弱，时刻在看着风向作出其人生的抉择，坏了起义大事的大有人在。例如，梁山起义军中的打虎将李忠、小霸王周通，这两人绰号绝对磅礴大气，然而人品却和外号天差地远。这两人属于不折不扣的投机分子，上梁山参加起义的动机相当可疑。因为在这两人身上，融合了好色、虚伪、吝啬、精于算计、毫无义气、小偷小摸等令人鄙视的毛病。说他们混进起义队伍，丝毫没有半点冤枉成分。此外，捻军对团练头子苗沛霖等人所代表的始终是地主阶级的利益，他所梦寐以求的是建立一个封建割据的独立王国；他与清王朝之间不过是狗咬狗的矛盾，但与人民之间却是你死我活的斗争，而且一开始就是靠进攻捻军起家的。由于张乐行、陈玉成等政治警惕性不高，缺乏对付两面派的斗争策略，结果上当吃亏。这些人顶多是利益集团中的投机者，而不是忠于信仰的精英。

从政治上来看，人数庞大的农民起义军需要出色的统帅领导才能取得胜利，但什么人能够领导起义军呢？贵族不行，因为他们是起义专政的对象；农民也不行，因为他们缺乏政治斗争经验，缺乏知识。只能是处于社会低层的士族，这些人有文化有知识，同时也是起义的参加者。所谓的政客和投机分子就是这些人，但这是农民起义不得不走的路。

从功臣到祸首

每次农民起义就像一次社会秩序“大赌场”，其中暗含着极大的利润，自然诱发着极大的冒险。除了一些纯农民外，私盐贩子、科举落榜生、马倌、官吏和军官戍卒……都把脑袋掖在裤腰带上，干着以生命为赌注的起义大业。可以说，以高度的自觉、狂热的劲头、强烈的欲望追逐功名，是他们典型的集体性格。

一般情况下，起义开始之时，“班长”只是与少数几个人密谋起事，选的是武将，后来事业做大了，注重选拔一些知识分子进来。总体而言，每个成功的起义队伍，先归功于武将，后归功于文臣。尤其在资助政治、谋划军事、应对突变、治理地方等方面，文臣们的作用是不可替代的。

因为谨慎胆小的缘故，知识分子不能为打江山冲锋陷阵，但他们的头脑比农民清醒得多，眼光也比农民远大，正可弥补农民身上的不足，让文人自己的一支笔，变成渡河的铁骑，或是闯阵的长矛，这是夺取政权和巩固新政权必不可少的力量。因此，没有知识分子参加而能获得胜利的农民起义，在历史上是很难找到的，即使被史官认为文化最少的西汉末年的赤眉农民起义队伍，在领导集团内部也还是把唯一“略知书数”的徐宣视为重要决策人物，并在“建世”政权建立时共推徐宣为宰相。

中国古代知识分子虽然是一个一心向往做官的阶层，有很多与生俱来的弱点，但那些没有步入仕途的知识分子因为没有多少机会被官场浸染，良心和理性并未完全泯灭，身上有不少美好的东西。

他们无论是因为哪种情况而参加农民起义，既然来了，也就意味着是把自己绑到了“造反”的战车上了。如果“造反”失败，自当诛灭九族。因此，他们只有尽自己的力量，运用所掌握的军政经验，为农民起义军献计献策，帮助农民起义取得较大的“成功”。

隋末农民大起义中，瓦岗军之所以屡建奇功，很重要的一个原因是由于“才兼文武”的李密加入后，发挥出了积极的领导作用。难怪李密在参加杨玄感造反失败后，进一步与关东起义结合，加入瓦岗军，并当上最高首领。单从这一点上讲，他的确是靠本事吃饭的。看看他写的讨隋炀帝檄文：“罄南山之竹，书罪未穷；决东海之波，流恶难尽。”这一呼声充分表达了关东民众的深仇大恨。

明末李自成农民军在崇祯十三年于河南一反过去的被动局面，越战越强，最后推翻明朝，一个重要的原因，就是从那时起，李岩、牛金星、宋献策等知识分子陆续加入了进来，帮助制定了“均田免粮”等政治口号。

农民起义要推翻强大的封建政权，要在复杂的斗争中应付各种局面，就不能不借助于具有丰富的军政经验和较高文化素养的知识分子的谋略和策划。当年，韩山童、刘福通发动元末农民大起义时，就曾商量：“农民是起来了，还得念书的做官的一起来干，力量就更大。”

但是，由古到今的中国知识分子，从来就不是一个独立的群体。他们隶属或依附于哪个政权或势力阶层，便用所掌握的文化知识来为哪个政权或势力阶层服务。由于中国传统文人很少是单干的，大家帮人打工，在挣得一份薪水的同时，剩下的就是争个面子，而一些根深蒂固的劣根性，直接影响着他们为主人服务的效果。其中有文人相轻、缺乏团队精神、疑心大、不诚信、对事物过于敏感等特性。特别是生存条件好了，他们就会搞繁文缛节那一套，忘记了艰苦奋斗，又回到老路上去了。

以上说到了瓦岗军的成功得益于李密，但失败很大程度上也毁在他的手上。对于李密的野心，翟让早从他的行为中有所察觉，一直想找个机会开了他，毕竟翟让是见过世面的人，并不完全是草包一个。有一次，翟让向他的军师贾雄吐出了内心的疑问：如果李密真有天命，何不自己起兵争天下，又何必借助我的力量呢？翟让哪里知道，此时那个心腹军师已经得了李密的不少好处，早就准备好了对答如流的应对之词：“李密所以来，是因为将军姓翟，翟即泽也，蒲非泽不生，所以李密离不开将军。”翟让平时相信贾雄，对之深信不疑。就是一个图小利的贾军师一席胡言，从此给翟让、瓦岗军埋下了一颗“定时炸弹”。

李自成起用的这些知识分子，大都是些下层的失意文人。如牛金星，天启七年（公元1627年）考取举人，“通天官风角诸书，亦颇讲孙吴兵法”，曾做过塾师。因儿媳之死，与姻翁王士俊反目兴讼，被官绅合谋诬陷，逮进大牢，革去功名。河南人宋献策，连个秀才都不是，但粗通文墨。后来，随着起义势力的不断壮大，李自成还任用了其他谋士，但层次都不高。

最为要命的是，不少这类农民起义的发起者本身只属于“落魄知识分子”阶层，由于其本身的知识有限，导致他个人缺乏前瞻性眼光。还有的发起者目光短浅，爱慕虚荣，思想狭隘。明末农民大起义爆发后，在中国辽阔的大地上，存在着农民军及其建立的政权（包括大顺政权和大西政权）、明王朝和清王朝三股势力的角逐。不论是明王朝镇压了农民起义军还是起义军推翻明王朝，获胜的一方最终还得与清王朝展开一场生死搏杀。而此时的牛金星等下层知识分子，由于长期生活在乡野或江湖之间，所提出的谋略、划策，因胆识、知识、见识的局限性，不免出现这样那样的偏差与失误，从而给闯王埋下日后败亡的祸根。在他们的眼里，敌人只有“明”，而没有“清”，对形势缺乏准确的判断，未能预见到在推翻明王朝之后还将面临着与清王朝的决战。李自成身边的那些谋士顾问骨子里还是“半个农民”。

可以说，没有知识分子的参加，农民起义都将走向失败。任何时候，任何历史阶段总是精英掌控历史，即使农民起义也最终被地主阶级的知识分子所掌控。但知识分子陋习不改，或者知识运用透支，不顾全大多数人的利益，也必然会失败。

第十章

拉不长的『短板』

客观地说，每一次的中国农民战争在其爆发的那一天，就已经注定了自己失败的结局，因为他们几乎有一个共同的克星，不是面对的强大的对手，而是自身中比不锈钢还坚固的小农意识。而这种人性中的弱点恰恰是不能靠自身的能力产生“排毒”的免疫力的。它犹如一个个短板，再怎么拉也是拉不长的。

对于“小农意识”，人们常常与“抠门”、“小气”划等号。如果只表现为这两种小毛病还好，要命的是，思想上，他们习惯于接受圣人现成的教训，而懒于独立思考；政治上，他们寄希望于明君，而不肯自作判断；法治上，他们期待清官，而不是改造官僚体制；道义上，他们求助于侠客伸张正义，而无能自救。而一直浸泡中国人的儒家哲学说，有一致命的东西，就是过于关注处理现实社会问题、协调人们彼此之间的关系，缺少宇宙哲学的形而上学的思考，因而它所构建的“体制框框”，把中国人关在了官场的笼子里，缺少对存在问题的深度解答。

在残酷的起义斗争中，他们的这种拉不长的“短板”，是对自己思想追求和行为取向的一种“反动”。

那么，他们到底“短”在何处呢?

“皇帝轮流做，明年到我家”

翻开一部人类社会发展史，为了一把“交椅”，演绎出多少或残酷或惊险，或诡谲绮丽或悲壮忧伤，或辉煌或卑琐的故事。“天下是老子打下来的”、“卧榻之旁，岂容他人酣睡？”这些话，赤裸裸地道出了中国帝王政治文化传统最真实的内涵，那就是实力加暴力的原则，也表现出人迷恋权力的特征和对“交椅”的贪婪追逐心态。

在中央电视台的《动物世界》里，我们经常能看到靠生死搏斗争夺王位的全景式展示。这是某些动物群落权力交接的唯一形式，虽残忍血腥，却符合优胜劣汰的种群优化之道，这也恐怕是某些物种得以繁衍的根本原因。与动物的兽性相比，人类的日常行为毕竟文明理智得多，但唯有在权力争夺中，人类与动物才有着共同的属性。一些农民起义的领袖，在这方面似乎暴露得更赤裸些。

他们对于“龙椅”的争夺战，并非起源于它是一件工艺品。与其象征物比起来，物质意义上的“龙椅”显得一钱不值，一种巨大的比值存在于“龙椅”与“权力”之间，正如它存在于地图与江山之间。争权者往往来不及认真计算这种比值，就已经按捺不住自己的野心。农民起义者很多死无葬身之地，说明了这豪华的“龙椅”暗藏着无比恶毒的诅咒。

农民领袖在举事之初，往往没有远大的奋斗目标，只着眼于眼前的利益，只停留在报复仇杀和掠夺财富等低层次的斗争水准上，而没有长远的打算，也不注重政权建设。他们每攻克一个地方，主要的任务是杀富劫财，不在那里建立自己的政权为自己的军队服务，不在征服地征收税赋以供军需，而是靠掠夺来解决后勤供应。梁山泊的好汉们拿下了这庄那府后没收了无数钱粮，不见他们拿出来赈济百姓，只见众大小头领大碗喝酒，大称分金。

随着军事上的这些小胜，政治目的则不断地发生改变，便急于自称某“王”，自称所谓的国号、年号，甚至发行伪钞。李自成攻入长安后，不仅改国号，而且铸造“永昌通宝”。

刘邦本是贪酒好色之徒。他率领农民军最先攻入咸阳，一进秦宫，立刻被宫女、财宝所吸引，现出原形，"意欲留居之"。樊哙问刘邦："沛公欲有天下耶？将欲为富家翁耶？"刘邦回答："吾欲有天下。"樊哙说："今臣从入秦宫，所观宫室帷帐珠玉重宝钟鼓之饰，奇物不可胜极，入其后宫，美人妇女以千数，此皆秦以亡天下也。愿沛公急还霸上，无留宫中。"刘邦不听。这个时候，他虽然嘴上说"吾欲有天下"，实际上已被奢华生活所迷惑，胸中根本没有远大的政治目标。在这个节骨眼上，张良劝说刘邦："夫秦为无道，故沛公得至此，夫为天下除残贼，宜缟素为资。今始入秦，即安其乐，此所谓'助纣为虐'。且'忠言逆耳利于行，毒药苦口利于病'。愿沛公听樊哙言。"刘邦幡然悔悟，还军霸上，开始树立扫荡群雄、统一天下的政治目标。

就这样，历史那些实力雄厚的起义军头领总想要称王、称帝，小打小闹的也想过过"王瘾"，不管条件是否成熟。公元前14年，西汉的樊并自称"将军"；西晋太安元年，（公元302年），益州李特克成都，建元"建初"，建"成国"，自称"大将军"；南朝齐永明三年（公元485年），吴地唐禹之克钱塘（今杭州市）；明代洪武三十年（公元1397年），沔县（今陕西勉县）王金刚奴举事，被拥"汉明皇帝"，建元"龙凤"。

从以上这些五花八门的王号，建元来看，历史上任何一朝的叛乱者们大多是在没有任何可能性的情况之下，对王位陷入了绝望的暗恋，都妄想建立一个所谓的"政权"。急功近利的观念造成了那些起义队伍行动缺乏明确的指导思想与行动目的，对自己的所作所为不能进行正确的定位，常常不权衡胜败结果，意气用事，甚至内讧不断，分化瓦解。这种很大的"王瘾"暴露了很多农民起义存在政治上的盲目性，组织上的松散性，思想上的局限性。

陈胜急于称王，在那个等级森严的时代，出身寒微的他必然会引起六国旧贵族的妒嫉和不满。贾谊的《过秦论》之中曾说他是"翁牖绳枢之子氓隶之人而迁徙之徒也”。结果呢，过早暴露野心、私心，只能导致人心分离，起义军内部开始分裂。

刘玄入都长安后，拥立更始帝的绿林诸将都争相要求封王，过过王瘾。刘玄为了满足大家的欲望，一口气封了20个王，更始王朝的吏治乱成麻，将军王爷各自委任官员，根本没有什么选拔标准，只要自己看着顺眼就行。

黄巢大齐政权建立后，在政治上的短见很快暴露了出来，满足于既有胜利，麻痹轻敌，没有把心思放在如何彻底消灭唐王朝残余势力这一战略问题上。占领长安后，他就觉得万事大吉，忙于登基，而没有乘胜追击，也没有派兵消灭附近的几个藩镇，客观上使唐廷得以喘息，而后纠集各藩镇势力进行反攻。

大顺军占领北京后，江南还有50万官兵没有放下武器，各地的旧官僚都为了自己的命运而抱团起来准备联合抗击，宁远总兵吴三桂还手握重兵，直接威胁北京的安全。尤其严重的是雄踞东北的满洲贵族对关内虎视眈眈，随时准备入关摘取李自成好不容易培植出的“桃子”。在这种情况下，除了李信、宋献策等寥若晨星的智慧人物外，大顺政权的决策人物对当时的情势一无所知。当时，他们真的不知道中国的地盘到底有多大，天真地认为控制了首都就是控制了中国，“王瘾”顿时发作，便迫不及待地想坐在“龙椅”上享受享受了。崇祯十七年（公元1644年）三月十九日，李自成率部进驻北京，三月二十日，新朝“宰相”牛金星发布文告：“各官俱有次日朝见。朝见后，愿去者，听之。敢有抗违逆令者，斩！”当了大顺皇帝后，李自成首先将父母给予他取的名字改掉，变成了李自晟，头上加个“日”字，把自己当成了红太阳。

要说“王瘾”最大的农民起义军领袖要算太平天国的首领军洪秀全了。当前线将士正在各地浴血奋战之时，待在南京城高墙深院内的头头儿们却在尽心尽力地腐化，津津有味地享受着他们过去所反对的堕落生活。天王府设在清帝国两江总督府的原址上，但洪秀全嫌原来的房屋太寒碜，下令全部拆除重建，仅用半年时间改建工程就完成了。也许是天不容忍，天王府建成后不久便失火烧毁。“王瘾”发作的洪秀全竟不顾当时清军大兵围困天京，不顾北伐太平军的频频告急，不顾天京天寒地冻，于公元 1854 年初扩大重建。周围十余里，比现存北京的明、清故宫大了一倍多，而且建筑也华丽得多。东王府则重建了三次，最后落成的王府周长七华里，围墙厚三尺高二丈，绕围墙走一圈得一个小时。天王府有侍从 1621 人，绝大部分都是漂亮女人，主要侍候天王的生活起居，没有几个是办理政事的。这哪里是衙府，简直就是个淫场，不同的是，“淫棍”只有洪秀全一人。

公元 1853 年，法国大使朵博尔隆到南京晋见洪秀全，打算和太平天国一起联合起来对抗清政府。这根主动送上门来的橄榄枝对太平天国自然是件好事，可天国的所有领导人对当时天下大势的认识，与晚清政府里的那些酒肉官员一样茫然无知，硬生生地把这件好事看成是一件天大的坏事。

而那时的洪秀全在忙乎什么呢？自住进天王府后，就龟缩在深宫安享荣华富贵，很少出面处理政事，把自己和天国的臣民有效地隔离开来。天王府的大门上居然刻着几行镏金大字：“大小众臣工，到此止行踪，朝奏方准入，否则雪云中。”

到了这个份上，洪秀全把当初起义的初衷完全抛到九霄云外，进取精神丧失殆尽，好像他是大一统的和平君主似的。其实，他哪里知道，太平天国有效控制的国土面积在最盛之时也不过几个省，在幅员辽阔的中华帝国的统一疆域里犹如汪洋大海中的一个孤岛。

纵观所有的农民起义，无论是自己提出来，还是部下怂恿，他们从称“大将军”，到称“王”，再到最终称“帝”，大多有个叫得响的理由：顺从民意。

换一句话说：如果我不称王称帝，那老百姓也不会答应哟。

这真是天大的玩笑啊！

部下怂恿农民起义领袖称王称帝，其实是为自己打算：只有农民起义领袖“名正”了，他们就自然“言顺”了；农民起义领袖上一个台阶，水涨船高，他们就跟着上一个台阶，最终自己也成为了“开国元勋”。

可悲啊！历史上许多农民起义领袖作为小农经济的经营者与儒家思想的信徒，无法认识到起义屡起屡败的真正根源，更无法摒弃这种劣根性。正因为他们每个人都有自我膨胀，所以才有难以根除的个人崇拜；正因为他们每个人都有龙袍加身的渴望，所以才有长久不衰的皇权。只要这种深层的小农意识不彻底改变，无论朝廷怎样更替，名称怎样改变，无论谁在当道，也无法改变皇权性质和个人崇拜的产生。

王权如醇酒，不饮自醉，何况他们已经饮出味道来了呢！这也是大多数农民起义领袖们如飞蛾扑火，非要烧得焦煳的根本原因。殊不知，往往他们将水彻底搅浑之后，就会出现吃小鱼的“大鳄”，跑出来打着“清剿贼寇”的名义，来建立自己的王业，名正言顺地收拾这片已经混乱的江山，起义的农民最终被赶进了坟墓。

“窝里斗”都很在行

很多轰轰烈烈的农民起义，往往不是栽在大江大浪上，而是翻船于窝里斗和自相残杀的小阴沟。他们的功绩一个比一个轰轰烈烈，死得却一个比一个窝囊。

当初，他们在与敌人的斗争中出生入死，受到了锻炼和考验，但往往共苦容易同甘难，一旦有了胜利果实，经常因为利益分配不均而发生内讧。客观上，起义军内部有着错综复杂的人际关系，加之外部的挑拨离间，还有官军的收买，从而大大削弱了起义的锋芒。历代众多农民起义中，有近二十位领袖死于谋杀或者行刺，从而导致起义失败。

政治斗争到了生死存亡的关头，任何感情因素都会被毫不留情地抛到一边。历朝历代，几乎鲜有农民造反能够始终如一，精诚团结，患难与共，风雨同舟的。而内讧似乎成了规律，始终伴随着他们盛衰兴亡的历程。许多时候，这种品行决定着农民战争的胜负以及大伙儿的命运。

中国人向来有“窝里斗”的老传统，规模之大，糟蹋人才之残酷为世之少见。人们往往简单地把它归为民族的劣根性，没错，这又似乎正是一些国人的原罪。

讲到这里，又要提到陈胜、吴广了。作为统领者，如果没有识人之明，驭人之术，就很难驾驭如此庞大而迅速崛起的军队，而且参与各种派别，各种人物就会为着各自的利益，耍阴谋、弄诡计，结果明争暗斗就会与起义相伴始终。这种秉性不是他们后天锻炼出来的，而是长在他们骨子里的。

做了张楚王的陈胜，在富贵权势面前，不复“苟富贵，勿相忘”。先是杀了来探视自己的儿时伙伴，继之用人不专，偏听滥杀，部众离心。不久，周文败于秦悍将章邯之手，秦军势如破竹，一路东进，逼近陈留。无将可用的陈胜一路溃逃，终在下城父（今安徽涡阳东南）被自己的车夫庄贾所杀。建国号张楚的陈胜，在势力迅速扩大，没有思想和组织准备，也没有才干和能力准备的情况下，很快在群雄角逐中被湮没，就是必然的结局。

很遗憾，第一个吃螃蟹的人最后的下场竟是被螃蟹夹死了。

楚汉五年帝位之争（公元前 207 ～前 202 年），以项羽为首的江淮义军和以刘邦为首的山东苏北义军发生了内讧。因为以暴力持勇斗狠，在消灭共同的敌人——秦王朝之后，涉及权力的重新分配。这个时候，他们哥俩不是坐下来平心静气地讨论协商，寻找一条合理的解决争端、共同建国的道路，而是以武力为后盾，使胜者为王，败者为寇。所以，以权势夺取江山社稷，崇尚的是暴力，就是一切农民造反者的最大选择和基本行为准则。对外如此，对内也是这样，上行下效，动辄以实力、阴谋说话，内讧便成了权利之争的必然规律。刘邦立国以后，铲除异姓诸王的行为，其实质也是一种内讧。新王权以嫡系为基础，向对王权构成威胁的非嫡系势力的宣战和清洗，就是韩信、英布、彭越等一代英才最后死于非命的真正原因。

王莽新朝天凤四年（公元17年），王匡、王凤率饥民啸聚于湖北绿林山（今大洪山），与王莽的军队对垒。地皇三年（公元22年）绿林地区疫病流行，起义军只好退出根据地，分师西进（下江兵）、北上（新市兵）。随着一个接着一个的胜利，当地一些零星的小股起义部队纷纷响应加入，有平林兵、舂陵兵、下江兵。于是，联军议定立刘姓子弟为王。经过反复争执、平衡，出身平林的刘玄被立为帝，是为“更始帝”。为避免因争执引起动乱的后患，义军杀刘縯，埋下了刘秀以后出走另立山头以此来寻仇的隐患。在后来的分封中，因刘玄没有照顾樊崇部下，使他们既无地盘，也无名分可以安身。于是，樊崇等逃出洛阳，纠集部众，转而与绿林开战。两大义军正式内讧。此时，借口经营河北，脱离更始政权的刘秀，在河北所向披靡之后，坐山观虎斗，等待绿林、赤眉两虎相斗，两败俱伤，好从中渔利。

唐末农民起义，并非败于李唐王朝和沙陀雇佣军，而是起义军自身的动摇和内部的叛卖，其实质也是内讧。黄巢作为落第举子，自己性行不专，叛属无常，其实为部下树立了极坏的榜样。缺乏信义，没有忠诚度成为他们的行为准则。他胸无大志，鼠目寸光，部下离心离德，稍有风吹草动，则会自谋出路，内讧不已。

明末李自成大军进入北京，仅仅49天就屁滚尿流，仓惶退出北京，一溃千里。说穿了也是变由内讧而致，其祸根是从错杀李岩时埋下的。李岩虽不是李自成心腹，但是对李自成事业有大功的远见卓识者。当年，李自成大军进入河南后，他有著名的“四劝”：一劝除暴安良，招贤纳士，收拾民心；二劝宣传教育大众，开展舆论战；三劝整顿军纪，秋毫无犯，惩治贪官污吏，安抚百姓；四劝身体力行，仗义疏财，以家财拯济灾民。这“四劝”为河南民心所向，以至河南百姓是奔着李岩去投奔李自成的。李岩平时深谋远虑，不贪财势，特行卓立，遂为贪腐的新贵牛金星等嫉恨。

史书载：“李岩者，故劝自成以不杀收人心者也。及陷京师，保护懿安皇后，令自尽。又独于士大夫无所考掠，金星等大忌之。定州之败（公元1644年4月25日大军退出北京，再败于真定，三败于定州），河南州县多反正，自成招诸将议，岩请率兵往。金星阴告自成曰：‘岩雄武有大略，非能久人下者’。河南，岩故乡，假以大兵，必不可制，十八子之谶得非岩乎者（当时迷信预言的谶语，‘十八子’李姓公子也，当得天下。这就是李自成猜忌李岩，必欲杀之的原因）？”“因谮其欲反。自成令金星与岩饮，杀之。群贼解体”。

李岩之死，决定了李自成大军最后的命运。因为河南民众是奔着李岩来参加起义的，现在李岩死了，宋献策出走，刘宗敏留居河南，都摇旗离队，大军一哄而散。杀害李岩这样杰出的人物，一位对起义造反作过重大贡献并可能作出更大贡献的人才，竟被自己的同伴摧残了。其实质是起义军内部，两种思想文化势力的内讧。原始造反派和极端利己者，以暴力剥夺了远见派的发言权，封杀了他们正确建议的同时，也为自己的事业准备了棺材。

捻军中的叛变投敌事件不断发生，与其他农民起义武装相比，是颇为突出的一个问题。例如：六安、霍丘和凤阳府县两城，均因有叛徒内应而相继丢失；当僧格林沁军进攻雉河集时，竟有一批捻首率部投降，使捻军的力量大为削弱，淮北地区很快被清军占领；捻军主要首领张乐行、任化邦均死于叛徒之手。这种现象之所以发生，原因是多方面的：一方面，捻军的成分比较复杂，为数不少的游民无产者不断涌进队伍中来，甚至一些中小地主也“纠众而捻”。这些没有多少政治主张的人在清军剿抚兼施下，很容易被收买。另一方面，主要首领张乐行本人就曾受过清朝官方“招安”，虽然后来坚持斗争到底，但由于本身的污点，必然影响其理直气壮地与投降倾向作斗争。还有就是一些主要首领用人不当，不懂得纯洁和巩固部队内部的重要性。

历代起义成功与否，很大程度上不是主要取决于领导人的私德，而是要看他的政治能力，而政治能力中最为重要的，一个是选才的眼力，另一个是制度的创新力。必须善于用人选将，擦亮眼睛，随时注意清除混入革命队伍中的“蛀虫”。当然，这在当时的历史条件下，也是很难做到的。

这些血淋淋的事件，再三祭出“窝里斗”这个中式政治语言的丰富内涵。

说到底，农民造反所依仗的不是先进的思想文化、远见卓识、谋略雄才和起义中必需的物质条件，以及创造这些物质的科学技术，而是依仗原始暴力。崇尚暴力的丛林规则，所以对内对外，涉及权利之争或遇到思想观点分歧，往往也侧重以暴力来最终解决问题。流血的内讧便成了造反由胜到衰，最终失败和变质的内因。

南宋初年，在东起岳阳，西到枝江，北达公安，南至长沙的广阔大地上，爆发了声势浩大的钟相、杨么起义。宋高宗多次派出官军去征讨平息，基本上是无功而返。几攻不下，原因在于起义军能够“春夏则耕耘，秋冬水落，则收粮于湖寨，载老小于泊中，而尽驱其众四出作战，官军陆攻则入湖，水攻则登岸”，灵活机动地打击敌人。他们有两个“撒手锏”：一是实行兵农相兼的预备役制度，可以花小成本，办大事情；二是水上游击战玩得如炉火纯青。钟相、杨么的这种战略战术类似于《水浒传》中的梁山好汉们。的确，施耐庵笔下的原形就是出于这支起义军，并非宋江部队所为。至于施老夫子故意去“移花接木”，大概是为了小说有看点吧！后来，朝廷派了岳飞来征剿，这个“民族英雄”杀起同胞来也真是有一套的，一是缩小包围圈，二是派间谍去分解瓦解。果真，起义军将领陈弢禁不住高官厚禄的引诱而发动了内变，归顺了岳大将军，起义军被瞬间攻破，水上游击队失去了优势，杨么投湖自杀未遂。其部将黄诚为了获得通过招安当大官的机会，竟不顾多年的兄弟情谊，将老领导杨么一刀砍死，割下首级，到岳飞那里表功去了，持续了6年的起义就这样熄火了。

可见，人性中是包含野性的。也许，野性是人类的胎记，并且在农民起义军身上，这块胎记显得更突出些。正是这种劣根性难除才使他们内部恶斗不止。

也许，这些农民起义的头领们到了生命的尽头时，因这样那样的失误而悔恨，或因没有取得最后的胜利而羞耻，那么他们在临死的时候就能够说:我的整个生命和全部精力，都献给了世界上最壮丽的事业——与人斗！

贪色成癖

做爱，可能是所有动物的所有活动中最具吸引力和刺激性的顶尖项目。但是，情欲媚惑是有着无比巨大的杀伤功能的。这里的逻辑非常清楚：世上最能给你带来快感的，可能也最能给你带来痛苦。不知谁说过：当生命器官渴望着与另外一个生命器官汇合，巴掌企图抚摸一具丰腴的躯体，这些眼看可以满足的事情却时常在现实的秩序面前撞得粉碎。

从刘邦到李自成，农民起义军“约法三章”，都有一条是不准奸淫妇女，但规定的制定者是起义领袖，首先破坏规定的也是那些领袖们。史上一些农民起义队伍中的高层指挥员，只要稍具备了条件，他们急不可耐地想放纵一下自己的骚情肉欲，长年被压抑的天性像火山一样迸发出来，各种欲望急剧膨胀，以致忘了自己是谁。

当官的有人给他献上美女，或者干脆公开霸占，而当兵的没这个条件了，只好靠强奸解决个人问题了。特别是在每次农民起义军花了最大的代价占领一城一池，或战争失利即将溃败之际，士兵强奸民女的情况随处可见。王匡为了解决士兵们的“个人问题”，竟命令绿林军抢劫了大批“慰安妇”，结果大家连拉带扛，力气大的还为自己背回来了媳妇。回到绿林山，主要领导都有了自己的“压寨夫人”。此时，周围的一些山民看到他们小日子过得如此美滋滋的，也陆续奔着这个目标来了，不用多久，队伍就发展到了5万之众。

张献忠率领的部队行经四川后，士兵强奸了成千上万的川妹子。做完这事后，还必然砍了她们的双腿，并弃尸于荒野堆成小山，还取名为“香冢”。离开成都前，他还命令各将士自杀其新收妇人。献忠后妃300人除留20人外，其余全部被杀绝。

战乱中的女人，是最不幸的。历史的牺牲，很大程度上表现为女性的牺牲。战乱的最大代价，最沉重的灾难和黑暗部分，往往落在女性身上。胜利是男人的胜利，不会给众多的女人带来多大的福祉。

在眼花缭乱的金银珠宝和国色天香面前，起义军几乎在一霎时便把当初举事的初衷忘得一干二净，沉醉于自己曾经痛恨的堕落生活。这里，又要说到太平天国的那些事儿，这实在因为他们的行为太有故事感了。

他们起义之初是绝对禁欲的，禁止娼妓和纳妾就是一个很好的说明，但禁欲条款只是针对下层臣民的，起义军领袖则不受这些条款的限制。他们不但不禁欲，还恣情纵欲，不择手段地掠夺漂亮女人供其泄欲。洪秀全躲在深宫里的主要工作是玩女人，每年过生日，蒙得恩都要为他献上美女6人；每年春暖花开之际，蒙得恩还在天京13道城门口为洪秀全选美女。有时甚至干脆明文规定：“所有少妇美女俱备天王选用。”到太平军败亡时，天王有妻妾88人，还有的说是108人。宫中有横直边长都8尺的大雕花床，干什么用的，不言而喻。洪秀全因妻妾太多，连姓名都记不住，为方便行事，便一概编号，而且还写了几百首管教妻妾的《天父诗》叫她们背诵，这些良家女子完全成了他纵欲的性工具。洪秀全对性的专注到了一种变态的程度，还未当天王时，就经常将妻子“打生打死”。进了南京后，他在其所作的《天父诗》中，反反复复地说，惹他发火就是死罪，他发火就要杀人，众人要一起跪求息怒，“不求莫怪亮(火)连天”。

太平天国倡导男女平等，女子也有参加科举考试并进而当官的权利，但太平天国的第一位女状元傅善祥的工作却与国事政事无关，而是作东王的性奴隶，被东王强行玷污了贞操并长期霸占。另一个名叫朱九妹的少女，被东王强行招聘到东王府做抄写文书的女官，可上班没几天就被东王硬按倒在床。九妹不能忍受这个羞辱，就在东王的茶水中下了砒霜，事情败露后，自己硬是把那杯毒茶喝进肚里。又一个姓李的江宁女子被东王施暴后，对东王恨入骨髓，下决心与其同归于尽，乘东王不注意时用一柄锋利的匕首刺向东王。也许是东王命不该绝，适时转动了一下身子，匕首未能刺中要害，只是左肩受了点轻伤。东王发狂了，把李女士点了天灯。

还有更令人发指的事，有些起义士兵竟兽性大发，干出奸尸的勾当！

公元26年，赤眉军遭到隗嚣部将杨广的阻击，又遭遇了一场突如其来的大雪，厚雪堆积，坑谷皆满，赤眉士卒多被冻死，遭到了惨重的损失。

天寒地冻，无事可做，他们竟然发掘诸帝陵，以盗取随葬的珍宝器物。当他们打开马王堆汉墓，看到的侯爵夫人尸体保存完好，好像只是睡着了似的，十分惊讶。

我们知道，西汉的尸体防腐技术是相当高超的，居然可以保持尸体不朽达两千多年！然而，高超的防腐技术，也仅仅只是使死者在身后多受了一次凌辱。《后汉书·刘盆子传》称："凡贼所发，有玉匣殓者，率皆如生，故赤眉得多行淫秽。"就连葬于长陵中的吕后尸身，也未能幸免。

一旦帝王三宫六院中的七十二妃，成为了农民起义军领袖潜在的奋斗的终极目标，必然会把这支队伍带到邪路上去；一旦起义的士兵把满足性欲作为对付出鲜血代价的回报，必然会沦为一帮乌合之众，最终溃不成军。

可真是悲催也！农民起义力量再强大，也抵挡不了美色这种顶级腐败的诱惑。他们没有什么宏大的理想，即便当初的一些想法也被女人的怀抱遮住了双眼，看不见下一步征途中的金戈铁马、猎猎战旗、无情厮杀，也不知道快乐对他们构成了一种悖论——越是沉溺于柔软的惬意之中不想起来，这种惬意就消失得越快。

作风比空气还散漫

从社会学上讲，在初级群体中，一般没有明确、严格的规章、制度和法律。人们主要依靠习惯、风俗、伦理道德、群体意识等来控制、维持彼此之间的关系。这种脆弱的维护手段，容易产生离心力，有时为了一点小利，明枪暗刀，你争我斗，互为心计，勾结利用，忽敌忽友，虚实不定。小农经济分散性的特点造就了农民纪律意识的缺乏。他们既是小生产者，又是小私有者，日出而作，日落而息，个体劳作，分散经营，散漫而难于结成整体，缺乏必要的阶级凝聚力，即使被共同的苦难命运捆绑在一起，有"利益同一性"，但最终并不使他们彼此间形成任何的共同关系，不习惯共同关系所带来的任何约束和纪律。农民有许多初级群体的特征，比较自由散漫，心胸比较狭窄，家族观念和地方观念较强。这正是历史上农民起义军缺乏自制力、我行我素的思想根源，也是长期流淌于他们血液中的"文化因子"。

客观上，农民起义武装团体建立后，大多数是以血缘关系和朋友、同乡等关系来维系的，还有相当一部分是"叛卒"、"逃卒"、"驿卒"、"响马"、"饥民"和"城市贫民"等游民阶层集体投奔而来的。这些先天性的缺陷与组织上的松散关系，使其对内部的控制能力弱化。

公元23年，绿林军出于斗争的需要，决定成立一个政府性的机构，并商定由刘邦的后裔来担任这个头儿，以便在与王莽的斗争中赢得道义上的制高点。当时，无论凭能力水平，还是战功的大小，最有资格的是刘縯。不过，这个老兄颇有个性，为人刚直严峻，对部属要求很严格，眼里掺不得沙子。绿林军诸将领平时散漫惯了，无拘无束，实在不愿意让一个威严的领导来管着他们。于是，王匡、王凤兄弟第一个出来反对，坚持立一个比较平庸的刘玄来当家。可见，散漫的作风已经渗到了农民起义军的骨子里了。

捻军不仅受小生产者狭隘性和无组织、无纪律性的影响，而且还受到宗族和地域观念的束缚，这既是它不能与太平军达成真正联合体的主要原因，也是它本身组织松散的根源所在。各种不同旗色的捻军，长期以来"各统其众，各居其巢"，独立战守，互不统属，互不协同配合。有的则时合时分，分多于合。雉河集会盟反映了一些捻军首领认识到联合作战的必要性，对于改变分散状态起到了一定作用，例如，张乐行、龚得树、苏添福等几支不同旗色的队伍，长期共同行动，协同作战，这是非常难能可贵的。但是，作为盟主的张乐行还是过惯了自由散漫的生活，习惯于散漫式的思维方式，以致始终未能把淮北的各支捻军统一起来，无论进攻还是防御，都不能在统一的部署下协调一致地行动。捻军的数量虽多，却形不成有力的拳头打击清军，这是一个致命的弱点。雉河集的几次失守，许多捻军的圩寨被各个攻破，以致最后无法在淮北家乡立足，都与此有着直接的关系。就是在后期，虽然统一了组织和领导，但仍然存在着时分时合、松散不团结的旧习。

在一个社会大家庭里，其内部建构性的严密程度与其规范作用的大小是成正比的，制度规范必然具有导引、教育、强制等作用，以约束整个大家庭成员，调整相互之间的关系。农民起义的武装组织的建立，其大多所依靠的是以松散群体为主的，这种结构上的缺陷造成了制度的导向功能和规范能力都很差。

公元 1357 年，刘福通兵分三路北伐，矛头直指大都。东路军取海州（今江苏运云港），入山东，克济南。第二年二月，进军河北，攻克蓟州（今河北省蓟县），前锋到达枣林（今北京通县西南），离大都仅有百多里地。由于孤军深入，受到元军的围追堵截。中路军绕道山西，迂回包围大都，夺取了元朝上都（今内蒙多伦），转战辽阳、高丽等地，随后又折回南下，再次攻占上都，转战山东。西路军由荆襄出武关，取长安，在陕西受挫后，一部入川，一部入甘肃、宁夏等地。三路军北伐的同时，刘福通于公元 1358 年五月攻占汴梁，宣布汴梁为国都，红巾军反元斗争达到高潮。然而，起义军各支队伍占领了一定地盘后，自由散漫的习气再次发酵，互相不愿配合，各自为战，惯于流动作战，最终使战机一次次失去，随之进一步浇灭了他们共图大事的热情。

大顺政府虽然为部队制定出了二十一条军规，但进入北京后并没认真执行，军队纪律空前败坏，李信虽然在朝中一再强调军纪，但他一个人的声音太微弱了，引不起大顺政府的重视。那时，大家在干啥呢？忙着去抢掠追赃，只派少数军队征讨南明势力，山海关方面只派几千人守防，全军上下，将官士兵，腰缠金银，贪图享乐，军纪松懈，战斗力锐减，几十万大顺军队屯驻京城里享乐。进城没几天，李自成的起义军官兵通过严刑拷打，掠得银两 7000 万两。崇祯经过十多年加饷摊派，才从民间得到 2000 万两银，而大顺皇帝几天就得了他的两倍还多，可见他们的穷凶极恶到了何种程度了！有位深谙李自成史实的人说：“李自成非败于满人，而败于己也。”

这的确是一言中的。

这也难怪农民兄弟们，因他们没有投好娘胎，社会剥夺他们了受教育的权利，绝大多数人缺乏应有的知识水平，自我约束的能力相当低下。而那些囚徒、罪犯们的“起义”更是以一种江湖豪杰的义气作为准则来统领人马，纪律性、组织性自然极差。他们不会也不可能善于总结历史上的经验教训，干什么事缺乏应有的参照系，其内部凝聚力损耗日益严重。另外，在起义军的各级将领和士兵中，相当一部分是一直信奉“横行天下以为快”，不重视根据地的建立和发展，只注重队伍的扩大，忽视队伍的纪律建设，人员素质极差，导致他们揭竿而起的性质处于不断变化或转换状态，有时黑白两道都有，造成了史官们为他们树碑立传时感到很头疼，有时只能模糊了事。

纵观历史上的那些农民，无论其队伍的前途，还是领头者个人的命运，都有很多的机会，但谁能管得住自己，谁就能够抓住历史性机遇创造历史；而对具体的每个人而言，谁能超越宿命、战胜宿命，谁就能焕发出一个全新自我！

在一个作风比空气还要散漫的群体，在充满拼死竞争的起义时代是难免要沉沦或被淘汰的。

军事：短板中的短板

战争是人心里的一种野兽，一旦蹿出，人便无法自抑，行为始终受其左右。赫拉克利特是信仰战争的，他曾这样说过：“战争是万物之父，也是万物之王。它使一些人成为神，使一些人成为人，使一些人成为奴隶，使一些人成为自由人。”

的确，战争不会像小学老师那样，欣赏你的天真与清纯。战场上，生和死像隔着一层纸，谁也不知道啥时谁生谁死。农民搞武装暴动，是玩命的活儿，军事上的战略战术是他们成功与否的关键之中的关键。而中国古代的农民起义的领袖们，大多因为其先天不足，起义总是开始时很顺利，最后归于失败。

原因何在？古代中国农业发达，农民的业务最纯正，是名副其实的庄稼汉，加之数量巨大，一旦赖以生存的希望破灭了，负面情绪就会突然爆发，专制皇权的压制会让农民在最短的时间内释放出超强的破坏力。所以，短时间内，再厉害的军队面对这样一个群起的力量是难以抵御的。

但是，这并不说明农民起义军有很强的战斗力，他们一时间内虽然云集的人数很多，看上去黑压压一片，但毕竟没有进行过军事训练，缺乏战斗经验，更多的时候只是乌合之众。他们习惯于将主力集中一地，同敌人打硬仗、拼消耗，直至耗尽自己的一兵一卒，最终将自己拖垮。在战事频繁、瞬息万变之际，起义队伍里最需要的是挽狂澜于既倒的统帅，而不是一死了之的无用之才。而恰在这时，相当一部分起义军中高层将领从身体到智慧基本上都是虚弱的。

虽然农民起义创造了古代军事史上罕见的奇迹，但这惊天动地的壮举，瞬间便黯然失色，有的百万起义军毁于一旦，在此之前的胜利和在此之后的失败，是一样迅速而又巨大。这种现象好似不解之谜，不能不令人深思。

军事上的致命缺陷，主要体现在以下几个方面。

宏观上缺乏统一天下的雄才大略

起义军领袖们要想实现一统江山，手头必须有三张大牌：理论、武力和民心。唯有如此，才能谈得上言智、言勇、言胜，示人以天地广大，示人以江海包容。但是，一些农民起义军的“王瘾”过大，当取得一些小胜的时候，只是迈开了万里长征第一步，就打算坐享其果，没有长期作战的思想，更没有把心思放在建立巩固的后方基地上。黄巢攻克长安后，没有“宜将剩勇追穷寇”，给了唐僖宗为首的地主阶级残余势力喘息之机，使敌人能够重新集结力量向起义军反扑，导致了政权丧失。

有些时候客观上具备了统一的条件，而起义军压根儿就没去认真考虑。元末的张士诚有足够的力量扩张势力，进行统一战争。但他只想割据一方，保住一块地盘，而不作长远的统一打算。他对元朝忽降忽叛，反复无常，只要对自己有利就干。所以朱元璋说他“士诚地方富庶”，但“器小”而没有长远打算。当朱元璋兼并陈友谅时，张士诚并不给予支援。等到朱元璋集中力量攻他时，张士诚力量孤单，很快就被朱元璋所消灭。朱元璋后来在总结经验时，认为自己占据的地方不如张士诚富庶，军事力量不如陈友谅雄厚，所以能兼并了他们，靠的完全是政治上的远谋和斗争中的策略，这不是没有根据的。

根据地建设对农民起义军来说十分重要，而揭竿而起的农民兄弟们似乎对农村这块土地并不在乎了，热衷于大城市，喜欢流动作战，打到哪儿就算哪儿，打到哪儿吃到哪儿，不思往后日子怎么过。

捻军虽然经常活动于淮北的雉河集、蒙城、亳州、宿州、颍州，河南的永城、夏邑、虞城、鹿邑，山东的单县、鱼台、金乡、曹县，江苏的砀山、丰县、萧县等地，但始终没有使这些地区连成一片，建成进可以攻、退可以守的根据地。当时建立根据地的客观条件是具备的，但由于捻军的不少重要成员参加过贩运私盐和一开始就热衷于外出“打粮”等活动，因而容易产生流寇主义思想，认识不到建立根据地的必要性和迫切性，以致白白地丧失了几个有利时机。第一次是，从起义到1857年前，没有趁清军力量薄弱之机，在起义地区建立农民政权，着力于摧毁清军的少数据点，消灭地主团练武装。第二次是，当胜保、袁甲三等率清军南下淮河流域进攻张乐行、龚得树等部捻军时，淮北的捻军在向河南、山东、江苏出击的过程中，打了几个漂亮的歼灭战，使当地的清军力量更加薄弱，民众的起义不断发生，但没有与当地的起义武装和民众群众相结合，建立起新的根据地。

尤为失策的是，捻军首领们对淮北家乡团练武装的日益嚣张和捻军所占地区不断缩小的严重情况，竟熟视无睹，结果在僧军和团练的联合进攻下，遭受重大损失，被迫离乡他走。在后期，捻军展开运动战，虽然歼灭了被清廷“倚为长城”的僧格林沁军，以后又屡败湘、淮军，但由于没有根据地作依托，部队长期不停顿地流动作战，得不到必要的休整补充，虽然拖累拖垮了不少敌人，而自己也陷入了困难的境地，终于在优势敌人的围堵下，遭到失败。

战略上缺乏宽广的视野

战略是指导战争全局的方略，它必须依据战争的性质与敌我双方的政治、军事、经济、地理等因素，预见战争的进程，规定对战争力量的准备和运用。这种洞察全局形势、把握战事走向的能力，作为军事统帅是必须具备的眼光，要考虑到政治、经济、社会、文化等各个方面。就是在具体军事策划和安排上，从兵员的招募到思想工作的开展，从制度的建立到赏罚的尺度，从后勤的供给到战略的规划，从训练到战术，可以说是个十分庞大的系统工程，一个环节没有做好就会影响全局，而农民起义军在这方面的眼光恰恰显得有点短浅。

元末至正十一年（公元 1351 年）五月，韩山童与刘福通、杜遵道等在颍上（今属安徽）发动起义，韩山童被捕牺牲，其子韩林儿随母逃往武安，刘福通等攻克颍州(今安徽阜阳)，刘福通等迎韩林儿至亳州(今安徽亳州)，立为帝，称小明王，国号大宋，年号龙凤，以亳州为都城。这支农民武装在攻克蒙古帝国的上都开平后，不是乘胜南下攻击相距只有 250 公里的元帝国首都北平，反而莫名其妙地把进攻矛头指向和总体战略目标没任何关联的遥远的高丽王国，使元廷躲过了迫在眉睫的危机。如果当时中路军兵锋南指，和东路北伐军南北夹击大都，蒙古帝国极有可能立即崩溃，韩宋帝国就会完成统一中国的大业。结果呢，到了至正二十六年(公元 1366 年)，韩林儿被同行对手朱元璋沉入江中。

再以明末为例，公元 1643 年初李自成在襄京称王时的战略决策，至关重要。当时牛金星主张先取河北，直接攻打北京。杨永裕提议先占领南京，断绝粮道，然后兴师北伐。顾君恩认为：“先据留京(南京)，势居下流，难济大事，其策失之缓。直捣京师，万一不胜，退无所归，其策失之急。不如先取关中，为元帅桑梓之地，且秦都百二山河，已得天下，建国立业，然后旁略三边，资其兵力，攻取山西，后向京师，进退有余，方为全策。”李自成采纳了顾君恩的建议，把战略大后方选择在西部，以关中为退路。

也正因为如此，当满清入关之际，李自成根本无意坚守北京，而是轻易让出北方，撤回关中。这个时候，大清的军队像一条浑身黏糊糊的巨蟒，爬过长城垛口，悄无声息地向关内游了过来，张开了它的血盆大口，喷着毒气，准备将“大明”和“大顺”一口吞下。由此，中国辽阔的大地上，存在着农民军及其建立的政权（包括大顺政权和大西政权）、明王朝和清王朝三股势力的角逐。

再看太平天国起义，处于南北夹击之中，应坚持南北向作战。但洪、杨定都后，专意西征，改变作战方向，便铸成大错。后期李秀成百万雄师东征，企图寻找出路，纯属枉然，这也成为太平天国运动最后失败的军事原因。还有，当时的南方天地会和北方捻军都未能把握大势，与太平军一样错误地把一场南北战争改打为东西战争，轻易放弃南北方的一些重要城市和军事要地。

战术上没有灵活机动

农民起义军在发展势头良好的情况下，往往违背“先胜而后求战”的古老兵法，直接与强军进行接触进行战略决战，这是在敌强我弱的情况下最容易犯的错误。

人求胜欲最强的时候，恰是最不冷静的时候；对别人进攻最强的时候，正是防守最弱的时候。

黄巾军缺乏有战略头脑的军事领袖人物，其起义计划的制订极不完备，起义后各地起义军没有迅速地集结起来，而是分散在各地孤立行动，甚至不进行相互支援配合，终于被官军各个击破。此外，起义军首领缺乏军事指挥才能，张角、张梁、张宝等个个都只知固守一城一池，或者硬打硬拼，被官军偷袭。其他将领如张曼成、赵弘等只知固守一城一池，不懂得运用灵活的战术。而张角遇到的对手如卢植、皇甫嵩、朱俊、曹操等都是深谙兵法、久历沙场的。碰上这些“克星”，张角等不懂得灵活对付，往往“一根筋”下达死攻、死守的命令，带来的结果只是横尸遍野、冤魂哀鸣。

应该说，历史给予了很多农民起义军很好的机会，可是他们因自我的短板而找不到北，没有把握住机遇，任机会像泥鳅一样溜了过去。将领的性格就是起义军的性格，将领的命运就是起义军的命运，历史的细节从来就是如合符节，分毫不差。

更为搞笑的是，一些农民起义军把《三国演义》、《水浒传》、《封神演义》和《西游记》中的一些人物作为自己的“守护神”。他们常常把取胜的希望寄托于能掐会算的姜子牙、诸葛亮，或者“撒豆成兵”的张天师，甚至齐天大圣身上，故而在作战中出现了一些怪异的战术。义和团一直宣称自己的拳术有“降神附体”、“刀枪不入”的本事，对付洋人的火炮，只要“大师兄”施展一下“画符念咒”，那些洋人的枪炮就会成了“烧火条”。这些“牛皮”作为鼓劲的口号在战前动员吹吹还行，但他们自己心里一定要清楚，真靠这些玩意是不管用的。而义和团假戏真唱，让许多“团员”白白地去送死了。

起义领袖虽然给自己封了这个王、那个王的，但仍然摆脱不了兵痞气十足的大农民的底子！当起义队伍发展壮大之后，他们在文化知识和政治斗争经验上的不足就暴露得更为明显。他们的普遍愿望还停留在分得土地上，不可能有更高的认识。所有的这一切，决定了农民在暴动起义时大多还是采取粗线条式的方式。

第十一章

从工具到『被工具』：被人利用的农民起义

血染的“嫁衣裳”

每个封建王朝的末期，整个社会纲纪松弛，秩序混乱，各种矛盾交织在一起，就像一个“马蜂窝”，经农民起义军一捅，旋即拉开了社会乱局的序幕。而这些起义往往不是被残酷地镇压下去，就是为他人作嫁衣裳，被阴谋家利用。刘邦自己当了皇帝，那些“屠狗卖肉”的哥儿们成了新贵。李自成农民军近20年的奋战充其量是为清朝充当了“火中取栗”的角色，胜利果实为坐在关外的清朝统治集团夺取，又一次成为改朝换代的工具。在金字塔式的社会等级体制之中，只是塔的上层换了一班人马，而金字塔本身，丝毫没有损伤。

历史的悲剧就这样一次次重演。

于是，中国古代农民起义的历史就变成了一场场不断的暴动与镇压，推翻与再专制的社会演变。

历史的参天大树，往往是从一个不起眼的角落里生长出来的。那些为后世瞩目的朝代、惊天动地的业绩和影响深远的文化，也是如此。同样，起义的错误决策总是以小人物的利益和痛苦为代价的，所有的起义都是在自以为绝对正确的信念下铸就的。农民起义捅了“马蜂窝”后引发的朝代更迭，所付出的成本突出表现为对人口的影响。

根据有关资料不完全统计，历代王朝更迭直接造成人口损失至少达32392万，可谓“狭巷短兵相接处，杀人如草不闻声”。

开封历史上有过几次劫难，最惨的一幕是在农民起义军手上发生的。

开封自古称大梁，南北朝时在东魏和北齐治下称梁州，北周灭北齐后，改称汴州。五代时期，后梁开国皇帝朱温在此篡位建都，改称开封府。此后开封之名一直延续至今。唯北宋在此建都时改称东京（亦称汴京或汴梁），但北宋在此设开封府，清官包拯就是有名的开封知府。

公元前225年，秦始皇派大将王贲率大军灭魏，掘黄河以淹大梁，城破后魏国国君投降，魏国自此灭亡。秦始皇推进了统一大业，但大梁城的百姓多数化为鱼鳖。那时城小人少，死的人想来也不会多。后来北宋灭亡，金人攻入开封，掠走了徽、钦二帝，烧了宫殿，抢走一些宫中美女和大部分古玩珍宝，烧毁了一些图文古籍……受损的是文明，倒大霉的是赵宋皇室，金国的皇帝完颜亮还要在此建都，不会把老百姓全杀光，所以虽在异族治下，多数百姓还可保得性命。唯有明末李自成率军三次攻围开封，开封守军和百姓困守孤城，历时长而无外援，粮秣尽而生机灭，其情其景，据身历其事者所记，真可谓是惨绝人寰！

据单远慕先生在《开封史话》中所记：明代开封城墙，周长二十里一百九十步，高三丈五尺，宽二丈一尺。城外的护城河，阔五丈，深一丈，全城有五个城门：每个城门都有月城三重，城上四角有四座角楼，全城共有八十四个敌台，八十一个警铺，防御的设施也很多。到了明末，修建更为完善，城墙高达五丈，周长四千七百零二丈，护城河上宽五丈，底宽三丈，深二丈，在五座城门外，都有吊桥，真可谓“固若金汤”。李自成攻围三次，没有突进城去，除了军民固守不降外，城池坚固也是一个原因。在明朝治下的200多年中，开封经济相当繁荣。比起中世纪欧洲任何一座城市，当年的开封城都更加人性化，由于没有西方宗教对人的禁锢，它也是一个自由而快乐的城市。可是这一切，到了崇祯十四年（公元1641年），有了根本的改变。

适值秋水暴涨，李自成的军队对久围而不下的开封决定决黄河之水以灌城。白愚在《汴围湿襟录》中记道：“贼久困汴，意为必克，不料坚持死拒，已及六匝月，守志更坚，贼恨汴甚。见阴雨连绵，秋水大涨，贼挖掘上流，坚塞东西南三面堤口，不令水分四溢，止留北面，使全河入汴。至九月十五日，督贼数万将河决开，城居釜底，河流一泻，怒浪巨涛，吼若雷鸣。北门顷刻冲没，合城男妇哀号，王府士庶尽升房垣，贼亦乱窜。及至夜半，水深数丈。浮尸如鱼。哀哉，百万生灵，尽付东流一道！”这是开封城最后的覆灭。在这灭顶之灾中，李自成军队以其动物性的凶残，彰显了人性的黑暗，令人心惊肉跳。明朝开封人周亮工当时因在潍阳做官，全家幸脱此难，故而为我们留下了这样一段文字。其著文悲叹云：“嗟乎！汴之人何辜，贼亦何利于汴哉？始攻之不克，而再；再不克则三；三不克，始困之；困之而终不下，则使毕命于洪流。汴之人不死于刃，则死于饥；不死于饥，则死于溺。汴之人何辜也哉！贼之志不过金帛子女，至于攻围之无效，始逞志于一决。金帛徒输河伯，子女亦隶波臣，贼亦何利于汴，而顾使数千百年全盛之中枢，一旦潴为巨浸，荡为魁陵也！岂不悲哉！岂不悲哉！”

如果当时有人质问李自成，你这样灭绝人性的屠杀，究竟为了什么？也许那个“闯王”会一时语塞的。打仗杀红了眼睛，大概也就不想那么多了。下面，看看李自成那个忘年交的战友洪秀全的情况。

公元1853年，当马克思听到太平天国军队胜利进军的消息，万分高兴，寄予热切的期望，想象以后东方会出现一个崭新的中国。他在《国际述评（一）》中说：“世界上最古老最巩固的帝国八年来在英国资产者的大批印花布的影响之下已经处于社会变革的前夕，而这次变革必将给予这个国家的文明带来极其重要的结果。如果我们欧洲的反动分子不久的将来会逃奔亚洲。最后到达万里长城，到达最反动、最保守的堡垒的大门，那么他们说不定就会看见这样的字样：中华共和国，自由、平等、博爱。”

可惜，太平天国太不争气，使他完全失望了。

公元1862年，当他知道了太平天国推行的各种暴政之后，又说出了如下的话："除了改朝换代以外，他们没有给自己提出任何任务"，"他们给予民众的惊慌比给予老统治者的惊慌还要厉害。他们的全部使命，好像仅仅是用丑恶万状的破坏来对立停滞与腐朽，这种破坏没有一点建设工作的苗头"，"显然，太平军就是中国人的幻想所描绘的那个魔鬼的（化身）。但是，只有在中国才能有这类魔鬼。这类魔鬼是停滞的社会生活的产物"。

可见，作为思想家的马克思，在对太平天国运动进行观察时，虽然远隔重洋，但分析的还是十分中肯和到位的。这不仅是对太平天国的评价，也可以说是对整个中国古代农民起义的评价。

就这样，中国历史上大大小小的农民起义和农民战争中，成千上万的农民兄弟付出生命，他们身上的"嫁衣裳"所染的鲜血实在太多太浓了！

历史上，没有流血的朝代更替是很少很少的，史籍鲜有记载。宋朝取代后周，史书明确记载因此而丧命的只有一个叫韩通的高级将领一家。兵变队伍进城后，他从宫中逃出，准备组织抵抗，一家全部被杀了。事后，赵匡胤追赠韩通为中书令，并对擅自杀人的军官严加追究。这不能排除作秀成分。总之，这一次朝代更迭没有死人的记载。但是，宋朝被元朝取代通过长期的战争，对人口带来的影响是：北宋末年全国2080万户、人口首次突破1亿；元灭南宋统一全国后下降为740万户、估计为3500万人，减少人口6500万。

东汉中平元年（公元184年），颍川、南阳两地的黄巾军被镇压后，统治者又将作战重点指向河北。因卢植率军全力围攻广宗三月不下，灵帝改派东中郎将董卓接替卢植，亦为张角大败于下曲阳。十月，东汉王朝再调皇甫嵩为帅，进攻广宗。适值张角病死，黄巾军失其主帅，士气大挫。皇甫嵩乘势突然发动夜袭，义军仓猝应战，张梁等以下3万余人战死，5万余人赴河而亡。

战争，是死神的盛宴。飘溅的血液，嘶哑的呼喊，钢铁和肉体的碰撞，生命与死神的舞蹈，没有丝毫的退让，没有丝毫的犹豫，每一秒都有生命在消逝。天堂地狱，阴阳两隔，宛如一纸。如此戏剧性的命运在中国历史中总是不停上演。花落花又开，仿佛不停地继续着它们的前世，而又一次花开的时候，眼前曾经活生生的人们已经不在世了。那时候的人们能够摸得着缕缕阳光，却摸不着他们亲人或同伴曾经真实鲜活的身体。

站在新皇帝的角度，也许不是坏事，但站在受难者的角度，是灭顶之灾。这些数字背后，是一代代平民百姓声嘶力竭的呼喊，是全社会全民族的灾难，更是我国君主社会朝代更迭模式的核心缺陷。

学会尊重每一条生命，是任何时候、任何人种、任何国家、任何集团走向成熟不可或缺的品质之一。可悲的是，很多时候，一些人以国家、民族、百姓利益的名义，轻易地把鲜活的生命，供奉在历史的祭台上。

康德在《法的科学》中曾经这样说：在一个社会的法律状态普遍建立起来之前，无论是个人、民族还是国家，决不能免于彼此之间的暴力行为。而我国古代原始的法律在春秋初期就开始建立，朝代更迭还是需要付出如此巨大的代价。其中，中国农民是多么的“善良”，一次次地给别人建立功业铺平道路，周而复始，自己永远处于社会的底层，准备下一次的反抗。

农民战争是统治者和那些想当统治者的人挑起的，而最后承受战争的苦果和灾难却是百姓，他们无法掌握自己的命运。到头来，他们只能无言以对，只能选择泪水和静默。血汗、人性和情感，英勇、艰辛和沉重，不堪回首，还有永不消失的死亡的恐惧和难以愈合的创伤。

为了一己之利，起义军领袖们披上这身“嫁衣裳”，不知是否对得起为他们死去的兄弟吗？对得起当初拥戴他们的民众吗？他们对得起谁？

他们愿作“嫁衣裳”的内心深处，就是对当时的统治集团一直抱有一丝幻想，而统治集团对他们镇压起来是绝不留情的，当自己力量不够时，往往勾引少数民族的力量进入中原地区，共同镇压农民起义。如东汉末年董卓曾率羌中豪帅镇压黄巾起义，后又参与了争夺中原统治权的斗争；袁绍借乌桓兵击破公孙瓒，曹操曾引乌桓校尉阎柔率乌桓人助战；马超也勾引氐人参加战争。隋末李渊和刘黑闼等人都曾勾结突厥参与内战。唐末在镇压黄巢大起义中，主要依靠了沙陀贵族李克用的力量。明末农民起义推翻了明朝的统治后，清兵入关参加了镇压农民起义和争夺中原统治权的斗争。

少数民族统治阶级利用农民战争的形势，进入中原地区参与镇压农民起义和争夺统治权的斗争，有的促进了全国的统一，如清兵入关后迅速地镇压了农民起义和南明的残余势力，统一了全国。如果清兵不入关，李自成、张献忠与明朝残余势力之间争夺统一全国的斗争，也可能会延长一段时间。但大多数少数民族进入中原地区后，却增加了分裂割据的因素。例如，东汉末年少数民族开始迁入北方地区，黄巾起义之后，各地区的分裂割据势力争相勾引少数民族向内地迁入，以增加劳动力和兵员，结果造成了以后北方五胡十六国的分裂割据局面。唐末农民大起义中，由于沙陀族的一些将领镇压起义有功，结果纷纷拥兵自立，出现了“五代十国”的割据局面。五代中除了梁是汉人朱温建立的政权外，其他唐、晋、汉、周四个王朝都是沙陀人或沙陀化了的汉人建立的国家。十国中北汉也是沙陀人所建。可见东汉末和唐末两次农民大起义后所以出现了比较长时间的分裂割据局面，都和少数民族统治阶级参与中原地区的政治角逐有一定的关系。一些少数民族统治者认为割据一方，比原来部落的那个小天地大得多了，因而很满足于这种割据，并没有统一全国的想法。

对这身“嫁衣裳”，今天想起来，是那样的沉重啊！又是那样令人悲哀！

愿当那杆被使的“枪”

在处理农民起义这类事件时，朝廷往往会面临着两难，因为无论是采取镇压或安抚的政策，都可能使事件走向暴力化，所以如何拿捏是一个很大的政治技巧。可是，有时候不用你费神劳力，农民起义军自己送上门来投诚了，真是“踏破铁鞋无觅处，得来全不费功夫”。

农民起义的胜利果实被人窃取，很大程度上是被动的，也是无奈的，要不然就连傻子都知道，谁愿意把自己的梦寐以求的宝贝乖乖地给了别人呢？何况是手握重兵的起义军领袖。但在中国古代农民起义史上，的确有一些反常理的情况出现，滑稽得近乎小品。有的农民起义军领袖甘心成为封建统治者那条玩使的“枪”。特别是下层士大夫、知识分子、小地主、没落的贵族等攫取了起义军的最高领导权，便开始考虑如何把起义军队伍当成自己的私有财产，当成捞起政治资本的工具，而处于下层的士兵行军打仗有份，享受胜利成果时只能靠边站了。

没有压力就没有进步，没有约束就没有秩序，没有惩罚就没有稳定。如果把希望寄托在统治者的自我约束上，是绝不可能有任何好结果的。

农民起义军甘愿被统治者当作“枪”使的情况，主要有这几种情形：

一是背叛后甘当“走狗”献忠心。在规模较大的农民起义中，多有此种情形，一些人背叛了原来的道路，成为镇压农民起义的刽子手。例如，唐末朱温原为黄巢部将，当上了大齐同州防御使。中和二年（公元 881 年）

九月，他斩大齐监侯使严实，并降于唐河中节度使王重荣，奉命镇压黄巢起义军，据说还“所向无不克捷”。元末张士诚降元后，去打红巾军，围攻安丰，杀害了北方红巾军杰出领袖刘福通。明末刘国能原与李自成同时起义，自号“闯塌天”，崇祯十一年（公元 1638 年）正月，乞降于明总理熊文灿后，“署为守备，命隶（左）良玉军”，因其“从军征剿，数有功”而升为副总兵。自号“射塌天”的李万庆，崇祯十二年（公元 1639 年），“执许州叛党于汝虎以降”，并“从征自效”，官至副总兵。张献忠的部将刘进忠，在清兵入川时，降清“乞为响导”，充当清兵的鹰犬，致使张献忠被俘遇难。

二是积极乞求朝廷的分封。此种情况，又可分作两种类型。

一种是把反贪官与拥护当时封建皇帝作为自己的斗争口号。如明正德年间刘六、刘七领导的起义，即是其典型例证。这次起义提出的口号是“建国扶贤”，“以诛君侧奸臣为名”，其副元遂撰《乞恩辨明本》内云：“先年群奸在朝，舞弄神器，浊乱海内，诛斩谏臣，屏斥元老，未有不亡其国者。乞皇上澡雪精神，独断于中，枭群奸之首，以谢天下，斩臣之首，以去谢群奸。”明末李自成在攻打北京前夕，派使臣与崇祯帝谈判，提出：“欲割西北一带，敕命封王，并犒军银百万，退守河南受封，愿为朝廷内遏群贼，外制辽沈，但不奉召入觐。”此时大顺宰相牛金星致明政府疏中亦云：“皇上诚能幡然改弦，别用一番贤能，臣犹得攀皇上固有之土地、未散之人民，全而归之皇上。是皇上负臣，臣不负皇上也。”这与刘六、刘七起义所提出的口号，虽不尽相同，可也反映出李自成等领导人对当局的幻想。捻军的主要首领张乐行本人就曾受过清朝官方“招安”，虽然后来坚持斗争到底，但由于本身的污点，必然影响其理直气壮地与投降倾向作斗争。

另一种是主动接受封建帝王的封号。隋末之际当隋炀帝被其下属宇文化及杀死，越王杨侗在洛阳宣布称帝后，农民军领袖李密乞降，杨侗“授密太尉、尚书令、东南道大行台行军元帅、魏国公，令先平化及，然后入朝辅政”。李密亦表示“请讨化及以赎罪”，并且“执轼炀帝人于弘达献越王侗”。杜伏威“上表于越王侗，侗拜伏威为东（南）道大总管，封楚王”。窦建德生擒宇文化及后，“先谒隋肖皇后，语皆称臣，素服哭炀帝尽哀”，且“遣使奉表于隋皇泰主，皇泰主封为夏王”。他们汲汲于这些功名，只是想攀爬到更高的平台上去猎获荣华富贵。

三是择机顺势投诚。当外敌入侵或民变不断时，朝廷储备的兵力不足，急得像热锅上的蚂蚁。此时，一些农民起义军看准了时机，主动投其急用。如两宋之际，金统治者兴兵南下，宋东京日守宗泽，“招抚河南诸盗”。倪从庆接受宋之招安，赴行任“勤王”。明清之际，清兵入关，大顺军领导人李过、高一功、李自成妻高氏等，接受了政府的招抚，降于总督何腾蛟，受到“赐锦（李过）名赤心，封高氏忠义夫人，号其军日忠贞营”。张献忠牺牲后，大西军领导人孙可望、艾能奇、刘文秀、李定国等“皆降于永明王”。

四是充当新主子的帮凶。处在改朝换代时期，农民起义战败后，有些领导人降于新的封建王朝的建立者。例如，西汉末年赤眉军战败，樊崇“将刘盆子及压相徐宣以下三十余人，肉袒降”于刘秀。铜马军亦降，刘秀“封其渠帅为列侯”。隋末的李密、杜伏威也先后降唐。元末陈理、明升也先后降于朱元璋。

五是出卖同伴求荣。明正德年间赵宁遂战败被俘后，被逼供出了农民军的组织和活动状况，即《赵全遂供词》。清朝太平天国忠王李秀成被俘后，写了《李秀成自述》。夕第七，企图受抚但未遂。如唐末王仙芝曾两次接受招抚。但终究未降。第一次在乾符三年（公元 876 年）十二月，唐薪州刺史裴握为他求官，约罢兵。“诏拜仙芝左神策军押衙，遣中人慰抚。仙芝喜”。由于黄巢“殴仙芝，伤其首，其众喧噪不已。仙芝畏众怒，遂不受命”。第二次在次年十一月，唐招讨副都监杨复光派吴彦宏前往诱降，仙芝“乃遣蔡温球、楚彦威、尚君长来降。欲诣阉请罪”，后因“卒斩君长等于狗脊岭”，仙芝怒，迎攻洪州，继续坚持。

叛徒有叛徒的逻辑，小人有小人的哲学，只要听一听他们似乎很早就创造了的金科玉律，什么“识时务者为俊杰”，什么“己所不欲，勿施于人”，什么“明哲保身”，我们就知道他们的形象有多么丑陋、多么可笑。可以想象，这一类人的数量肯定要远远大于可统计的数字，他们更多的是默默无闻地“工作”在每一个黑暗的角落，又默默无声地消失于人群或死去。

以上五种情形，既有主动当“枪”的，也有被动当“枪”的，个中原因极为复杂，他们客观上被封建统治集团当成了工具来摆弄。这方面，最为卖力的要算是义和团了。清政府当时如果要有点政治敏感性或统战意识的话，似可将这个“典型”大树特树，从而“团结一切可团结的力量”。

义和团早期确实以打击腐败官府和西方侵略者为双重目的，当时叫“义和拳”。最初，也有义和拳的成员提出“反清复明，驱除鞑虏”这个口号。后来，义和拳改为义和团后，决定向清政府靠拢，由“反清复明，驱除鞑虏”，变成“扶清灭洋”的口号。

公元1900年6月4日，在保定附近的张登镇，夕阳西下，炊烟袅袅地上升。那天晚上，淡淡的麦香渗在月光里浸濡了小镇的夜空，仿佛要流入别人的心里来。

然而，他们怎么也没有想到，一场灭顶之灾正在等着他们。“勇敢无畏”的义和团的团员们接连烧杀了张登镇几十户教民。房子里的男人们已经逃走了，只剩下了女人和孩子，在冲天的火光中，传出了凄惨的哭喊声。有女人冲出火海，被他们毫不留情地用刀剖开她的肚子再扔回大火中。

义和团的暴行是在满清政府的纵容鼓励下干的，而义和团也向这个腐朽的专制政府献上了忠心，他们打的旗号就是“扶清灭洋”。这些来自农民的起义士兵，当他们处于受害的位置时，往往显得十分谄媚；可当他们被怂恿作为朝廷报仇的工具时，便立即显出其残酷的一面。

到了7月份，在发生了一系列屠杀教民的事件后，景州周围七八个县的惶恐无措的教民们两手空空地逃到朱家河教堂避难，一个小小的村子涌进了3000多人。

公元1900年7月17日，两千多义和团和两千多清军士兵包围了朱家河村。清军士兵是被景州城里的蔡氏兄弟忽悠来的，这两个人一个是秀才，一个是举人，他们告诉路过景州的清军指挥官陈泽霖，说朱家河教堂是汉奸聚集地，请求陈泽霖派兵攻打。

义和团和官兵们向“汉奸”发起了英勇的进攻，这是一场没有悬念的战斗。士兵们在“爱国主义”的鼓舞下，枪击刀砍，奋勇无比，先把教堂外的教民们杀光，再点燃浇了桐油的席子，扔进教堂，把教堂里的人烧死熏死。那些从大火中逃出来的人、从教堂楼上的窗户跳下来的人，没有烧死摔死，也大多被杀害了。到7月20日，屠杀结束，一共有2500人遇难，教堂里只有500人逃生。

中国的教民也就是那些信仰基督教的人，都是些什么人？他们为什么信仰了洋教，为什么会惹来了杀身之祸？这些问题值得玩味。

早在明朝万历年间的公元1582年，就有西方的传教士来中国传教，利玛窦就在那一年来到了中国。传教士早期在中国的传教活动收获不大，到了清朝初年，又被雍正皇帝禁止了。19世纪后半叶，越来越多的天主教和新教的洋教士来到中国传教。洋教士最开始把传教对象瞄准知识精英，但碰了钉子。中国五千年文化培养的知识精英都是最自信的人，哪里瞧得上蛮夷的邪教。于是，洋教士们调整了策略，把目标锁定在底层老百姓身上。

天主教会的切入点比较切合实际，他们除了做新教做的那些善事外，还增加了一项，就是帮助老百姓打官司。这一招真灵，因为当时中国的官吏极其腐败，司法极其不公，办案手段野蛮愚昧，没有钱没有势力的老百姓冤屈太多。于是，老百姓朦胧之中感到，信了上帝就不受欺负了，由此信教的人就越来越多了，天主教教徒比新教教徒要多好多倍。

这时，清政府不干了。他们越发认为，我的大清子民入了你们的教，就听你们的上帝的话了，那我的话他们还听吗？他们如果不听，我们还怎么治理国家。义和团就是在这样的情况下，帮助大清干了这件傻事的。

在室外枪声杀声不断的最后时刻，教徒们仍做着祷告，无奈但从容地面对死亡。就连清军指挥官陈泽霖在现场发现被杀死的大多是妇幼老弱，哪里来的汉奸，外国人也只有 2 个，他非常气愤，拒绝了义和团请他帮助攻打下一个教堂的要求。

在整个义和团运动中，一共有 2 万 3 千多中国教民被杀害，相当一部分是老人、妇女和孩子，还有教会收养的孤儿。

最后，这个既没有统一“口令”、“番号”，也没有统一组织和指挥，更没有共同的政治领袖的松散性的武装组织，在清政府和八国联军的联手镇压下，不战自溃，很快消失在历史的烟云中。

回望他们走过的路，一会儿“反清复明”、一会儿“反清灭洋”，后来又“扶清灭洋”，这些来自大刀会、白莲教、梅花拳、八卦教以及一些地方民团的义和团的“团员”们，死得稀里糊涂，哪里知道他们一直被慈禧这个老佛爷当“枪”使呢。

今天，在那片古老的原野上，被狂杀的张登镇的百姓的冤魂和义和团未能归乡的孤魂，都在不停地夜哭着。

余热悠久的“老工具”

许多农民起义者们恐怕连做梦也没有料到，多少年以后，某些时事又把他们的名字与政治紧紧地牵连在一起，继续发挥工具的作用。正如有位哲人所说的那样，有些人的死亡，并非他的一切的终结，相反，这也许是新生。

不过，这回发挥的不是他们军事力量的作用，而是他们在教材方面的作用了。

陈胜死后，受到了普遍尊重，名气比生前大得多。司马迁专门为他作传，司马光称他的部队为“兵”，而不是贼。刘邦当了皇帝后，只看望过两位已故之人，一个是孔子，另一个就是陈胜。刘邦这个老流氓能够称帝，首先得益秦末社会的乱局，乱局的始作俑者就是陈胜。正因为这位深沉的农民，在漫长的郁闷中突然发力，惊醒了他一个强悍王朝的万世美梦。

两千多年来，许多政治家将自己心中的价值观念与理想追求寄托在他们的身上，并对农民起义军的外在形象进行了一番认真的塑造，编写他们许多可歌可泣的故事。这里或多或少地渗透着后人的附会和想象，掺和着一些人为的因素和印痕。

从开国帝王的角度，需要农民起义这样的造反英雄来说明自己推翻前朝的合理性。同样也说明了，他们建立自己的江山，是“民心所向”。到了这个份上，一些历史学家也喜欢把最美好的颂词都慷慨地献给了他们。而在太平年景里，农民起义因政治原因被矮化、被侮辱，乃至遭千夫所指的怪现象，百姓被要求做安分守己的顺民。为什么后人对《水浒传》智者见智，仁者见仁，由此也可以了解这部古典文学永盛不衰的原因了。

正如鲁迅曾经说过的那样，如果孔子、佛陀、耶稣等“圣人”再生，也会被门徒们迫害打压，等他们死去再作为偶像抬出来。农民起义的领袖们脱离了生老病死而焕发出另一种新的生命，他们脱离了现实的时间而创造了另一种生命的空间。

摘李自成起义“挑子”的满清王朝理应感谢他这位闯王，可阿济格率领八旗劲旅对李继迁寨的李氏族人进行大屠杀。不仅如此，有的将领还出主意说：“闯贼的故里就在此境内，如果王爷能到了李继迁寨，寻得闯贼的祖坟，挖了他的祖坟，断了他的龙脉，那么闯贼灭亡就指日可待了。”不久，李继迁寨的山形地貌也遭到了破坏，尤其是李氏祖坟遭到了严重的挖毁。当时，一个后生正在山上放羊，看见村中一片火海的惨景，后被清兵发现，后生被逼得走投无路，投身悬崖，幸好被山中荆棘挂住，但却皮膏尽脱，被人救回，伤好后娶妻生子，现李家站李氏都是其后人，后人不知其名，只知讳号“李剥皮”。为防清军再袭，“李剥皮”不敢承认自己属太安里二甲。清兵血洗时，正好李家站有一媳妇带着一个刚满月的孩子到毗邻的叶家站坐娘家，才幸免于难。事后，不敢归家，遂母亲改为叶姓，至今在李家站附近的石窑坪、寨洼、石灰山等地均为叶姓，其神柱碑志均外书“供奉叶氏三代宗亲之位”，而背写“敬奉李氏三代宗亲之位”字样。

就是这样，满清还不罢休，不断引用各种手段对李自成进行污蔑和抹黑，一是说他是党项人，依据是李自成称帝时以李继迁为太祖。西北地方本来就是胡汉交杂居住地，胡汉通婚也有可能，也许李自成有党项人的血统，但是就像鲜卑人一样，鲜卑人融入汉族到了后来连原来鲜卑的血统的百分之一都不到了。那么李自成血统中汉人成分就不算了？再说了，退一万步说，李自成即使就算是党项人，人家早就从文化上融入汉人了。闯王之所以称李继迁为太祖，估计更多是为了突出自己是名门之后，想来个正统的说明而言。二是说李自成勾结清朝对付大明。三是说李自成在北京放纵士兵，军纪败坏导致失去了天下。这些清史专家对李自成的评价自然会抹黑，而清廷自然也会支持这种评价。

清朝“恩将仇报”就是为了让李自成当“反面典型”，这与当时的政治形势是密不可分的。一方面，李自成失败后，他们一家好几代与清朝作战而死，后来三藩之时，李自成的后代还在联合吴三桂与康熙打了不少年的仗，估计死在李自成手下的八旗子弟也不少，清朝自然对李自成恨之入骨。另一方面，清廷担心民间死灰复燃，干脆对他进行全方位的封杀。让闯王成为反面教材，无非告诉人们，谁敢造反，谁就是如此下场。可见，其“工具”的作用还在发挥着。

像李自成、洪秀全两位，一个被打死，一个病逝，从造神的角度而言，也似乎恰到好处。历史选择了李自成、洪秀全，成全了李自成、洪秀全，也就有了后来一些政治家眼中的完美无缺、形象高大的李自成、洪秀全。朝代更迭之际，需要这样的伟大人物来激励鼓舞民心，而李自成、洪秀全也足以担当这一崇高的历史使命。

这是中国农民起义的悲哀，更是中国文化的悲哀。一个以专制政治为体系的集团，一个以小农经济为要害的群体，都把儒家文化奉为神灵。可他们当道之后，就必然加倍地奴化人民，强化自己的权威。中国的历史，就是这样用无数人的血把它染红的；中国的文明，就是这样以无数白骨把它支撑起来的。启良先生在《中国文明史》中说：“如果从历史评价的角度看，农民起义与中国历史的发展，其意义又是负面胜于正面。因为它不是将社会引向前进，而只是使历史在周期动荡中轮转。甚至可以说，在中国文明模式里，农民斗争之本身就是专制主义统治得以维护的一种手段。”

众所周知，一个政权的“合法性”并不是一取得就可永久享有的东西，它是需要不断地进行维护、修补和巩固的，以此不断说明政权取得是“奉天承运”的结果。这种维护、修补和巩固是涉及方方面面的系统社会工程，要做的工作很多，最为重要的一点，就是让民众不断地心悦诚服地接受掌握政权的人。历史上，那些封建帝王拿农民起义翻来覆去地做文章，就是因为内心底气不足，出于对自身政权合法性的忧虑。

中国封建社会的机制非常奇特，它一方面愿意播扬和哄传一位农民起义领袖的声誉，利用他们、榨取他们；另一方面，从本质上却把他们视为异类，迟早会糟蹋他们、毁坏他们。起哄式的传扬，转化为起哄式的贬损，两种起哄都源于自卑而狡黠的心态，两种起哄都与健康文化氛围南辕北辙。体制中不乏拥有这样恩怨情仇的矛盾，它们不相伯仲，在岁月里消长盈亏，维持着各自的存活。

历史上中国人衡量一件事，常常用“情、理、法”作为标准，情是摆在第一位的，理是第二位的，法是最末的。也就是衡量一件事情，先从情，再从理，最后才论法，所以中国人不重视法，也缺乏法治精神。

尤其是“阶级斗争”观念一旦推向伦理领域，就会缺少一种普遍性原则，问题就十分糟糕了！比如说不能随便杀人、放火、抢劫，应该成为一种绝对原则，但经过阶级斗争的阐述，虐待人、践踏人乃至杀人都变成有理了，就看你是站在什么“立场”上了。好则全好，坏则全坏。伟大的人物绝对要一无瑕疵，而被否定的角色则一无是处，哪怕有一点点对的地方也是错的。

一些农民起义的领袖人物总是盖棺定论不了，就因为他们还有许多利用的价值，卷入了太多的感情。欲美化者，恨不能连伟人放个屁也是香的，其错当然也就错得正确；同样，欲丑化者，那个绑在耻辱柱上的人，肯定是头顶生疮，脚底流脓，坏透了的货色了。

对于把农民起义军当作“神”供奉着的人，应当也看到这些英雄好汉当年破坏的一面，甚至出现的兽行；对于把他们作为“魔”一样踩着的人来说，看到他们身上的可贵，哪怕你误解他、否定他、诋毁他、诅咒他，但你不得不承认，他至少真正算得上一个大写的人！

越是超越时代的人物，往往越不能相容于他们所处的具体时代。在扭曲变态、封闭异化的几千年漫漫中国封建社会里，能够真正配得上“人”这一高贵称号的又有几何？而几千年来将起义的农民奉为不食人间烟火的超凡脱俗的神的迷信，残害了多少纯洁的心灵呢？

为保持政权的“合法性”，就必须不惜失去良知、踩上伦理的底线，进行毁誉。农民起义反复成为被人利用的工具，根源就在于利用他们的人能得到被利用者更多的好处。这样，每一次农民起义都为历史留下了一段可歌可泣的故事，为农民的苦难生活涂上了一层慷慨悲壮的色彩。

岁月如风，它吹去了浮华与轻荡，留下的是经过秋霜冬雪之后的成熟，这成熟如一颗晶莹、沉淀的丰收之果。

相信喧嚣之后的沉寂，一定是积淀，是升华。

第十二章 东西方好汉们的『对话』

洋起义

纵览世界历史，我们会发现，曾经频繁发生的大规模农民起义并非是中国的“人文特产”，外国特别是西方发展史上也会不时地发生过。不同的是，外国古代史上发生的起义，不只是农民兄弟的“揭竿而起”，很多的是工人和市民参加的暴动。

在中国，一般一个王朝开国七八十年就开始有人大规模地造反，到了中后期更是暴民蜂起，王朝末年简直是“东边灭了西边乱”，最后把朝廷推翻，建立一个新王朝，最终周而复始，重头又来一遍。每次剧变都是哀鸿遍地，杀人无数，生产力被破坏，经济凋零。中国古代社会周期性震荡成为一种常态。

欧洲在公元五世纪开始进入封建社会，经过三百多年的酝酿，农民起义才陆续爆发。早期的两欧农民起义，一般发生在自给自足的庄园和封建割据的地方，规模一般比较小，属于局部性的群体性事件。

古代中国的农民起义则是另一番情景。

自秦汉以来，由于受中央集权国家的残暴统治，加之东方城市作为奴隶制的“精华”，在进入封建社会以后，并未遭到破坏，而且继续保持繁荣，商品经济发展水平远远超过同时期的西欧。这就客观上决定了中国式农民起义无论是人数规模，还是阶级成分和活动范围，都远远超过早期西欧的农民起义。例如，公元前 209 年，陈胜、吴广所领导的秦末农民大起义，一开始就具有较大的规模，在几个月时间，拥众数十万，战车千辆，其矛头直指中央政权，其主攻方向是秦二世的老巢——咸阳。这次起义以雷霆万钧之势，摧毁了秦帝国的残暴统治。这在世界历史上是罕见的，也是中世初期西欧农民起义所不能比拟的。

公元 11 ～ 15 世纪是西欧封建经济快速发展的时期，其主要标志是自由农民农奴化和新兴工商业城市一批批地涌现，城市反封建反教会的斗争与农民起义交织在一起，斗争更加尖锐化和复杂化。特别是处于社会底层的城市平民和被排斥在教会特权之外的下级僧侣，也都投身到农民革命的队伍中，还为革命提供了领袖、理论家和思想家，其中许多人为革命而被送上断头台。如公元 1381 年，英国农民起义两位杰出领袖：一个是泥瓦匠出身的瓦特·泰勒，一个是下级僧侣约翰·保尔。他们都为革命而英勇献身。

中世纪中期欧洲的主要矛盾是封建主与农奴的矛盾，斗争的中心有两个：一是废除“农奴制”，二是把教会及世俗领主所强占的土地归还农民。具有代表性的是 1381 年的英国农民起义，规模较大，不仅有市民参加，而且有其他阶层参加，具有全国性的特点。英国当时共 40 个郡，有 25 个郡的农民和城市平民参加这次起义。农民军一度占领首都伦敦，英王查理二世实际上成了起义军的阶下囚。起义领导人约翰·保尔在革命前夜就大声疾呼：“在亚当耕种，夏娃织布的时候，谁是安族？”他从“上帝儿女的平等”引申出政治平等和财产平等，猛烈抨击僧侣和贵族的奢侈腐化，要求严惩他们。他不仅这样说，而且这样做，起义中把一批贪官污吏特别是人人所痛恨的坎特伯雷大主教苏德柏莱当众处决了。后来，这次起义虽然失败了，但沉重地打击了英国的封建统治，英国“农奴制实际上在 14 世纪末期已经不存在了”。

如果说西欧早期农民起义是为了反对农奴化，反对基督教化，保持公社自由的话，那么中期的起义是反对农奴制，后期则是继续砸烂封建制的枷锁。在一些地区，农民战争还与宗教改革和资产阶级革命相结合，标志着西欧封建制进入了“倒计时”，资产阶级革命的雷声已隐约可闻。

公元 1545 ~ 1563 年，罗马教皇在特棱特连续召开三次会议，重申教皇权威，宣布一切违反天主教的言行将受到宗教法庭的严厉制裁。因此，中世纪后期的西欧农民起义，往往是在宗教改革的旗帜下进行的。具有代表性的是 16 世纪 20 年代德国的宗教改革和农民战争，它也是欧洲资产阶级革命的最初尝试。因为，十六世纪德国革命的基本任务是消除封建割据，完成国家统一，为资本主义经济进一步发展扫清道路。德国农民战争虽然没有彻底完成这一任务，但毕竟严重打击了教会势力，把德国统一向前推进了一步。至于尼德兰资产阶级革命，也是在加尔文下和农民革命运动的推动下，取得成功的。因此，恩格斯指出:“宗教改革——路德和加尔文的宗教改革——这是包括农民战争这一危急事件在内的第一号资产阶级革命。”

看来，“洋起义”并非比中式农民起义情况简单，结果有成功，也有失败的，只是没有造成社会更多的“大洗牌”。

比较著名的主要有：

第一次西西里奴隶起义

这是有史记载以来规模最大的一次“洋起义”,起因与中国的“官逼民反”差不多,结果因粮源断绝而导致了溃败。大伙起义的初衷就是为了吃饱肚子,想不到最后还是毁在肚子不饱上。看来,“民以食为天”,是东西方都认的理。

公元前 138 年，达莫费洛的奴隶们在忍无可忍的情况下掀起暴动，杀死主人，烧毁农庄，然后占领恩那城，选出叙利亚籍奴隶攸努斯为首领。与此同时，西南部的阿格里根特地方也发生了由小亚细亚籍奴隶克里昂率领的奴隶起义。两支起义队伍汇合在一起，立攸努斯为王，克里昂为副手；宣布建立“新叙利亚王国”，并设立由“智者”组成的议事会。起义军转战各地，打击奴隶主，破坏他们的农庄，但不损害小农，所以获得奴隶和贫民的广泛同情和支持，队伍迅速发展到一二十万人，罗马派来 8000 官军被他们打败。公元前 132 年恩那城被攻陷，克里昂阵亡，攸努斯被俘后死于狱中，起义就此被镇压下去。

斯巴达克起义

这是一次规模大、范围大、影响大的“洋起义”。起义军将士为了体面地生活，为了人身的自由而战，且越战越强。可惜的是“内讧”直接导致他们的溃败。最后，6000 多名起义军将士被钉在十字架上，他们的身姿一直向后人昭示着不屈的精神。

公元前 73 年春天，斯巴达克的起义密谋被人泄漏，便立即率领 70 余人逃上维苏威火山，提前举起义旗。无数渴望自由的奴隶从四面八方云集在斯巴达克的帅旗之下，队伍迅速发展到数千人。后来，罗马当局派克劳狄乌斯率军 3000 人前往镇压，包围维苏威山。起义军乘夜色顺着野葡萄藤编成的梯子滑下悬崖，绕到罗马军营寨侧后突然发起进攻，击溃罗马军队。

由于起义军内部发生分裂，一支 1.2 万人的队伍脱离主力行动。公元前 71 年春，斯巴达克与克拉苏军队决战，起义军战士英勇不屈，但终因师旅疲惫而战败。斯巴达克壮烈牺牲，另有约 6 万名起义军将士战死，6000 名被俘后被钉死在卡普阿到罗马大道两边的十字架上，惨不忍睹，十分悲壮。

瓦特·泰勒起义

这是一次边打边谈的“洋起义”，首领瓦特·泰勒大概为了降低取胜的成本，结果聪明反被聪明误，浑然不知地中了敌人的奸计，导致了功亏一篑。这也应了“对敌人的仁慈，就是对自己的残酷”那句老话。

公元 1381 年 5 月，埃塞克斯郡和肯特郡的农民抗缴人头税，驱逐并处死官吏。起义波及赫里福德、剑桥、萨福克、诺福克等 25 个郡。其中，以圣奥尔本斯规模最大，坚持斗争一个多月。6 月初，肯特地区起义群众占领了达特福德和梅德斯通，推举瓦特·泰勒为领袖。

暂时的胜利使一些被冲昏了头脑的起义者大发慈悲，特别是埃塞克斯的起义者在得到国王给予的自由敕书后，受骗散去。在谈判中，没有想到伦敦市长沃尔沃思和国王的随从发动突然袭击，杀死瓦特·泰勒，随后追杀失去领袖的起义者。约翰·保尔受酷刑而死，起义随即也就失败了。

德国农民起义

这是多个群体接连暴动、农民与市民先后登台的一次“大呼隆”式的“洋起义”。

德国农民战争是公元 1524 年爆发的，一开始是局部的农民起义，后来扩展到德语南部地区（德国南部、奥地利和瑞士）的大部分地区的一次大规模农民起义。后来，呈现四面开花的局面，简直是一发不可收了。在比较集中的时间内，出现大量的农民起义，不能不说当时的德国已经“病”了，并且病得不轻。要是在中国，德国的国王不是被大伙用唾沫淹死，也会像崇祯那样找根绳子吊死算了。问题是，当时的德国农民没有这么大的胃口，去吞下一个江山。

法国里昂工人反对资本主义剥削压迫的两次武装起义

这是为了最低生存目标和最高理想而奋斗的两次“洋起义”，一次是为了提高收入,改善生活；另一次是为了争取政治自由,但最终都归于失败。这也许是理想主义的东西使他们太乐观，亢奋中走上了不归路。

公元 1831 年初，里昂工人掀起一场以要求提高工薪为主要内容的运动，工人多次举行集会游行。10 月间，与包买商谈判达成最低工薪协议。但随之在七月王朝商业大臣的支持下，包买商撕毁协议。公元 1831 年 11 月 21 日工人举行抗议示威，与军警发生冲突，转为自发的武装起义。起义者提出“做工不能生活，毋宁战斗而死”的口号。经过 3 天的战斗，工人一度占领里昂城。起义很快被 7 月王朝政府调来的军队所镇压。

公元 1834 年 4 月 9 日，里昂再度爆发丝织工人起义。起义的直接原因是政府逮捕和审判罢工领袖，发布禁止工人结社集会的法令。这次起义具有更鲜明的政治性质，不仅提出经济要求，还提出废除君主制度，建立共和政体的口号。起义者在旗帜上写着：“我们为之斗争的事业是全人类的事业。”工人组织互助社，小资产阶级民主主义者组织人权社、进步社的成员组成总委员会领导这次斗争。起义群众同政府军在里昂郊区和市内进行 6 天激战，终因力量悬殊被政府军镇压。

普鲁士王国所属西里西亚纺织工人的起义

这是以工人为主体的爆发在城市里的“洋起义”,起因出在劳资矛盾上。

不过，起义者聚起得很快，溃散得也很快，前后没有几天时间。

公元 1844 年，当时西里西亚有发达的纺织业，但从事棉麻纺织的工人和家庭手工业者受到工场主、包买商以及地主的残酷剥削。在那个年代，由于资本家把英国机器纺织品冲击带来的损失转嫁给工人，加剧了他们的贫困。公元 1844 年 6 月 4 日，以争取提高工资被拒绝为导火线，在欧根山麓两个纺织村镇彼特斯瓦尔道和朗根比劳爆发纺织工人自发的起义。起义队伍扩大到 3000 人，集中打击工人最痛恨的工厂主。事情发展到不可收拾的地步，政府派来包括骑兵和炮兵的军队镇压起义，而农民们则以简陋的武器迎战，使起义勉强坚持到 6 月 6 日，最后被镇压了。

法国北方发生的农民大起义

这是一次在民族矛盾的挤压中爆发的以反压迫、反剥削为主要目的的“洋起义”。可惜的是，当时工农没有形成联盟，各自为战，尤其是农民天真的秉性被敌人所利用，结果翻船在与他们和谈的诡计中。

14 世纪的法国，农民为交租必须到市场上出卖部分产品，又遭受商人和高利贷者的盘剥。公元 1348 年 5 月底，农民起义首先在博韦爆发，很快席卷北部广大地区，参加者达 10 多万人，领导人是有军事常识的吉约姆·卡尔，口号是“杀死全国贵族，直到最后一个”。他们的旗帜上绘有百合花，象征忠于国王。当时巴黎也发生了一些市民起义，但他们拒绝与起义农民合作。6 月初，法王女婿查理纠集约 1000 名法国和英国骑士，准备进攻农民军。吉约姆·卡尔下令用战车布成环形阵地，集中 6000 兵力严阵以待。查理见农民军势众，诡称和谈，将卡尔诱捕杀害，然后乘机进攻。农民军失败，被杀者 2 万多人。不久，查理攻占巴黎，市民起义也以失败告终。

俄国拉辛农民起义

这是一次由各个阶层参加的“洋起义”，真可谓地不分东西，人不分南北，体制内外，城里乡下，都卷入了这场战争之中，一时搞得轰轰烈烈。也许，过分的热闹容易让人失去冷静，为最后的落幕拉起了绳索。

公元1667年～1671年，拉辛农民起义的主要力量不仅是农民，还有工商平民(下层)、奴仆、自由哥萨克(顿河、伏尔加河、亚伊克河的)、南部和东南部边区要塞和城镇守军的“招募”公职人员(射击兵、军职哥萨克、炮手等)、伏尔加河中游地区和左岸乌克兰地区的各族人民。最初，沙皇政府低估拉辛起义军的力量，只派少量军队去镇压。在起义军节节胜利，战争扩展到伏尔加河中游地区和斯洛博达乌克兰后，政府才动员和投入大批军队不惜一切代价将起义军镇压了。

世界史上发生的“洋起义”中，当然还有东方国家的民众起义，其中比较著名的是：

印度民族大起义

这是一次兵变式的“洋起义”，并且有民族矛盾的因子发酵。军人起义要比农民专业得多，毕竟玩枪弄炮是他们的强项，但过分依赖军事力量，没有从民族矛盾这个大节上去把握问题，注定以失败宣告结束。

公元1857年5月9日，英国驻印度军团第3轻骑兵团的85名印度士兵拒绝使用擦拭了猪油的子弹而被判了10年苦役。5月10日，密拉特的孟加拉部队第11轻骑兵团和20轻骑兵团发动叛乱，释放第3骑兵团士兵，并攻击英国人的居民区，把所有的欧洲人和印度的基督教徒都杀光了，把房子也烧毁了。公元 1858 年 2 月 19 日至 3 月 19 日，起义军在勒克瑙进行艰苦的保卫战，最后被迫撤出城市。3 月 22 日～ 4 月 3 日，在拉克希米・巴伊领导下，起义军进行詹西保卫战。6 月，这位女王在瓜廖尔牺牲。起义虽然以失败告终，但沉重地打击了英国殖民统治。公元 1858 年 8 月，英国议会通过法案，撤销东印度公司。

1895 年朝鲜农民起义

这是一次天灾与人祸交织影响下发生的“洋起义”，又是一次在外敌与内奸联合攻击下失败的农民暴动。这次起义发生在我国的家门口，与我国古代农民起义有许多相似之处。

公元 1893 年，朝鲜发生大灾荒，而农产品被日本侵略者大量掠夺出口，加剧了阶级矛盾和民族矛盾。第二年 1 月，以全琫准为首的几千农民，在古阜打开谷仓，分粮于民，并夺取兵器库里的武器，发动大规模农民起义。他被推为总大将，发布“辅国安民”、“逐灭倭夷”、“灭尽权贵”等斗争纲领。4 月底，起义军直逼汉城（今首尔）。日本侵略者以朝鲜国王乞援清军为借口，7 月 6 日在仁川登陆，占领汉城（今首尔），发动政变，组成亲日政府，镇压农民起义。10 万农民军与日军激战数月，在日军与政府军联合进攻下，全琫准率军进攻忠清道首府公州时为日军所败，他本人于公元 1895 年 3 月 11 日壮烈就义。

“对话”里的各自长叹

东西方农民（包括西方的工人、农奴、市民）起义时间相隔最长的有

3000 多年，地理上也相距数万公里，很多情况不可同日而语。如何将东西方农民起义放在更为复杂、更为广阔的国际背景中进行考察，是否作个大胆的设想，让他们穿越时空在一起聚会，或者将现在人们时尚使用的邮箱、QQ 等现代通信工具装备于他们，让他们在聊吧里沟通沟通，也许这些林林总总的起义军领袖不知有多少心窝子里的话要掏出来。

猜想一下，他们大概会聊着以下的话题。

话题之一：为啥要起义？

东方：我们不是天生的"造反派"，领着大伙儿起义是不得已而为之。在咱们中国，佃农向地主缴纳地租，地主向国家缴纳赋税，赋税是从地租中分割出来的，是地租的转化物。国家向地主征收赋税，实际上是对佃农的一种间接剥削。同时，我国大批地主通过察举制、九品中正制及科举制将自己或其子弟输送到各级政府中，享受各种不同形式的俸禄制。至于徭役，隋唐以后，虽然实行租庸调制，实质上最后都转嫁到农民身上。

还有一个因素，中国农民起义一般都是因为天灾或者人祸，在天灾面前统治者不再为民着想，有的还照常过着奢侈腐化的生活，继续加派赋税，咱们农民兄弟们实在生活不下去的时候才会举起起义这面大旗。

西方：在这一点上，我们要比你们相对好一些。西欧土地所有权经多层次分封后，实际所有权属于封建领主。因此，农民成了领主的农奴，国家无权征调我们服徭役。西方农奴的状况不会由于服徭役在全国范围内同步恶化，国王和皇帝们也不会被农民视为共同的敌人。在西欧各地，劳役量差别很大。大致说来，在意大利、法国等国，劳役很轻，在西欧大陆的北部，劳役重些，但每年的劳役量也不过几十天。在 13 世纪的英国，只有少数地方如诺福克、索福克、剑桥等郡的农奴履行周工义务，数量通常为两天。在约克、肯特、康沃尔等大多数郡，劳役很轻。公元1279年，在沃维克郡两个百户区的43个村庄中，只有极少数人负担重役，1/4以上的地区完全没有劳役，仅有10%的居民履行周工义务。另外，有些劳役仅在文件上作了规定，但并未执行。

在西方古典城邦时代，当官是公民的义务，往往没有报酬；有的官员还要自己出资举办公共事业。城邦实行预备役制度，没有常备军，公民作战所需武器，干粮也要自己准备。城邦也没有中国那样奢侈豪华的宫廷。中世纪的国家比古典城邦要大得多，但也没庞大的官僚和常备军，国家财政问题不可能像你们中国那样“官府毒似狼”、“苛政猛如虎”。

东方：你们活得好好的，还为啥闹起义啊？

西方：你们可不知道，我们那里也有剥削制度问题！例如，公元1358年法国北方发生的农民大起义，就是反映了这个问题。14世纪的法国，多数农民取得人身自由，向封建主缴纳货币地租和其他苛捐杂税。农民为交租，必须到市场上出卖部分产品，又遭受商人和高利贷者的盘剥。封建主剥削人的本性不会因为你训斥他两句他就不剥削你了，就像狗总改不了吃屎的本能。从文化特性上讲，欧罗巴等大洲的人们显然不如中国农民更沉着，往往在激愤冲动之下，感到自己的利益必须依靠武力抗争来维护，便揭竿而起，但是统治阶层的实力很雄厚，起义一般难以造成“改朝换代”。

东方：我们被剥削程度要是像你们那样，那就忍忍算了，不会领着大伙冒险造反了。

西方：用你们中国人的一句俗语说，家家都有本难念的经啊！

话题之二：起义图什么？

东方：不平等的社会现实，刺激和加剧了小生产劳动者要求均财、均富的平等观念。所以，农民战争的矛头总是直指贵贱、贫富不公平的社会现实。当年我们揭竿而起，不是为别的，直接的目标就是为了改善大伙的生存状况。如果不反，我们实在就活不下去了。

这方面，应当说是有些效果的。秦末、西汉末、隋末、元末、明末等农民起义后建立起来的西汉、东汉、唐、明、清等封建王朝，都曾接受了前朝末年农民起义沉重打击的教训，实行过宽舒让步的政策，减轻了赋税，抑制了豪强，减免了钱粮，兴修了水利，因而在一定程度上都促进了生产的恢复和发展。当然，这绝不是他们内心的“仁政”。尽管是这样，这些政策的实施还是为农民提供了一个比较安定的环境，一些有利于生产的条件，从而在客观上改善大伙的生活。

不过，这种好日子一般不会太长久，过了一阵，我们又回到了那种不是人过的日子的境地，这就是我们为什么一次次地造反的根本原因。这里的根本原因在于体制，而体制的根子在于皇权。

西方：这方面，我们西方的情况有所不同，大家总是寄希望于王权的保护，希望有一个贤明的国王来主持正义。因为，在中世纪的欧洲，对农民进行直接压榨的是领主。在封建庄园内，领主享有独立的行政、经济、军事及司法权。农奴被固定于庄园之内，受到领主的经济和政治上的强制，因此最直接的矛盾和对抗也是农奴和领主。而作为最高统治者的国王则比较超脱，他几乎不与农奴发生任何政治经济联系，因此农奴只反对和仇恨直接压迫他们的封建领主，而不反对高高在上的国王。

东方：不过，打开天窗说亮话，当我们的起义发展顺利的时候，有了些政治本钱，我们最为急切的目标，就是也弄个皇帝当当。这样，自己拥有再多的女人也是合法的，要不然，总在心理上觉得背上一个道德的黑锅。虽然在我们那里，靠起义起家真正当上皇帝的没有几个，但过皇帝瘾的却不少。胜利的农民起义领袖，总是为自己寻找神圣的来历或显赫的祖先，并将自己的家族通过联宗、建祠堂等方式，重新恢复家族宗法。

至此，咱们这些起义军领袖们才算真正知道权力的力量与滋味，也就理解了为什么历代会有那么多芸芸众生拥挤在一条狭窄的小路上，为了捞个一官半职而不惜一切代价乃至奋不顾身。

西方：这点，我们压根儿就没有这个想法。无论是组织准备起义，还是起义队伍发展壮大了，大家连做梦也没有去这样想。当然，能够当上皇帝是好，但我们那里的皇帝是大家选的，而不是通过武装暴动去“抢”的。即使“抢”上，人民是不会认可你的。

话题之三：举的什么旗？

东方：旗帜问题很重要，不管是我们东方，还是你们西方，起义时首先要考虑举什么旗，要不然吸引不了民众参加。你们说，是吗？

西方：这一点，我们有共同之处。

东方：两宋以前的农民起义，我们还没有真正提出鲜明的口号，无非是除暴安良，取而代之而已，还有“王侯将相，宁有种乎”？两宋以后直到太平天国革命，我们才提出了农民的根本要求——土地，主要还是为了解决衣食问题。要上升到旗帜上来讲，我们打的是“平均”牌子。

西方：从 14 ~ 16 世纪，西欧农民起义提出的口号不仅限于土地的要求了。公元 1358 年，法国的扎克雷起义提出了“消灭一切贵族，直到最后一个”，反封建性质是比较明确的。公元 1381 年，英国的瓦特·泰勒起义提出了“主张一切变成公有,大家平等”,我们从中看见了资产阶级革命“平等”的影子。公元 1524 ~ 1525 年的德国农民战争更提出了“要求在地上建立千年天国”，即“无阶级，无私产，无高高在上和人民作对的政权”。这个口号不仅是反封建的，在某种意义上，也反映了对当时新兴资产阶级的不满。

东方：这种平等观念和“大同”的社会理想，在农民战争中确实起了很大的精神激励作用，鼓舞着农民兄弟为这美好的理想艰苦卓绝地进行奋斗。但是,这种生存方式,一时间闹闹可以,不可长久维持下去。因为家庭、家族在小农经济的环境中，是社会存在方式的基本单位。绝对平均主义的理想固然美好，但不能具体构造出现实的生产组织形式和社会生活的基本单位，也不具有长期生存下去的力量。

西方：所以说啊，你们中国的农民起义始终停滞在自发的阶段，而我们西方的农民战争却已逐渐走向自觉的阶段，到 16 世纪的德国农民战争竟已发展成了“第一号资产阶级革命”了。

东方：有道理！

话题之四：身后跟着的兄弟是谁？

东方：在古代中国社会里，农民是和土地紧密联系在一起，形成了“鸡犬之声相闻，老死不相往来”的一个个分散的宗法村社。农民占总人口的绝大多数，是封建社会中社会财富的创造者，他们的劳动生产提供了封建大国最主要的物质基础。中国的这种特殊国情，决定了参加起义的成分基本上是农民。

当然，也有商人、失意的文人、哗变的士兵以及地主、乡绅等比较富裕的人员，但他们所占的比例是微乎其微的。如北魏末年以破六韩拔陵为首的六镇起义，也是以戍卒为主力的起义。再如唐朝的桂林庞勋起义，首先发难的也是八百多名徐坦、铡州少去桂林戍防超期服役的士兵。明末农民起义军也有相当数量的边兵和戍卒参加。明、清时期开始有手工业工人、商人等市民阶层参加起义了。如明朝采矿手土业工人反对矿官的斗争，其中规模大的有英宗时代叶宗留领导的转战江西、浙江、福建三省交界的起义，后来他们与邓茂七领导的农民起义军进行了联合斗争。再如明朝万历年间一系列商人、手工业工人的暴动，像临清的“罢市”，荆州、武昌市民反陈奉的暴动，苏州职工反孙隆的暴动，景德镇市民反抗矿监的暴动等，都有大量的手工业工人、商人参加。越往后期，参加起义的人员的成分越是多元。不过有一点可以肯定，每次大规模的起义，农民还是起义军的主体力量。

西方：与你们中国的农民起义队伍的主力是贫困农民的情况不同，我们欧洲农民起义的主力军是富裕农民。他们往往是“拥护王权、打倒贵族地主”。这些情况在小农经济为主，没有契约概念的中国是难以出现的。

作为社会革命的领导者，他们无一不是腰缠万贯的显贵人物，而中国农民起义的首领人多则都是贫无立锥之地，在死亡线上挣扎的平民百姓。

话题之五：人马各自有多少？

东方：中国农民起义活动范围，都远远超过早期西欧的农民起义。除宋代农民起义的活动范围较小外，其余的少则波及六省，多则广达十五省，平均在十省以上，起义军足迹所至，行程达几万里。例如，唐末的黄巢，在起义的十年中，转战于黄河、长江和珠江流域，革命烽火燃及山东、河南、安徽、抚西、浙江、福建、广东、广西、湖南、湖北、陕西等 11 个省区。

明末李自成起义情况大体类似。这在世界历史上是罕见的，也是中世初期西欧农民起义所不能比拟的。

西方：欧洲实行分封制度，并且是多层次分封，其分封的贵族与封地上的平民，不是一种官民关系，而是负有永久责任的隶属关系，如果他对平民不好，平民可以离开，去其他贵族的封地，所以农民与庄园主之间，都会保持一种较好的关系，因而历史上欧洲没有出现较大范围的农民起义，小的冲突也会在小的范围内解决，不会形成全国性的动荡。

在这种情况下，我们组织领导的起义不仅斗争规模小，而且局限于地方。早期新兴工商业城市尚未出现，市民阶级尚未登上历史舞台，我们起义队伍的成分比较单纯。后来，规模稍大一些，但也无法与你们中国相比。法国著名的扎克雷起义只有几千人参加，英国的瓦特·泰勒起义也只有几万人。其规模唯一可与中国较大规模农民战争相比的只有 16 世纪初的德国农民战争，但它比同等规模的秦末农民起义晚了 17 个世纪。

东方：在这一点上，你们西方可能是小巫见大巫了。我们中国的战争的目的不是商业利益，而是占领土地，达到改朝换代的目的。因此，必然斩草除根、赶尽杀绝，杀得越多越能使自己掌权。

西方：同是封建社会，世界上另外两个文明中心——中世纪的欧洲和阿拉伯帝国，就没有像中国一样频繁地爆发数十万上百万人规模的大起义，虽然小规模农民暴动时有发生，但是人数超过十万的就只有个位数了。

东方：从我们的老祖宗秦始皇统一中国起，我国的疆域同封建中世纪的西方各国相比，都要大出十几倍，甚至几十倍不等，我们有较大的回旋余地。另外，中国一直是一个统一的中央集权的专制主义国家，集权的程度，到了明清，达到鼎盛。

西方：中世纪的西欧，一是教皇与国王分庭抗礼，二是封建领主的权力阻碍王权的加强，因此形成小块的政治割据，全国分成无数政治、经济的独立单位，更增强了农奴的分散性、孤立性。此外，由于各领地之间政治、经济发展的不平衡和农奴所受压迫、剥削的不一致，无法取得共同的协议及作出统一的部署，反映在群众对抗上必然此起彼伏，不相连属。庄园农民反对的往往是封建领主，不像你们中国那样反对的是封建君主。

东方：更重要的一点，由于我们中国是一个中央拥有绝对权力的国家，所以大规模的农民起义，都发生在朝代衰亡的时期。那时候一切都乱了套，很多人怀着"能捞就捞一把"的心理开始搞暴动的。

西方：我们西方的情况并非如此了。例如，法国的吉约姆卡尔农民起义爆发于瓦洛亚王朝的第二代约翰二世（公元 1350 ～ 1364 年）的时候，英国的瓦特·泰勒起义虽然爆发于金夜花王朝的末代理查二世（公元 1377 ～ 1399 年）时，但新兴的兰加斯特王朝的亨利四世（公元 1399 ～ 1413 年）是理查二世的堂弟，他是安茹家族的旁系兰加斯特家族，可见英国的农民起义也不是爆发于王朝衰亡的时期。

话题之六：代价有多大？

东方：玩战争，必然有牺牲；想成功，必然付出代价。中国历次的农民起义所付出的代价是多方面，对生产力的破坏，对生态的破坏，对文化的破坏，对秩序的破坏，几乎涵盖了社会的方方面面。现在，回味起来，最令我们难过的是死了这么多的兄弟，还有那些平民百姓。事情虽然已经过去几百年、几千年了，但一想到这点，心里还是很不好受。不过，不死也不行啊，天上是掉不下陷饼的。

西方：那你们历次农民起义到底死了多少人？

东方：这就无法统计了，我们的后人在不同时期对历次起义的死亡人数有过不同的表述，那也是统计加估计的。远的不说，就说时隔不远的太平天国吧，在闹腾中死亡人数达1700万之巨。这一惊人数字是第一次世界大战伤亡人数的总和。《汉书》记载王莽篡汉时将反对他的刘信、翟义、赵明、霍鸿等人及其亲属全部“坑杀”，但该书所载的王莽关于诛杀这些人的诏书中，明明白白地写着是要将这些人的尸体堆土，筑为“方六丈，高六尺”的京观，上面再树6尺高的旗杆，写上“反虏逆贼鲸鲵”。可见“坑”或“京观”、“武军”实际是一回事，都是指将尸体堆积成土。

西方：那你们太过分了，乱杀无辜，让生灵涂炭，上帝是不会饶恕的。

东方：这也没有办法啊！起义一旦发生，昨天还唯唯诺诺，见到你腼腆地让路的人，今天就变成了凶神恶煞般的对手。有时敌友难辨，残酷的现实将起义队伍变成了狼群。农民对土地的热爱与期待有多深，起义的残酷程度就有多深。他们将对生活的忍耐转化成了对战斗的坚持。楚项羽曾坑杀投降的秦兵数万，黄巢也在长安大肆杀戮，李自成在京城为了“追赃”也曾大开杀戒。

西方：罪过，罪过！我们真不懂你们东方人行事的准则，即使我们西方的宗教性起义中屠杀规模比较小，宗教的信奉者总是希望能尽量争取更多的皈依者，有一种普天下信教者是一家的概念。布鲁诺不是因为日心说而是由于他的异端被烧死，但没有株连到他人。天主教承认自己所犯下的罪，并一直在为过去的过错进行弥补。

话题之七：到底败在哪？

东方：历史上任何一次农民起义都没有取得真正的胜利，尽管有的农民起义推翻了旧政权，建立起新王朝，例如，刘邦和朱元璋分别建立起西汉和明朝，有的在局部地区建立起农民政权，例如，北宋王小波、李顺的大蜀政权。但是，这样的政权不是被封建势力打败，就是向封建政权转化。从这个意义上说，农民起义仍然失败了。

西方：也许，东西方之间评价起义成功与否的标准是不一样的。我们只要达到当初的诉求，就算是取得了成功。不过，也有相当部分诉求没有达到，而起义队伍被镇压了。

东方：现在深刻反省一下当初失败的直接原因，说起来真是有点说不出口。自身没有做好，各种各样的问题就跟着来了。客观上讲，我们这些泥腿子出身的，没有念过什么书，即使有的喝过点墨水，但小农意识还是很强，御人乏术，导致领导集团的分裂和内耗。还有一个方面，我们历次农民起义，内部总是出现叛徒，或是事先告密，或是中途"反水"，或是后期投降。

西方：你们说的情形，在我们西方也都有，不过就是领导集团的忘本变质和高度腐化这一条，在我们西方还真的没有听说过多少。

东方：当然，我们失败是有这样那样的问题，关键是官军太强大，力量对比不对称。

西方：彼此，彼此。

东方：是啊！对于后人来说，一次起义本身就是一个故事，重要的不是有多长，而是它有多精彩。

西方：真佩服你们中国人的这种阿 Q 精神。

话题之八：后果想了没有？

东方：中国的王朝多次是被农民战争推翻，或给予沉重打击后而崩溃，有的农民起义领袖当了皇帝，强化了“弱肉强食”的丛林规则。

西方：西方农民战争一般都打着国王的旗帜，把斗争矛头指向贵族，视国王为自己的保护者。没有一次农民战争推翻了旧王朝，更没有农民领袖通过起义当上国王或皇帝的。

东方：所以中国两千多年的封建社会史是一部“集权统治—农民起义—让步政策—强化集权统治”的恶性循环史。是这个恶性循环阻碍了社会的发展，直到鸦片战争前夜，我们还停留在落后的、闭关自守的封建社会，这不是没有原因的。

西方：和传统的中国相比，传统的欧洲社会无论是西欧诸邦，还是俄国小规模的农民战争，确实在客观上为社会的公平一直在进行调处。但是，统治者对大规模起义者的镇压也很残酷，并给他们扣上宗教异端的帽子，这样下手的理由也变得充分起来了。

各有各的“软国情”

以上只是我们让东西方起义领袖们回忆了他们也许最不愿意回忆的往事。不过，下篇文章没有让他们来写，那就是东西方起义的情况差别为何如此之大?

要我说，区别就在于“软国情”。

“软国情”一词是本人所撰的，以前没有出现过，只是相对于“硬实力”、“软实力”而言。由此而言，“软国情”指的是一个国家的文化状况，包括了人文、历史、艺术、民俗和价值观、文化生产力等。通俗一点讲，就是人们超越吃、喝、拉、撒之上的那丝欲念，那点渴望，那缕求索，是为人们内心准备的那些东西。

从黄河摇篮里长大的中华民族是一支伟大的民族，当世界大部分民族还处在蒙昧之中时，她已经睁开了眼睛，然后创造出前所未有的丰盈文明。有原创性的哲学思潮犹如一朵朵争奇斗妍的鲜花，百花盛开，似云霞翻卷，蔚为壮观。然而，当金发碧眼的人们在大陆的另一端卧薪尝胆之时，我们的帝国还沉睡在天下独尊、四海升平的梦幻里。

发生在古希腊的那场“思想启蒙运动”与中国的“百家争鸣”差不多同时发生，也同时产生了一大批伟大哲人：古希腊有苏格拉底、柏拉、亚里士多德和普罗泰戈拉等，中国有老子、孔子、孟子、墨子等。但是，中国“百家争鸣”的结果是强化了古已有之的“天人合一”观念，从而使中国人失去了一次从自然中解放出来的机会，依然相信“天命”，所谓“生死由命，富贵在天”，过着“靠天吃饭”的日子。

而希腊“思想启蒙运动”的结果则是唤醒了希腊人的“自我意识”和“理性精神”，将希腊人从对自已的崇拜中解放了出来，希腊人从此“昂昂然，若千里之驹。自视甚尊，怜人而不为人怜，奴人而不为人奴”。

由此，中西文化走上了不同的发展方向。

由于地理和历史的原因，东西方在文化方面的差别实在是很大的。比如，西方文化认为最高的和谐只能在天堂里实现，而中国则谋求在人间秩序中实现。中国文化是一个世界的文化，而西方文化是两个世界的文化，这也就是说，中国文化只有人的文化，没有绝对的神的文化。没有人与神、灵与肉、此岸与彼岸、世界与超验世界的对立，使得农民起义队伍只有现实的尺度，缺少了超越的尺度，这样他们的灵魂深处就缺少了一个论辩的张力场。

以农为本的古代中国，最大的经济主要是解决衣食问题。《孟子·梁惠王》

篇说："五亩之宅，树之以桑，五十者可以衣帛矣，鸡豚狗彘之畜，无失其时，七十者可以食肉矣；百亩之田，勿夺其时，数口之家可以无饥矣。"汉初贾谊、晁错都讲"务农力本"，强调"一夫不耕，或受之饥；一女不织，或受之寒"。即使到了近代中国，"衣"和"食"这两项同样也是广大农民急待解决的棘手问题。

西方国家在资本主义萌芽以前，同中国一样，也是耕织结合的自给自足经济，同样以农为本。所不同的是中国主要以男耕女织的一家一户的小农经济作为自然经济单位，而西方是在很大程度上以庄园作为自然经济单位，因此在庄园内部很早就有一定程度的农业和手工业之间的分工，这为以后西欧城市的兴起提供了可能。还一个重要的不同，教会是西欧最大的领主。早在罗马帝国时期，教会已拥有庞大的地产，不过它的"黄金时代""是在法兰克人信奉基督教以后才开始的"。法兰克王国奠基人克洛维曾率领3000亲兵皈依基督教。公元511年，克洛维在奥尔良召开宗教会议，承认教会法与国家法具有同等效力，寺院享有特权，不受武力侵犯。克洛维及其后继者为了取得教会的支持，争先恐后地向教会捐赠土地。这种捐献有时简直是漫无止境的。

法兰克国王希耳佩里克（公元561年～584年）曾以吟诗的方式说过：

看，我们的国库变得多么空虚！

看，我们所有的财物，全都送给教会了！

恩格斯指出："远在查理大帝以前，教会早就占有了法兰西全境土地的足足三分之一，可以肯定地说，通过中世纪，在天主教所支配的全部西欧，大体地讲，始终保持着这样的比例。"在封建社会，土地是权力的基石，土地占有多少，是衡量权力的重要标志。中国农民起义是在自给自足的封建小农经济的基础上爆发的，而西方很多农民战争是在资本主义生产已经萌芽、已经发展的基础上爆发的。

导致中西方农民起义的差异性，关键还是彼此“政治箩筐”的造型不同。中国从秦代起到清代，一直是一个高度中央集权的统一的专制国家，其集权程度越到后来越加强。君臣、父子、夫妇三纲之说，越来越严重。中国历史上各朝代的兴衰治乱，是螺旋形前进，越到后代，专制君主的专制统治的手段也越周密、越残酷。

在西欧，在整个中世纪，权力在大封建领主的掌握中，只有到封建社会末期，才形成君主专制政体。公元8世纪中叶，法兰克国王在“赠礼”的名义下，把以拉文那为中心的大片土地送给教皇，“教皇国”在意大利中部建立起来了！从此，罗马教皇不仅是宗教领袖，而且也是世俗国王，他按照封建方式建立起自己的政教制度，“正如在诸侯和贵族之上有皇帝一样，在高级僧侣和低级僧侣之上也有教皇”。罗马教皇也同封建帝王一样，拥有豪华的宫廷和大量的领地，高级僧侣（红衣主教、大主教、主教、修道院院长等）一般都由教皇直接任命。教会有自己的宗教法庭，僧侣违法，由宗教法庭受理，一般情况，世俗法庭不得干涉。教皇还派有特使驻节西欧各国。

欧洲国家的宗教一直是以基督教为主体的，后来分成天主教、新教和东正教3个派系。这个宗教的特点，是只有一个至高无上的人造的虚拟神——上帝。并且不容许其他宗教的存在，而他自己却要不断地向外传播扩大。在欧洲的历史上，宗教的地位是至高无上的，常常与国家政权相互依存，国王必须得到主教的认可和加冕，国王也允许宗教推行全民信仰，而宗教则支持国王的统治。

而中国古代的主流宗教，比如佛教、道教和准宗教——儒教，却是不搞造神的，他们崇拜的神灵，都是实实在在的人，也就是这三个宗教的创始人。其实，中国人没有真正的宗教信仰。

我们可以反观一下，德意志虽然也发生了改朝换代，经历了法兰康拉德王朝、萨克森王朝、萨利安王朝、苏普林堡王朝、霍亨斯陶芬王朝、韦尔夫王朝和哈布斯堡王朝，但没有一次王朝结束时爆发大规模起义，这是在帝国议会领导下实现了和平过渡。而同时期的中国经历了后晋、后汉、后周、北宋、南宋、元、明、清等朝代，农民起义却是一波接着一波。

同样在 17 世纪中叶，东方与西方都在天崩地裂、风云激荡。这是一个需要英雄并产生了英雄的时代。两只“蝴蝶”轻轻地动了几下翅膀，终于引发了一场龙卷风。

明末农民起义和英国资产阶级革命几乎同时爆发，中国的李自成和英国的克伦威尔振臂高呼，拔剑而起，几乎同时与腐朽残酷的专制王朝展开了殊死搏杀，各自成就了一番惊天伟业。然而，他们又带给中英两国截然不同的“革命”结果。

李自成“革”了明王朝的命，自己却迅速夭亡，使入主中原的清朝仍然延续了明王朝的政治体制；而英国则以一种全新的制度“革”了君主专制的命，逐渐过渡为一个现代化的国家。当李自成领导的轰轰烈烈的农民起义最终演变为中国历史上又一次以暴易暴的怪圈式循环时，克伦威尔则带领英国步入了波浪式上升的发展轨道，成为人类社会近代化历程中的领跑者。历经明末剧变的中国，在封建社会的泥沼中越陷越深，并最终被后来居上的英国用炮舰轰开了屈辱的、脆弱的国门。

是苍天无眼，还是国运不济？通过对中英这两场群众运动的领袖李自成和克伦威尔的对比，我们可以窥见东西方社会发展的不同历史流向。

第十三章

假如历史可以重演

过去的已经消逝，再也不可能为我们提供机会重演一番。历史的脚步是永远不会停止的，正如孔子所曰："逝者如斯夫！不舍昼夜。"但是，历史似可想象、似可假设，沿着历史老人留在石岩上的脚印来追寻。

在时间的维度里，在历史发展的关头，按照我们现代的理念去设想当时情形、当时的结果，那么后面的路会出现什么样的局面呢？对现在的人们来说，可以开启无限的想象空间，让历史变成撩拨人心的童话。

当然，我们不应要求古人应该做什么，不该做什么，而要问古人能做什么。我们不能以现代人类所达到的文明去苛求古人，更不能以现在人类的认识作为标杆去评价历史。

中国农民起义的历史既是科学又不是科学，它更倾向于解释学，在"假如"中能够拓宽自己的视野。也许，历史上的许多瞬间真的按我们"假如"的情况出现，中国古代的农民起义也许不会出现了，至少不会爆发得那么多，或者中国式的农民起义的故事就没有那么丰富多彩。

帝王如果能这样

中国绵延几千年的专制王朝呈马鞍形的起伏不定，统治时间有长有短，执政期间有暴有仁，有时残暴恐怖，有时相对开明，有时动荡不安，有时相对稳定，不能说与统治者施政理念没有关系。

假如帝王能够适时换换“脑筋”

古人有云：“治大国若烹小鲜”，意思是治理大国就像烹调美味的小菜一样。通俗一点说，治大国就好像烹调小鱼，油盐酱醋料要恰到好处，不能过头，也不能偷工减料。

面对芸芸众生，政府治国理政要讲求策略，使治理者和被治理者两相欢洽。其中一种是刚性的，上升到理论上讲，就是依法治国；另一种是柔性的，用现在政治家的话说，则是以德治国。这两种方略并不是对立的，应当融会贯通地使用，只是根据不同的背景、不同的时期、不同的任务、不同的对象，需要不断地调整侧重点，切不能死抱住一棵大树，一个弄堂走到底。这也就是适时地换换“脑筋”。要不然，容易走极端，随之各种问题就会发酵、膨胀，直至总爆发。

这里有两个将刚性与柔性治国方略都用到了极限的典型案例。

当年，秦国通过实施刚烈的法家思想，使这个小小的诸侯国迅速成为统一的王朝，逐渐走上了富国强兵的道路。秦朝建立后，理应根据形势与任务的变化，对历尽战火创伤的黎民百姓采取怀柔的政策，尽量让他们休养生息。然而，当政者大概尝到了法家治国的甜头，还是将其继续用到了最大化。由此，从战乱中沿袭下来的这一治国方略，在和平环境里被无节制地运用，就像一匹脱缰的野马，奔驰出底线，“张”到了极限。于是，严刑峻法、残酷统治，遍地皆是。结果呢，生活在严酷的高压之下和个人意志被强奸了的老百姓，必然民不聊生、民怨沸腾，发出“天下苦秦久矣”的呐喊。这样，大泽乡揭竿而起，也就不足为奇了。秦始皇铁腕统治全国12年的时间里，虽然从未发生重大事变，但社会大震荡的伏笔已经留下。

这是极度推崇“刚”性治国而惨遭人亡政息的典型。还有一个极度推崇“柔”性治世也同样搞得灰飞烟灭的朝代，那就是宋朝。

说起宋朝，那繁花似锦，无人不晓的词，或豪放爽朗，或婉约清丽，叫人不能移开目光。当年，赵匡胤一举拿下后周江山，兵权在握，终定山河。开国之初，太祖、太宗定下崇文贬武之国策，举农工商之业。一时间，国家似乎展露欣荣，教育、经学、科技、史学等处于世界的领先水平，一个文气典雅的国度诞生于柔风细雨之中。据史载，自太祖时代始，铸币叠增到年 500 万的数量，其两年的铸币数就要超过 400 年后整个明朝 276 年所铸之总和，而唐朝极盛的玄宗朝年铸币也不过 32 万贯；中国的四大发明有三项产生在宋代，唐宋八大家中有六家属于宋。

举世皆赞其文化造极之盛世，经济登峰之时代。“纯文人”迎来过北宋那样的“蜜月期”，但他们不幸的是，赵宋集团消极地吸取中唐、五代的教训，着重于推行文官政治，实行崇文抑武。宋朝的军制是以牺牲军事效能，实质上是以束缚武将才能，降低武将地位和素质为代价的。宋朝最后的结局，自然是它治国策略的必然结果。

“刚柔并用”式的治国方略的基本特征是，以百姓的利益为根本，以充实仓廪为中心，把教化、刑罚和制度结合起来，把礼乐制度对社会的稳定和武功对社会的发展结合起来，把利民、治吏、治财结合起来，把富民、富国、强兵结合起来。

要说“换脑筋”方面做得比较好的朝代，当推西汉初期了。

汉代在总结秦朝以“武功”“刑法”治国经验教训的基础上，改革和发展了先秦诸子百家的治国思想，提出了“文武并用”的治国指导方针，成功地实现了由秦尚“武功”重“进取”的“革命”理论向尚“文治”重“守成”的“建设”理论的转变，并把这两种理论有机地结合起来，既用仁义道德治国的“文治”，又用权威、暴力和刑罚治国的“武功”，把握“文武之道”

的刚柔之术。因此，西汉初期的社会比较和谐，民风也朴实，基本上没发生什么规模性的农民起义，就是流民闹事的也比较少。

柔性是有度的，如果柔到知县不知、巡抚不巡的地步，那也是民众的一种不幸。

蒙古人统治中原的过程中，其军事才能发挥出举世无双的作用，但他们的政治才能与之不相配合。这些马上打天下的武夫，在和平时期也采用马上那一套办法来治理天下，结果生产力不但得不到恢复反而被进一步破坏，百姓的日子也越来越不好过。元朝的版图虽然很大，但向外扩张并没有任何政治理想作指导，如中国儒家学派所倡导的那种吊民伐罪；也没有任何高级情操的动力，如基督教、伊斯兰教传播福音到天涯海角。他们向外扩张的目的只有两个：一是掠夺财富美女，另一是满足征服欲望。了解元朝的野蛮本质和立国精神，就容易了解中国人所受迫害的深重。

胜利者的最大危险是迷信取得胜利的方法，以为用同样的方法能够取得后续的胜利。

每个封建王朝中后期的帝王们总是错过千载难逢的“换脑筋”的机遇，这样的战略机遇并不是每个人都能碰到，而这些昏君们却不以为然，一错再错，从而决定了他们迈上了自我灭亡的快车道！

假如权力不是这样分配

中国古代皇帝权力无边，而对于百官来说关键看他占什么位置了，不同的岗位，就有不同的权力。总之，职位大小不论，只要跻身官的体制里，手里就有权力，只是大小不一而已。历史上的农民起义与社会上的权力运行关系极大，关键是这些权力是如何分配的。

中国历史中两个诗人皇帝一个是南唐后主李煜，另一个是北宋的赵佶。两人都有极高的才情，但也都腐朽透顶，昏庸透顶。而他俩的权力是如何分配而来的呢？

先说这个赵佶，在神宗的十四个儿子中赵佶完全谈不上优秀。比他有资格、有能力继承帝位的，大有人在。但是，唯独这个赵佶因“会来事”，深得向太后的喜欢，这个秘诀在于他每天都能按时到太后那儿请安，极尽谦恭。当时的宰相章淳是个有个性也有见地的人，他是反对赵佶继位的，认为他“行为轻佻，不可以君天下”，并提出了其他两个合适的人选。但他面对的这个老妇人，手中握有为国家挑选皇帝的权力，不按程序办事，根本不听章淳的意见，执意让赵佶继承皇位。满朝文武中，有大智慧的人不少，有真知灼见的人也很多，但在中国的封建朝代，权力并不是根据智商的高低来分配的。一个昏聩的老妇人，就这样轻率地对直接维系国家前途与命运的最高权力做出了一厢情愿的分配。

再说那个李煜，原名从嘉，字重光，号钟山隐士、钟峰隐者、莲峰居士、钟峰白莲居士。他出生于七夕节那天，成人之后相貌也与常人不同，史书称之为“骈齿重瞳”，就是有两层门牙和一个眼睛里有两个瞳孔。他长大之后，英俊秀美，才气逼人，他“精究六经，旁纵百氏”，善诗词、精书画、通音律，身边簇拥着南唐文人韩熙载、冯延巳、李建勋、徐铉等。在即位之前，他一直过着“心志于金石，泥花月于诗骚”的文人雅士的生活。他本来就诗心风流，南唐政治斗争的残酷更加促使他选择逃避现实，一心向文。

但李煜长大之后，慢慢有了人君之像，尤其是他眼睛重瞳，这是传说中的大舜和西楚霸王项羽才有过的异相。他的哥哥弘冀慢慢对李煜嫉恨起来，害怕李煜将来和他争夺太子之位。李煜其实对皇权这东西并不感兴趣，他后来给赵匡胤的上书时曾说过：“自出胶庠，心疏利禄，被父兄之萌育。

乐日月以优游。”他在《渔父》词中也说：“一壶酒，一竿鳞，世上如侬有几人”，“一棹春风一叶舟，一纶茧缕一轻钩。花满渚，酒满瓯，万顷波中得自由”。这些话确实是他内心的真实写照。因为李煜不是长子，而且弘冀也非常能干，他从未想过去做一国之君。他很想在藩王的位置上终老此生就可以了。不料的是，不久他父亲和哥哥弘冀相继死去，南唐的江山却意外地落到了他的手上。

李煜手上的国家最高权力虽然不是哪个人直接分配给他的，是天上掉下来的“馅饼”，已经别无选择了。但当时谁也没有要去“不拘一格降人才”。说到底，李煜的权力是遗传基因分配给他的。江山落到这个“文学青年”的肩上，就像一个病人一样，站在悬崖之巅，一只脚已经跨向深渊了。

相对来说，对百官的选拔视野要宽些，并非由个别人在个别人中选择人。隋统一全国后，隋文帝于开皇七年（公元 587 年）废九品中正制，设秀才科。隋炀帝时又设进士科，以“试第”取士，创立了公开考试择优选才的科举制度。科举制成形于唐代，发展完备于宋代，强化于明代，衰落于清代，先后绵延 1300 多年。其主要特点有：公开考试，平等竞争。除一些受特别限制的人士外，不论门第等级和贫富，只要具有一定的文化知识，均可公开报考。

平心而论，当时能设计出这个制度是很不容易的，但官员选拔出来以后，权力这碗“粥”如何来分配，问题也跟着出来了。层层的任命制，造成人身依附，下级只对上负责，很多优秀的拔尖人才被淘汰掉，而那些善于阿谀逢迎的庸人反而成为“适者”，生存下来。

在一个财富按权力分配的社会里，想靠勤劳致富，是可以做到的，但只是小富，要想大富，基本上只是妄想。那些无权阶层，就好像电视里可怜的沙丁鱼群，任凭鲨鱼、海豚、海鸟们从下、从上、从中捕食，没有任何自我防卫能力。

道理大家都很明白，要避免这种现象，除非中国古代的皇帝对官员的选拔实行普选。当然这是个不能假如的问题，要不他们就不叫皇帝了。如果对百官的升迁能让百姓也说上点话，真正做到唯才是举，切实把那德才兼备的人用好，那么农民起义的烽火不会一次次燎原于神州大地。

中国式农民起义的历史一直证明着，当一个王朝新皇帝的人选完全由老皇帝们凭好恶来确定，那么这个时代的悲剧就开始了；当相当多的小人占据百官的位置，那么这个政权舞台就开始出现了裂缝，离垮台也为期不远了。

假如能及时遏制“基尼系数”

有社会分工，必然就有贫富差距。我们这里所说的贫富差距，经济学家称为“基尼系数”。在这个“基尼系数”里，富人和穷人被安排在分子和分母的位置。孔子说:“富与贵，是人之所欲也”，“富而可求也，虽执鞭之士，吾亦为之”。孔子所“求”所“欲”的，正是这个“基尼系数”里的尊贵的分子位置。贫富差距到处可见，而且给人的眼球和神经带来很大的刺激。

古代贫富差距的根本问题在于土地的占用量。统治阶级为满足其穷奢极欲的生活，疯狂地掠夺土地，土地兼并是朝代由盛转衰的根本原因。“富者有连叶之田，贫者无立锥之地”是当时土地高度集中的真实写照。因此，历代调整治理土地兼并的法令也不少，目的是限制土地兼并，确保小自耕农利益，限制大地主利益，以维系政权稳定和国家财政收入。较为著名的有：北魏的均田令，隋唐的均田制，宋朝的王安石变法，明朝张居正草拟的一条鞭法，清朝的摊丁入亩制度，意图彻底切断土地兼并的源头。

有贫富差距，就有贫富矛盾，谁也不甘心永远混迹于分母。贫富矛盾有两个解决途径：一是积极的，勤劳致富，智慧致富；一是消极的，嫉富、仇富，“均贫富”。

在每个封建王朝的末年，那些帝王们如果能够及时解决国家大量的财富掌握在少数人手里，而大多数民众付出了大量的劳动却拿不到相对应的报酬，甚至有些人群长期只能糊口在低保线下的问题，那么很多起义是可以避免的，社会也许会实现持续稳定。

如果当时当官的能够做到洁身自好，真正像现在考国家公职人员时答题的答案那样爱民如子，克尽职守；如果最高统治者在民生问题上积极作为，而不是为了骗取民心不时地作秀的话，那么无论是什么样的野心家，都是不可能煽动那么多农民出来起义的，或者说是暴乱的。

假如让老百姓的言路一直畅通着

言路畅通是每一个人生存的最基本要求，能不能自由自在地说话，能不能充分发挥它的表达功能，历来是统治者与人民争夺的权益，也是表现在意识形态最明显、最直接的思想分歧。从一定意义上讲，老百姓的言路畅通与否，能测试出社会形态是否先进与落后。

其实，在中国封建时代，朝廷对老百姓的言路并不是一直堵塞，都被拒之门外的。从汉朝起就有接纳庶民上访的专职机构，两汉时期，政府以公车署作为中央信访接转机构，这一制度一直沿袭到魏晋南北朝，只不过隶属关系有所变化。形式上的老百姓的言路是有了，并且在一定的时期发挥了一定的作用，但封建的体制决定了这条路不可能一直畅通的。因为，封建统治者从来都是唯我独尊，是非对错都必须由他说了算，这正像生活在一个极不健康的环境里的人，是无法达到身心健康的目的一样。由于长期的封建统治，我们日常生活中还流行着很多对语言禁忌的遗训，比如：言多必失、祸从口出等。时至今日，它还左右着人们的言行，让大家失去了轻轻松松、愉快生活的可能性。

说到这里，想起了这样一则寓言。有一个人在荒山野岭行走，突然看到一颗骷髅，感到奇怪就问，骷髅啊，你怎么会被孤零零地扔在这里呢？骷髅说，说来话长，一言难尽。当他追问原因时，它却不再言语。下山后，正碰上皇帝出行，他跪在地上，皇帝问他为何挡驾？他就把骷髅会说话的事告诉皇帝，皇帝不信，他说敢以性命担保。于是，一行人马在山上见到了骷髅，那人问骷髅，骷髅竟一言不发。皇帝大怒，命人将他的头砍了，被砍下的头颅正好滚到骷髅跟前。骷髅问，你的头颅怎么也被抛在这荒山野岭？

这则寓言是一则典型的对语言恐惧的产物，是封建统治下百姓对语言的禁忌。实际上，那时候不是老百姓的话多了，不是老百姓说错话了，而是统治者不让老百姓说话。只有限制了老百姓的说话权，才能实现封建专制的统治。所以，百姓是不能随便说话的，一说话就有被杀头的危险，而统治者就可以放开说，而且也可以自由自在地杀人。大概这则寓言的核心，无非就是要说明这个道理。

如果历代封建王朝能让老百姓真正说上话，或者那时体制里的人替老百姓说点公道话，像唐宋时杜甫、李绅、皮日休、陆龟蒙、聂夷中、梅尧臣、范成大等朝廷官员那样，即便不是说得很尖锐、很辛辣，不让最高统治者没有面子，也许中国古代农民起义史就会改写了。可悲的是，像李绅、范成大，不但一直在做官，而且官做得还很大，李绅官至宰相，范成大官至参知政事（副宰相），都曾因为他们替老百姓说过尖锐、辛辣的话，而受到朝廷的惩罚。

言路断了，或者中间阻碍重重，可老百姓他们面临的问题还得需要解决，只好自己替自己说话了，揭竿而起，毕竟这是一条充满着暴力、血腥的路，对言路两端的人都没有什么好处。

历史上，曾演过很多剥夺老百姓说话权的悲剧啊！

假如靠起义起家的帝王后代懂得“惜本”

想通过起义谋取帝位甚至名垂青史的永远只是极少数，恐怕只是千分之几吧。屈指算来，也只有刘邦和朱元璋了，另外至多加上刘秀，他本汉代宗室之人，还有一个后梁的朱温。

他们这一辈子，好多事情似乎都是天意，都是被动的，仿佛有一双看不见的大手推动着他不断前行，并一步步走向了皇帝的宝座。这些王朝的开始，总是群英聚会，大气磅礴。到后来，没有了重征战，没有了拼杀，没有了锐气，皇宫渐渐滋生享乐和荒淫，最终走向腐朽。开国之君打仗，守成之君打猎，恐怕是皇帝们最爱玩的两种游戏。两种游戏的结果，肯定是不言而喻的。

想当年，刘邦和朱元璋历尽艰难险阻，九死一生，好不容易开创了帝业，作为他们后代的皇子皇孙理应珍惜老本。很遗憾，偏偏史上有“烂汉”和“乱明”的记载，末代君王还是被那些像他们老祖宗一样的农民起义军划上了他们那个王朝的句号。刘邦和朱元璋如果在天有灵，就是端起一杯又一杯的烈酒，也浇不灭他们强烈的忧患与失落。

先看看“烂汉”，烂到什么地步？

这个时代被中国许多史学家和一些平民百姓们所极度恭维，因为这是有史以来，第一个由平民所建立的天下。

有功于当代，也有利于后代，但不知是遗传因子的作用，还是客观条件上的便利，他在性生活上特“烂”，单从人数规模上说，后世帝王很少能比过。除了有名的李夫人、赵弋钩等外，当年，刘彻广招四方美色，因为后宫佳丽太多，住房紧张，于是在太初元年修建了“建章宫”。宫长有 30 里，千门万户，每个房间容置一个美女，首批入驻的是燕、赵美女 2000 多人。当时各宫中供刘彻淫乐的美女共计在 18000 人左右，年龄最小的 15 岁，一般在十八九岁，年满 30 岁就要遣出宫。刘彻 70 高龄时还夜夜不能离开女人，色心不改，终于掏空了身子，一病不起。

刘彻的“乱”还没有到乱伦的地步，汉成帝刘骜的“乱”则大乱人纲，竟然杀子助兴，取悦女人。刘骜先宠的赵飞燕原姓冯，是其母与叫冯金宝的人私通所生。生下时是双胞胎，赵飞燕是姐姐，还有一个妹妹赵合德。后来，其母曾嫁于中尉赵曼为妻，故而姓赵。刘骜是先把赵飞燕弄到手，后又睡了小姨子赵合德。刘骜极爱左拥右抱，有了赵氏姐妹后，经常是同床共眠。宫妃许美人生下了自己的孩子，刘骜为讨好赵合德竟然逼许美人交出小孩，装进筐里，带到赵合德处，将小孩亲手扼死，以博赵美人一笑。

因为纵欲过度，才过 40 岁刘骜的背就驼了，形如槁木，面如死灰。看他的性功能不行了，赵飞燕配了春药供刘骜服用，每次与赵氏姐妹上床前刘骜必服一粒。有一次因为服用过量，竟然死在美人的腹上，成了名副其实的“风流鬼”。可见，“烂汉”一说，并非史家戏说。

再看看“乱明”又是什么一种情况呢？

大明王朝开国皇帝朱元璋是个模范丈夫，与皇后马氏相亲相爱几十年，马氏死后一直未再立新后，即是证明。其后的 16 帝多数是好色荒淫之君。明朝第一淫君—武宗朱厚照，因荒淫过度，31 岁就死了。朱厚照多次到各地巡游，“每夜行，见高屋大房即驰入，或索饮，或搜其妇女”。正德十四年（公元1519年）十二月，朱厚照巡幸至扬州“寡妇无人幸免”。明军在征讨外族时，掠夺美貌女子进奉给皇帝，也是战争任务之一，当然也是拍皇帝马屁的好方式。

明朝的皇帝，从头数到尾，还有一个共同的特点，就是不认亲，窝里反；纵欲过度，玩物丧志。正统皇帝明英宗朱祁镇和景泰皇帝明代宗朱祁钰更为荒唐，将明朝皇室家族不和，喜欢窝里斗的特征表演得淋漓尽致：正统皇帝9岁登基，23岁受宦官怂恿，御驾亲征，结果被俘虏。3个礼拜后他的弟弟景泰皇帝就乘机登基了！不料登基第2年，正统皇帝就被放回来了，景泰皇帝就将其在宫中软禁了7年，等景泰皇帝病重，正统皇帝趁机发动多门之变，又夺回了皇帝位置。

汉、明两朝是中国封建朝代的鼎盛时期。但这两朝的中后期的皇帝在男女性关系问题上，用今天流行语来讲是“烂一姓、脏一朝、乱一片”，副作用很大，最后的结果，就不用多说了。

攻守易道，打江山与保江山是两种截然不同的理论和方式。打江山，需要的是霸气，需要的是一种“舍得一身剐，敢把皇帝拉下马”的胆气，需要的是一种仰天长啸、号令千军的豪气，需要的是一种路见不平拔刀相助的侠气。守江山，则需要一种仁气、静气。汉、明两朝的开国元勋打下了江山，如果其皇子皇孙们能以一种天下苍生为己念的胸怀，一种仁慈之心，正所谓“仁者爱人”，也许能多些时间守住老祖宗留下的这一成果，也许结束他们王朝性命的并不是绿林、赤眉和李自成了。

儿子败坏了老子的遗产，孙子颠覆了祖辈的根基，尸骨未寒，江山易色，魂幡尚飘，旧调新弹，历史的颠覆有时来得太快，这也是第一创业者始料不及的悲剧。一个土财子家里，出了一个败家子，顶多破产而已；而一个偌大的政权，毁在败家子手里，那就是国破人亡的灾难了。

人世几回伤往事，山形依旧枕寒流。每个朝代和每个人一样，都是在时间的长河里沉浮一阵，都有着各自无法回过头来的旅途。沧海桑田，王朝更迭，皇家血统的重要性，只有谱牒研究者才会津津乐道，争气的男儿，有出息的男儿，毕竟不是靠它来装饰门面的。

起义领袖如果能那样

假如眼睛不是总盯着“龙椅”和“官位”

在中国古代，做皇帝，是世界上最过瘾的事情，哪一个愿意放弃皇位、皇权呢？中国的帝王是实力主义的结果，打得赢为王，王朝的兴衰更迭使每个有野心的人都有可能过一把皇帝瘾。

皇帝是官与神的结合体，他是国家最大的官，地上最大的神。

农民起义的领袖们举旗不久，便把眼光投向了这把神秘的“龙椅”。产生这个想法，一方面是起义规模越来越大，自己难以找到一个新的系统来控制，所以只有向大家提出推翻现行体制。另一方面，在“革命”的过程中，慢慢发现大权在握的那种快感，对于他们要推翻的事物有了深一层的认识，所以一旦这些权力转手到自己手里，就要千方百计地维护它。

但是，在“革命尚未成功，同志仍需努力”的时刻，还是“缓称王”为好，因为还没有“水到渠成”！可在农民起义军领袖的眼里，皇帝无疑是一个很核心的文化要素，即使穷乡僻壤，愚夫愚妇，有谁能不知道皇帝呢？别的不晓得，谁还不知道做皇帝高高在上，别人都要冲他磕头，三呼万岁，居有宫，出有辇，说话金口玉言，让谁死谁就活不了，最有意思的是还有许多如花似玉的老婆——三宫六院中的七十二妃，并且都是从天下最美的女人中挑出来的。

急于称王是历代农民起义军领袖的通病，只有少数头脑冷静的人是例外。元末农民起义军领袖也大多犯了这个错误。刘福通把自称是宋徽宗第八代子孙的韩山童之子韩林儿推上皇帝宝座，固然有利于号召天下汉人反抗元朝，但同时也使元朝统治者把矛头指向北方红巾军。元朝的军事实力虽不如建国之初，蒙古铁骑却依然很有战斗力，加上北方红巾军活跃在中原和北方地区，对元大都产生直接的威胁，元朝统治者不得不全力对付北方红巾军，使刘福通的红巾军几乎独力承受元军的重压。

其他起义军领袖如徐寿辉、张士诚、陈友谅、明玉珍等也纷纷称王，建立自己的政权，在强敌如林，称王条件尚不具备的前提下，这种做法显然是不明智的，称王的结果只会招来更多的对手。徐寿辉、陈友谅、张士诚先后被杀或被灭，明玉珍占据偏远的四川，也只能偏安一时，明玉珍死后，他的继承者虽负隅顽抗，但无力抵抗强大的明军，只好投降。

农民起义称这个王，那个王的，最终是所有称王者及其队伍的噩梦。假如他们一开始就不断追求新的高度，不断主动地打造新的局面，那么他们的命运肯定是另一种境况。当然，历史在成为历史之前，不只有一种答案。

朱升提出的“高筑墙、广积粮、缓称王”在当时是富有远见的战略思想，尤其是“缓称王”的建议被朱元璋采纳后，对朱元璋势力的生存发展起了很大作用。

假如始终能以“兄弟”相待

为了一个共同的目标，农民起义军一开始能够精诚团结，亲如兄弟。

后来，当一个个城池被攻下，地盘越来越大了，队伍一天天壮大了，手上的资源也骤然多了起来，特别是在即将取得全国性胜利的时刻，他们就把过去的兄弟情谊抛到了一边，整天拉着一张扑克脸，眼里只有权力、女人和财产了。昨天是人，今天是神，上午称兄弟，下午称寡人。那些急于想当皇帝的农民，几乎都是变脸的高手，没有这两下子，在推崇内圣外王的中国，可能也是难以得到皇位的。这种演变有一个显著的特点，开端具有隐蔽性，从面和心不和到大张旗鼓争斗，有一个矛盾积累的过程。

“内讧”是这种量变到质变的结果。也许，农民兄弟们内心都不愿意内斗的，但在形形色色的利益面前，“兄弟”就算不上什么了。《三国演义》中刘备说，兄弟如手足，妻子如衣服，意思是衣服破了可以缝补，但是手足断了就再也连不上了。在起义军领袖的头脑里，刘备说的这完全是骗人的鬼话。

我们的老祖宗有句垂训后世的名言：“同行是冤家”。在一个别人的成功就是自己的失败的社会，这确实是一个真理。如果一百个人中每一个人都有一个不同的发财机会，那么他们会相安无事，彼此间还会互惠；如果一百个人却只有一个发财机会，他们就必然不得不为此大打出手。有的赢在一招——告密。民间形象的说法就是“槽里无食猪拱猪”。在社会财富存量有限的情况下，参与分配者愈多，则竞争愈激烈，这乃是中国从古至今社会政治斗争惨烈万分、宦术出神入化、社会动荡不宁、人民贫穷愚昧的根本症结之所在。

假如农民起义军始终团结一致，真正像当初的“兄弟”一样，很多队伍不至于在较短的时间内就溃散了。历史除非不开类似的玩笑，如果一定要，就会充斥着荒唐。

假如当初的承诺能够说到做到

当初，很多农民跟着起义，是奔着起义领袖举起的那杆旗帜所写的内容而去的，能够“等贵贱，均贫富”，有饭吃有衣穿。那时，他们的欲望很简单，只想吃饱饭穿暖衣，有妻儿有个家。

可是，很多农民起义的领袖爱说大话、假话、空话，张口就来，不能做到言行一致，努力实现自己的诺言。一方面，这些口号本身就没有什么操作性，在当时的条件下，只能作为一时的动员标语还行，但要作为一种长期的路线来走，那是根本不可能的。另一方面，起义军领袖自己压根儿就没有去准备践行它，知道这是装装门面的。特别是到了女人的安乐窝里时，什么“等贵贱，均贫富”，在他们的脑子里，这些口号早已完成了最初的使命，自然要“弃之如敝履”了。

洪秀全在鼎盛时期，对“无处不均匀，无人不饱暖”等主张早就忘得一干二净，好像这些印在白纸上的黑字从来没有出现过似的。更为可笑的是，在太平天国这个农民自己的政权中，对官员和军人的惩罚措施中居然有一条是“罚做农民”。洪秀全领着农民出来造反，当上了“天王”后，却将农民当作一种量刑的度量名称，可见他的内心哪里还有为农民的考虑呢？如果他的目标能实现，会不会走俄国彼得大帝的扩张路线，或者是日本的法西斯路线，就很难说了。因为前面有例，由底层出身的朱元璋建立的大明朝，是专制程度最深的一个王朝。

话说回来，那些为历史研究者所乐道的“均田”、“均富”等，追其源头，最初是由儒家的创始人首先提出来的，而不是造反的农民发明的，起义时只是临时拿来用用而已的。

并非闲扯的假如

历史在后人眼里是规律、是必然，在当时人眼里是无序、是偶然。大大小小的偶然造成历史，只是当时显得变幻莫测。这些偶然往往被史家忽视，因为他们眼里是既成事实。但是，历史中的偶然性或者被当时人甚至现代人忽视的东西，往往是最能说明历史规律的问题的。

假如的东西只是人们基于以往的教训，凭着美好的主观愿望的设想，对于未来并非全是闲扯的东西。如同猿类已经为人所超越一样，人类也许将来被“超人”所超越。“超人”是句网络语言，也是现存人类的目的和意义，现代人要积极地、勇敢地向“超人”迈进。这就是尼采超人哲学的主要底蕴。

康德在他的《论永久和平》一文中说，世界最终会以下列两种途径之一实现永久和平：通过人类的大彻大悟或通过巨大的冲突和灾难，其巨大程度已经让人类再无其他选择。

中国人经历的巨大的冲突和灾难还少吗？

一点也不少！好像有一支歌里有唱道：“再大的风雨我们都见过，再苦的逆境我们同熬过。”至于大彻大悟，我们的老祖宗一点也不逊色，那么多的圣贤书，浩如烟海。只是可悲的是，巨大的冲突和灾难过就过了，常常是“好了伤疤忘了疼”；大彻大悟出的东西，只是让统治者清醒一时，没有清醒一世，更没有将理论成果转化成制度成果。

历史有时会出现惊人的相似。每个王朝到了中期都有危机出现，而且面临的最大问题是政治腐败，中央政府管理体制紊乱，或权臣当道，或宦官专权，或君主独裁，缺乏必要的监督和制约机制，决策失误。还有一个严重的问题是，吏治腐败十分严重，用人不以德才，用人不以实绩，缘情用人，乱政害民，吏治腐败。应当说，当时统治集团中不乏有许多清醒者，一些明主、贤臣朝着吏治清、财力强、邻国睦的目标，进行针对危机的改革，使那个王朝出现了一些转机，用好听的话来说，这就是叫“中兴”，用刻薄一点的语言表达，那就是“回光返照”。史上曾出现过著名的宣王中兴、少康中兴、昭宣中兴、光武中兴、元和中兴、弘治中兴、同治中兴等中兴局面。

中兴，不是继承开国帝王各项事业蒸蒸日上之后迅速发展而形成的繁荣盛世，而是王朝在大治局面之后，由盛转衰，社会问题丛生，阶级矛盾和民族矛盾异常尖锐，政治统治摇摇欲坠的困境中被迫为之，要不日子就过不下去了。对此，中兴之主一般会抡起这样的“三板斧”：一是完善集议决策制度，广开言路，集思广益，保证中央行政决策的正常有序进行，即用制度来约束权力。二是积极进行政治体制改革，加强行政权力的制约与监督机制，保证行政决策的程序化和制度化。三是严格选拔官吏，坚持德才兼备、注重实绩、奖勤罚懒、惩贪倡廉的用人标准，建立廉洁务实的官僚队伍。这些措施缓和了社会矛盾，挽救了社会危机，复兴了国家实力，加强了中央集权，使王朝由乱到治，出现了“中兴”的大治局面，推动了历史的发展和社会的进步。

北宋 167 年的历程中，虽然没有影响全国、足以导致封建王朝灭亡的农民大起义，但局部的农民起义却十分频繁。宋太祖开疆拓土，奠定北宋政局，此时尚未有农民起义发生，但等到北宋的第二任皇帝宋太宗在位时就爆发了王小波、李顺起义。这次起义爆发于公元 993 年，此时距北宋开国只有 33 年，这次起义范围虽然只限于四川地区，但时间却持续了 3 年左右，尽管被镇压了，可北宋统治者却为此惊恐不已。北宋共 9 朝，除去英宗统治的 4 年和钦宗统治的 2 年忽略不计外，剩下的 7 朝中有 4 朝都发生过农民起义。

没发生农民起义的3个朝代中，除开国皇帝宋太祖一朝外，哲宗朝也没有发生什么农民起义。如此一来，北宋9个皇帝统治时期中，真正可能发生却没发生农民起义的时期只有宋神宗统治的18年。这不能不说是王安石变法的成果之一。王安石变法在很大程度上缓解了社会底层和上层的矛盾，造成了神宗执政18年无农民起义，百姓和皇室官吏之间尚能相安无事。这个现象实在值得后人深思。

后来，类似这样的改革因遭反对而废置，或者因种种原因而走了样。这样，王朝危机还是延续下去，原来的矛盾继续激化。到了王朝的末世，终于引发了严重的危机，横征暴敛、吏治败坏、贿赂公行、人民困苦，尽管有识之士大声疾呼要求改革，然而整个王朝就像滋生了毒瘤，已经无可救药。再想改革，已经错过了良机。于是，一场暴雨，燃起了灭朝的烽火；一次失败的改革，奏响了末世的挽歌；一次河工的集合，掀翻了一个王朝的大厦……中国延绵两千年的帝王史中，那些无法预料的偶然，总在不经意间左右着江山社稷的归属。

书呆子王莽做了皇帝，田舍翁刘秀做了皇帝，放牛娃刘盆子也做了皇帝。无论一个朝代如何辉煌，到头来仍然避免不了国破家亡，被他人替代的结果，秦皇汉武，唐宗宋祖等如何杰出也好，英雄也罢，在他们的子孙手里都会被葬送掉这一切的辉煌！

原因在于，既得利益集团的膨胀失去了控制，必然会导致国家的革新无法进行下去。美国经济学家曼库尔·奥尔森对此作过详细的论证。他的基本观点是：一个国家在发展中会形成的一些既得利益集团，一般总是考虑本集团的利益；即使它们有时会考虑国家利益，也是首先把自己集团的利益置于其他利益之上；如果它们中某个集团拥有足够的权力，就会把集团的利益置于民族利益之上，从而阻碍国家对民族利益的追求，最终导致国家的衰落。他还特别指出：这种情况在分化剧烈的社会尤其是这样，因为“在不稳定的社会中，最大最富有的获利阶层组织得比较好，而他们往往占有该国中比例极高的各种生产要素。他们制定有利于自己的各种政策，并且以各种不同的方式侵占这个社会中无组织的广大群众的利益，从而使收入更加不平等”。

更为糟糕的是，历史上一些重大改革被颠覆后，既得利益者总是以改革的面目进行反改革，败坏了改革的声誉，使得相当一部分民众对改革失去了基本的认同。“商鞅变法”、“王安石变法”、“张居正革新”等一场场变革最后以巨大的悲剧的形式宣告流产。一个个充满时代精神的前卫性的改革意愿，最终以众多改革者付出沉重的代价而结束。之后的政治生态、社会生态更加恶劣，催使农民起义一浪接着一浪，给中国历史留下了一道道永难弥合的流血伤口。

这里有一条我们中国人不习惯但人类必须遵循的公平正义的规则，以及这规则后面的文明、活力甚至趣味。这就造成了国家机器像一辆重载的破车，顺着下坡一直往前开，速度越来越快，最后只有一个办法，掉到悬崖底下，翻车摔了。那时候，改也不行，不改更不行，最后只有一个办法，各种矛盾来了个总爆发，没有活路的农民起来造反，旧王朝也就在农民大起义的浪潮中毁灭了。

有时候，统治集团在能“革新”的条件下也想“革新”，但他们的“革新”像是在自己的皮带上伸缩几个孔而已，只是为着进一步适应自己的肚腩。

封建专制王朝的悲哀在于，在应该珍惜的年代里不懂得珍惜，而在懂得珍惜的时候，却是失去了珍惜的机会。而一个站在人民和时代的对立面的昏庸统治集团，即便历史给予他们一百次机会，也无法挽救其垂死的命运。

改革，有时需要惊险一跃。

我们要有勇气正视，在西方产业革命兴起之时，出现了孟德斯鸠、伏尔泰、狄德罗等一大批杰出的思想家的历史事实。到公元 1776 年美国建国之际，以华盛顿为代表，在美国涌现了富兰克林、杰弗逊、亚当斯、汉密尔顿等一大批集政治家与思想家于一身的伟大人物，通过他们的努力推动和奠基，一种崭新的政治制度在美国得以确立。美国奠基者们发表的《独立宣言》所表达的许多价值观念，至今仍然散发着人性的光辉。

人类在自身进化的道路上艰难探索出的并被人类历史已经证明的最适应的制度框架，其中所体现的价值，绝不是在某些革新时期的专有的价值，而是人类常态下共同的价值追求，是人类的核心价值。对于这些价值的拒绝，实际上是对于社会主流文明的拒绝，而这恰恰是陷入王朝“周期律”陷阱的一个重要原因。历史反复出现宫廷政变、废立更替、政治斗争也好，群雄争霸、逐鹿中原、武装政变也罢，密室策划、征战杀伐、政坛斗法，都能看到人类将自身利益最大化的影子。

人总是在一定历史条件下创造自己的历史，客观历史条件制约着历史发展的总体趋势。但是，这种制约并不意味着历史当局者别无选择，而是含有多种可能性的广阔空间。在这一多维的空间中，究竟哪一种途径最正确，实现的可能性最大，则最终取决于人的理性选择。从某种程度上来说，正是人的理性选择赋予历史以灵魂。

“人间正道是沧桑”。

随世而变，应时而动，则走出“周期律”怪圈的可能性愈大。反之，纵有经天纬地之志，若无洞察时势之明，一意孤行，逆时而动，定然会处处碰壁，头破血流。

历史辉煌可以激励一位民族之子立下雄心，但立下雄心，至多是获得一份祖传遗产的合法继续权而已，并不等于能够跨出“怪圈”。纵观古今，普天之下，未见食古不化、逆时而动者可以造福一个民族的。

时间，从每个地方走过，从每个心灵走过。时间生出万物，又把万物变成泥土。时间，才是世界的第一主人。对于一个社会来说，集体的记忆是最深刻的历史。时间筛过轻松、滤过平凡，沉淀在记忆中的是挥不去的历史厚重和民族心灵创伤。

如果一个民族在历史的灾难中获得一种自觉反省和深刻批判能力，真诚与历史对话，从“假如”这口老“井”里汲取清冽的甘泉，获取智慧的启迪，那么，使生活在现实中的人们在以往的悲剧中，便能获得超越其自身历史范畴的永恒的警示价值。

因为，我们坚信先进的政治理想的光芒，一定能够融化了人性弱点的坚冰。

一百年之后，历史能从“假如”的甄别中作出从容的选择，那一定会让九泉之下的农民起义军将士感动，让他们热泪纵横！

如果是这样，一千年之后，我们后人的瞳仁里将永远荡漾着春天般的微笑！

后 记

从脑中萌发撰写本书的想法逐渐清晰，到收集相关历史资料，再到在计算机上按下修改书稿中最后一个错字的任意键，前后经历了两年多的时间，真是“事非经过不知难”。为此，曾无数次地走进国家图书馆、北京图书大厦，登陆相关专业网站，借鉴了很多不相识的作者的大作，正是这些大量颇有启发的珍贵史料，奠定了本书的撰写基础。付梓之前，我的启蒙老师倪秉时老先生和史学硕士程学峰女士，从史学的角度对书稿进行了认真校阅把关，并在许多地方作了校正，使本书得以最大限度地减少史学上的差错；著名作家王跃文先生在绝少为他人作品作序的情况下，不吝珍墨，欣然命笔；《求是》杂志社评论部主任吕虹、文学评论家郁文在百忙之中为拙作做了热情洋溢又兼鼓励的评语。在本书出版之际，谨向他们表示衷心的感谢！同时，我还要特别感谢我的夫人朱叶，是她的忙碌与支持，才使我有了更多的创作时间；是她作为“第一读者”的眼光，才使我不断触摸到读者品味的“舌尖”，更好把握创作的尺度和取向。

由于本人文学水平特别是史学知识有限，加之手头掌握的农民起义方面的史料较少，本书中难免有许多不当之处，敬请广大读者谅解，并予批评指正，以便再版时纠正。